# 蒙台梭利早教精华

[意] 玛丽亚·蒙台梭利 ◎ 原著
董莎莎　林检妹 ◎ 编译

**教育专家审定版**

THE CHILDHOOD
EDUCATION OF
MARIA MONTESSORI

当代世界出版社

图书在版编目（CIP）数据

蒙台梭利早教精华 /（意）蒙台梭利原著；董莎莎，林检妹编译 .—北京：当代世界出版社，2016.6
ISBN 978-7-5090-1091-4

Ⅰ.①蒙⋯　Ⅱ.①蒙⋯②董⋯③林⋯　Ⅲ.①婴幼儿－早期教育　Ⅳ.① G61

中国版本图书馆 CIP 数据核字（2016）第 066192 号

## 蒙台梭利早教精华

| 作　　者： | ［意］玛丽亚·蒙台梭利 |
|---|---|
| 编　　译： | 董莎莎　林检妹 |
| 出版发行： | 当代世界出版社 |
| 地　　址： | 北京市复兴路4号（100860） |
| 网　　址： | http://www.worldpress.com.cn |
| 编务电话： | （010）83908456 |
| 发行电话： | （010）83908410（传真） |
|  | （010）83908408 |
|  | （010）83908409 |
|  | （010）83908423（邮购） |
| 经　　销： | 新华书店 |
| 印　　刷： | 北京华平博印刷有限公司 |
| 开　　本： | 710mm×1000mm　1/16 |
| 印　　张： | 17.5 |
| 字　　数： | 210千字 |
| 版　　次： | 2016年6月第1版 |
| 印　　次： | 2016年6月第1次 |
| 书　　号： | ISBN 978-7-5090-1091-4 |
| 定　　价： | 38.00元 |

如发现印装质量问题，请与承印厂联系调换。
版权所有，翻印必究；未经许可，不得转载！

序言

**朱旭东**
北京师范大学教师教育研究所所长
博士生导师

玛丽亚·蒙台梭利是19世纪末20世纪初一位伟大的儿童教育家。她在长期的儿童研究和教育实验的基础上创立了"儿童之家",发展了别具特色的蒙台梭利幼儿教育法,并在不懈的努力下,向世界各国宣讲她的教育理念,对欧洲乃至整个世界的幼儿教育的发展产生了深远的影响。

蒙台梭利认为,童年是人一生发展中最重要的时期。在其著作中,蒙台梭利首先强调的就是发现孩子的成长秘密、发展孩子的内在潜力和规律,给孩子以自由,尊重孩子的自我发展和自由发展。在蒙台梭利看来,孩子是独立的、不断发展着的完整个体,有着与生俱来的"内在潜力"。孩子身上这一自然发展的神奇力量,促使他们不断发展,使他们的生命犹如一幅潜能不断彰显和展开的画卷。蒙台梭利在探究童年的秘密时发现,孩子的心理发展存在着"敏感期",即在不同的生长阶段，孩子表现出对某种事物或活动特别敏感或产生一种特殊兴趣和爱好，学习也特别容易而迅速。因此，蒙台梭利提倡教育家、教师和父母都应该仔细观察孩子，研究孩子，了解孩子的自然发展进程及规律，抓住教育的最佳时期，及时给孩子以引导、帮助和鼓励。

在蒙台梭利思想中，孩子对周围世界充满了好奇心和探索欲，他们想要独立地探寻世界的奥秘，但是成人经常用自己的节奏代替孩子的节奏，用自己的思想代替孩子来思考。成人应该明白，孩子不是容器，不是大人们的附庸，孩子是一个独立存在的生命个体。成人只有在内心深处尊重孩子，努力和孩子进行有效的、平等的沟通，认真研究和观察孩子，了解孩子真正的内心需要，才能逐步发现孩子自身拥有无限发展的内在生命力，就像一颗蕴藏着生命活力和发展潜能的种子，它可以靠自己的力量吸收有益的养分，茁壮成长。这就要求我们成人要站在孩子的角度上，去用心了解孩子的心理需要、学习孩子心理发展的规律、掌握科学的教育方法并为孩子提供满足其心理发展需要的环境，从而帮助孩子内在生命力的自然发展。

我们每一位父母都认为自己爱孩子，甚至愿意为自己的孩子付出一切。但是，父母往往没有意识到，很多时候正是这种爱，或者说正是父母以爱的名义让自己孩子的心灵受到不利的影响和伤害。在此并非否定父母的爱，而是他们爱的方式与方法不对。正所谓"教子有方"，所以，除了爱，父母更应该掌握科学的教育方法，而科学的教育方法是什么呢？它是"依照人类成长的自然法则，用科学的方法了解孩子各个年龄段生理、心理成长的变化情形与需要，并给予适当的帮助，以启发或诱导孩子心智与体能的有效活动，让他们发展成为最有用、最有效率、最幸福的人！"而蒙台梭利的幼儿教育法，是一套非常实用的、操作性强的、完整的教育体系，能在不损害幼儿自由与快乐的前提下达到教育的目的。蒙台梭利教育法通过使用丰富的蒙台梭利教具，对孩子进行日常生活教育、感官教育、语言教育、数学教育以及自然人文教育，培养孩子独立、自信、乐群、注意力集中、意志坚定的优良品质，为孩子以后的发展打下良好的基础。蒙氏幼儿教育法始终贯穿其幼儿教育思想的精髓，是其自由原则、独立原则的具体操作和体现。

本书是在综合蒙台梭利历年所写《蒙台梭利早期教育法》《蒙台梭利儿童教育手册》《童年的秘密》《发现儿童》《吸收性心智》五本重要著作的基础上，汲取其中的精华部分编译而成。以发现童年的秘密为起点，在孩子有吸收力的心智的基础上，发现孩子的敏感期，同时在培养孩子各方面能力的过程中给予日常生活中教育的指导以及学习的环境的准备，通篇围绕孩子发展的主线，给予家长和教师各方面的指导和提示，使孩子在有准备的环境中，在自身发展成熟的过程中获得更多更有针对性的帮助，使得孩子获得更高层次的发展。

**发现成长的秘密**。从降生那刻开始，孩子作为一个独立的个体，开始了自己的生命历程。孩子不仅是一种肉体的存在，更是一种精神的存在，蒙台梭利称之为"精神胚胎"，孩子的精神深深地隐藏着，并不立即表现出来，他通过适宜环境的刺激和自身的努力形成自己的个性。教育的任务是激发和促进孩子内在潜力的觉醒，并按其自身规律使其获得自然的和自由的发展。

**激活吸收性心智**。蒙台梭利认为，孩子的学习与成人不同，他们不是用大脑而是用心理能力直接吸收知识，并通过吸收周围环境的知识和经验，逐渐建立起自己的精神世界。这种被称为"吸收性心智"赋予了孩子巨大的学习能力，这一能力使他们以无意识的方式高效全纳地吸收周围的经验和知识，不仅帮助他们适应环境，学习成人的生活和行为，而且创造自己的独特个性。

**把握住孩子的敏感期**。孩子从出生到6岁，不同阶段会表现出不同的兴趣倾向。这时，孩子会通过各种感官，像一块海绵似地去吸收他所感兴趣的知识，这说明孩子的身心发展具有敏感期，在不同的年龄阶段对语言、动作、细节、程序、书写、阅读等分别表现出一种特殊的敏感性，在敏感期内，孩子对相关的一切都充满了活力和激情，比如1~2岁的孩子对细节特别敏感，常常将注意力集中在细枝末节上。成人的作用在于把握住孩子敏感期的良机，让孩子获得好的学习效果。

**感受爱的力量。**孩子来到这世界上改变的不仅仅是他自己，还有他的家人和他周围的世界。孩子的心中充满了爱，这种爱使他们以敏锐和激情的方式认识探索周围的世界，发现我们习以为常、熟视无睹的事物，感受生命和创造的快乐。可以说，孩子因爱而成长。成人如何成为孩子顺利成长的导师、促进他们的发展显得极为重要。这要求我们要高度重视家长和教师的素质，激发成人的自我完善，使自己的言行举止对孩子的发展有利。

**提供适宜的环境和教育。**教师要为孩子创设一种有秩序的、美的、富有吸引力的、能给孩子以安全感的环境，为孩子提供丰富的、适合孩子自由操作的活动材料，满足孩子活动的乐趣。环境的设置既要适合不同孩子的发展水平，有利于孩子独立进行操作活动，又要为孩子提供与小伙伴和成人交往的机会，满足孩子社会性发展的需要。

《蒙台梭利儿童教育精华》是对蒙台梭利教育思想及儿童之家教育实践经验的概括和总结，书中针对6岁之前孩子发展的特点及教育的原则和方法进行了细致的梳理和分析，对孩子的敏感期、感觉、运动、智力等基本能力进行了深入的分析，有助于家长指导孩子掌握阅读、书写和计算的基本技能，和进一步了解蒙台梭利教具。本书最为可贵的是，以蒙台梭利的教育思想为基线，将孩子自由发展的基本理念贯穿始终，向我们呈现了一种最真实、最有助于孩子成长的蒙台梭利教育法，不仅可以对家长，而且也可对从事幼儿教育事业的教师起到一定的引导作用。

目 录 THE CHILDHOOD EDUCATION OF MARIA MONTESSORI

## 01 / 让孩子自然地成长

孩子的精神深深地隐藏着,并不立即表现出来,通过适宜环境的刺激和自身的努力形成自己的个性。

奇迹:天使降临人间　/ 003
成长:开始一个不断再生的过程　/ 006
独立:让孩子按自然规律长大　/ 012
帮助:不是为孩子包办一切　/ 020
呵护:给孩子一张最适合他们的床　/ 024
活动能力对道德和智力的发展都至关重要　/ 027
让孩子的兴趣集中到某一件事情上　/ 039

## 02 / 需要产生的巨大的吸收力量

孩子的学习与成人不同,不是用大脑而是用心理能力来直接吸收知识的。

让母爱回归天性自然　/ 047
更多地关注婴儿的精神世界　/ 050
世界上最敏锐、最热情的观察者　/ 053
正确帮助努力模仿的孩子　/ 057
内部的控制才能使孩子集中精力　/ 062
孩子的正常发展来自于专注某项工作　/ 066

最难得的是有意志力控制的服从　/ 073
自由是发展的前提　/ 080
将孩子从想要占有的事物本身转移到事物所包含的知识上　/ 085

## 03 敏感期的活力与激情

教育的作用就在于把握住孩子敏感期的良机，让孩子获得最好的学习效果。

什么是孩子的敏感期　/ 093
秩序敏感期（2~4岁）　/ 097
感官敏感期（0~6岁）　/ 102
语言敏感期（0~6岁）　/ 105
细节敏感期（1.5~4岁）　/ 110
书写敏感期（3.5~4.5岁）　/ 114
阅读敏感期（4.5~5.5岁）　/ 116
动作敏感期（0~6岁）　/ 120
社会规范敏感期（2.5~6岁）　/ 124
文化敏感期（6~9岁）　/ 128

## 04 各种能力要均衡培养

创造者是孩子，不是父母，家长们一定要保持非常被动的态度，不能盲目、不合时宜地干预孩子。

注意力　/ 135
想象力　/ 141
运动能力　/ 147
独立能力　/ 152
智　力　/ 157
意志力　/ 163
性　格　/ 169

## 05 不要以爱的名义控制孩子

在孩子的教育中，家长往往事倍功半，弄巧成拙，自认为尽了最大努力爱孩子，可孩子的发展却不尽如人意。

成人眼里的孩子　／ 177
育人的核心是爱　／ 181
协助孩子自我发展　／ 184
为孩子提供适宜的环境　／ 188
像爱惜眼睛一样爱惜孩子的自尊心　／ 193
更重要的是让孩子认识到自己的错误　／ 198
让孩子回归自然　／ 202
己所不能，勿施于孩子　／ 206
最好的奖励是孩子的自我奖励　／ 210

## 06 教育所要做的是保护孩子以自然的方式成长

教育所要做的就是保护孩子以自然的方式去成长。

关注孩子的精神世界　／ 217
用心观察孩子的行为　／ 220
好老师让孩子终生受益　／ 226
简单明了的授课方式　／ 233
出人意料的写字才能　／ 235
放养的孩子更健康　／ 239
体格训练　／ 243
感觉训练　／ 246
常用的教学用具　／ 249

附录 1：蒙台梭利生平 ／ 254
附录 2：蒙台梭利生平 ／ 258

# THE CHILDHOOD EDUCATION OF MARIA MONTESSORI

## 01

### 让孩子自然地成长

十月怀胎是个幸福与企盼的过程,年轻的爸爸妈妈们总是满怀着期待和喜悦盼望着肚子里的胎儿顺利出生,然后悉心地呵护教育,让孩子成长为一个健康聪明的人。如果想让一切一帆风顺地进行,父母首先要理解孩子。什么是孩子?这似乎是个不言自明的无聊问题,孩子就是孩子,他就在那里,是父母的心头肉掌中宝,是父母生命的延续。然而如果在一些细节上认识不清,会造成孩子成长过程中的一些问题,那么就让我们一同走进孩子成长的秘密天地里去探寻答案吧……

## 奇迹：天使降临人间

　　新生儿的出生是一个伟大的自然奇迹。这个刚刚降临到世界上的小生命突然进入到一个完全陌生的世界里，他们不得不为此做着艰难的挣扎。当这个新生儿做出对他来说最困难的调节，从一种生活方式进入另一种生活方式的时候，人们采用什么样的方式来照管他们呢？一个人的一生中再没有一个时期像出生时那样经历如此剧烈的冲突和挣扎，并承受那样大的痛苦。这个时期理应受到人们的重视。

　　科学研究已经发现，**一个人在婴儿期所经历的事情往往会影响其一生的发展**。胎儿在母体内的发育和出生后在儿童期的成长，不仅对本人的健康成长，而且对他整个人生的发展，都将产生重要影响。到今天为止，当一个婴儿降生的时候，所有人都只关心他的母亲。她确实受苦了，大多数人都认为分娩是母亲整个生命过程中最为艰难的考验。但是新生儿就没受苦吗？人们只关心母亲是否受到了强光和噪音的干扰，但是对来自不受任何干扰、恒温之处的婴儿又有什么保护措施呢？事实上，同母亲一样，新生儿在分娩时也面临着一道难关。

　　为什么这么说呢？因为经过分娩，婴儿就彻底脱离了赖以生存的母体。从新生儿脱离母体的那一刻起，他们就面临着生存的考验，他必须依靠尚未发育成熟的器官来维持弱小的生命。我们知道，婴儿出生之前生活在母体恒温的羊水中，母亲用身体保护着他不受到伤害，在那个最适宜的环境中，他一点一点长大。然而，随着分娩的来临，新生儿从母体温暖的羊水中来到了空气里，他必须尽快学会适应这个对他来说全新的世界。原来在母亲子宫里安心长大的胎儿，在没有任何准备的情况下，突然就经历了这么一场生死的考验。婴儿那脆弱的身体被挤压着，带着一些委屈来到了这个世界上，急需大人的爱抚。而这时候我们又做了什么呢？在分娩的时候，人们将所有的注意力都放在了母亲的身上，婴儿只是被粗略检查一下，确定他身体健全就完事了。

然而，当产妇在舒适的房间里放松休息的时候，有谁想起了同样饱受辛苦的婴儿呢？新生儿应该得到精心的照料，而在他出生之后，满屋的人由于缺乏经验都不敢碰这个新生儿，他实在太娇小脆弱了，因此我们必须要彻底地了解婴儿的特质。婴儿那稚嫩的身体非常敏感，照料婴儿一定要具备相当丰富的知识，并且要以婴儿自身的需求为主。要知道仅仅用一双强有力的手去牢牢抱住婴儿是不够的，他必须被正确地托抱，并且动作要轻柔舒缓。同时婴儿出生以后，不要立刻包裹住他，婴儿应该像画中描绘的那样裸露着，应该让婴儿保持在妈妈肚子里时的姿势。事实上，新生儿也无须穿任何衣服，即使是刚刚出生的第一个月也不需要。当然由于胎儿一直生活在母亲体内，当他出生后显然需要保暖，但这种温暖主要应该来自外界的环境而不是他的衣服，好在人们在这方面的认识已有所提高。

一般来说，对于新生儿，人们可能更多地关注他的身体和物质方面的照料，还不能说是充分考虑到新生儿的真正需要。当然，我们必须承认，我们已经为婴儿做了不少的事情，但是还要做更多的事情。我相信，在人们更好地了解了婴儿的特点以后，他们就会找到更好的方法来照料婴儿。对于新生儿的保护，不仅仅是使他避免受到身体上的伤害，同时也应该采取必要措施使他的心理能够适应周围的世界。

**对于婴儿来说，出生之后最重要的工作就是适应。**他们不像动物那样天生就有既定的行为模式，身体还远没有发育成熟的婴儿必须不断地完善自己，直到他成为一个真正的人。婴儿从出生开始，就必须构建自己的精神生命，建立自己对外表达的机制。很多人说，婴儿成长的起点不只是在身体方面，更是在精神方面。这是因为，人类发展最重要的方面是心理方面的发展，人类的活动必须要通过精神的指导和控制来进行。

那些富裕的家庭会给婴儿提供奢侈的物质享受，华丽的摇篮和昂贵的奶粉，但是却常常忽视了婴儿的心理需要，岂不知心理的健康比物质上的享受更加重要。对于婴儿，他最好呆在远离嘈杂的采光通风的房间，在这样的房间里，光线和温暖都能够及时调控到婴儿适宜的范围。

父母对待新生儿的态度不应是怜悯，而应怀着一种崇敬之心，敬畏这个小生命，把小生命的心灵看成是一个我们无法完全了解的未知世界。

我曾经看到一个婴儿掉进地上放着的水桶里，险些被淹死。当这个婴儿突然下沉时，他张大了眼睛，不断伸展着他那小小的胳膊和腿，下沉好像吓到他了，这是他经历的第一次恐惧。婴儿要经历的第一次还有很多，而我们要做的是帮助婴儿适应这个世界。在婴儿出生的最初几天里，应该让婴儿和母亲多接触、多交流，育婴室的温度、光线、声音要尽量与婴儿出生前一致，随后逐步向外界温度变化。移动婴儿时也要注意，不应该用手臂去抱，最好是用鸭绒被轻轻托住他们，不论抱起还是放下，动作都要轻，以免婴儿受到伤害。在母亲和婴儿之间有一条特殊的纽带，婴儿从母亲那里获得一种力量，帮助他适应外部环境。可以这么说，出生只不过改变了婴儿与母亲的位置，从母亲的体内到了体外，其他方面的联系与交流并没有改变。母亲能够帮助婴儿顺利适应周围环境，使他们踏上争取独立的道路。

但是如果我们把对婴儿的照料和对母亲的照料比较一下，并想象一下照顾他们的方式有哪些不同，我们就知道需要改进的地方了。我们让母亲拥有绝对的安静，为了不打扰她而把她的孩子抱走，只是在喂奶的时候才抱回来；我们让婴儿穿上漂亮的衣服，并用花边和丝带把他打扮起来，这些使他不得安宁。

我们把婴儿从摇篮里抱到肩上，接着把他放下来，送到他母亲的身边，只是为了不想让一位刚分娩的母亲遭受更多的劳累，但是我们这样折腾一遍宝宝，有没有考虑到婴儿的感受呢？有人认为这样做是理所应当的，因为婴儿还不知道痛苦或者欢乐，对他过分小心翼翼是愚蠢的。对于那些危在旦夕、不省人事的成年人来说，他们更需要的是身体上的帮助，而不是思想感情上的关切。然而，如果我们这样对待婴儿，是毫无道理可言的。

好在我们不断认识到人生命中第一个时期的重要性，并不断挖掘它的潜力。正如我们现在所知道的那样，婴儿如果在出生后第一个月里遭受到痛苦与压抑，将会影响到他一生的发展。如果我们能在婴儿阶段就发现一个人成长所需的要素，那么我们将能在婴儿身上发现人类未来幸福的源泉。

过去的人们不太重视新生儿，尽管新生儿刚刚经历了人生最艰难的危险阶段。对于许多初为人父母者，当孩子来到人世时，虽然知道他们身上蕴藏着一种能使我们生活的世界更加美好的力量，但是却几乎不知道如何更好地照料他们。

简单地说，对于刚刚出生不久的婴儿来说，父母需要注意以下几点：

- 在最初的日子里，应该让婴儿与母亲呆在一起，尽可能与母亲多交流和接触。
- 从孩子降生到满月，应该给予婴儿一个极其安静的成长环境。不要让婴儿突然受到过大的刺激。
- 婴儿对外界温差往往不适应，所以应该保持适宜的室内温度（25~28℃），同时室内的光线不能太暗或者太亮。
- 刚开始最好不要给他穿衣服，也不要用布把他包裹起来，但是一定要让婴儿在室温下保暖，因为这时候他的体温还不能够随着温度的变化而自行调节。
- 移动婴儿和抱起婴儿都要注意，不应该用手臂去抱，最好是用软垫轻轻托住他们。抱起放下的动作都要轻。

## 成长：开始一个不断再生的过程

一些心理学家对人从出生到大学毕业这一过程进行了系统研究，他们认为这个过程可以明确地分成不同的阶段。过去有观点认为，人在刚刚出生的时候没有什么价值，随着时间的推移价值逐渐增大。根据这一理论，新生婴儿在其发展过程中是非常渺小的，其价值是随着年龄的增长而不断提高的。目前，心理学家已经放弃了这一陈旧的观点。他们现在认为，在人成长的不同阶段存在着不同的心理类型。这些阶段之间的界限非常明确。同时，他还与人身体成长的不同阶段密切联系。心理学的发现认为，不同成长阶段之间的心理变化非常明显，因此人们无不夸张地说，成长就是一个不断再生的过程，当一个心理个性阶段结束后，另一个阶段随之而来。

这一系列<mark>心理发展的第一个阶段是出生之后到 6 岁这一时期</mark>。这个阶段又可以分为 0~3 岁和 3~6 岁两个不同的小时期。第一个时期是 0~3 岁，这个阶段的孩子心理我们了解得还不是很多，而且我们也无法直接对孩子施加任何影响。事实上，接受 0~3 岁孩子的学校目前还不是很多。第二个时期是 3~6 岁，这个阶段的孩子心理类型也没有发生多大的变化，但是在这一阶段，孩子开始更多地受到外界环境的影响，尤其是周围成人的影响。在这一阶段，孩子的人格发生了巨大的变化，而且掌握了语言，手和大脑的协调能力也大幅度提高。这种变化可以很容易通过新生婴儿与 6 岁孩子的对比看出来。我们姑且不论这些惊人的变化是如何发生的，有一个事实是不容否认的，那就是 6 岁的孩子已经有足够的能力去接受学校教育了。

<mark>心理发展的第二个阶段是 6~12 岁</mark>。这个阶段的孩子处于稳定发展期，表现得健康而快乐。他们心理方面的变化很小，只有从身体方面可以看出他们在持续成长。也许一个对人类毫不了解的外星人来到地球，在没有碰到真正的成年人之前，他很有可能会把这些十多岁的孩子当成成年人。

<mark>心理发展的第三个阶段是 12~18 岁</mark>。这一阶段的孩子在心理发展方面有相当大的变化。这个阶段也可以分成两个小的时期：一个是 12~15 岁，一个是 15~18 岁。这一阶段也有身体方面的变化，身体在这一阶段基本长成，18 岁之后，身体不再随着年龄的增长而发生显著的变化，增长的只是人的年龄。

现在，我们的教育已经认识到这些不同的心理类型。0~6 岁的第一个阶

段已经明确得到认可，并且6岁被普遍认为是比较重要的时期，因此从那时起孩子就可以上学了。但是，目前教育界对0~6岁孩子的认识还不够，他们仅仅是看到一些明显的事实，如新生婴儿与6岁孩子的显著差别，他们还没有对此阶段的孩子重视起来，给予其更多的关注。

第二个阶段得到认可的程度是最高的，起因是基于一个普遍的事实，世界上大多数国家的孩子在12岁左右就进入了中学。这说明，人们普遍认为，**6~12岁是最适宜接受基本文化教育的**，而且这一时期的孩子是可以在心理上适应学校教育的要求的。他们已经有足够的耐心去听讲和学习，理解教师的意图，并坚持学习。这就是为什么这一阶段被认为是接受文化教育的最佳时期。

12岁以后，孩子就进入到另外一个阶段的学习——中学教育。一些教育家和心理学家发现，青少年时期的教育非常关键，在这一时期人的心理发生了很大的变化，青少年的性格在这一阶段也表现得非常不稳定，有一种叛逆的倾向。但是学校并没有关心这些，他们不管学生是否愿意，事先就制定好了作息时间表，要求学生必须遵从。学生们不得不长时间坐在教室里听讲，花费很多时间来学习。

大学是这些年学校教育的最高级别了。不过，我们的高等教育与中小学教育并没有什么实质性的区别，仍然是教师在上面讲，学生在下面听，只不过课程量会更大，知识也会更加丰富。很多大学生为了显示自己的个性，穿着怪异，而这些学生成群坐在教室里听课，看起来有些古怪。这些已经长大成人的孩子却被当作孩子来对待。他们必须坐在教室听课，服从教师的要求，一些稍微具有冒险性的事情都是不被允许的。

然而，我们忽略了一些最重要的事情，那就是开发这些年轻人的头脑才应该是教育的目标，因为将来社会所需要的是这些年轻人的智慧和经验，这些年轻人将来有可能成为医生、律师或工程师。那么，人们不禁要问，这些年轻人需要多长时间才能取得学位呢？他们可以赚钱养活自己吗？他们能够合格地从事自己的职业吗？企业会将设计方案交给这样一位年轻的工程师吗？这个年轻的律师能打赢官司吗？如今，人们普遍对年轻人缺乏信心，原因何在呢？

其实原因很简单，因为这些年轻人花费了很多年的时间去听讲，而仅仅听讲不能培养一个真正的人才。只有实际工作的经验才能使年轻人成熟起来。这就是为什么年轻的医生需要实习几年、年轻的律师需要专家指导、年轻的工程师需要做几年的助手才能真正投入工作的原因。不仅如此，为了能够从事这些实际的工作，这些毕业生还需要别人的帮助和推荐，同时还要克服许多障碍。遗憾的是，世界上所有国家的年轻人都面临着这种尴尬处境。有这样一个典型的例子，纽约曾经发生过一次毕业生游行，数百名无法找到工作的毕业生举着这样的条幅："没有人雇佣我们，我们没有饭吃。我们将来会怎样？"没有人能回答这样的问题。这就是我们教育的弊端，脱离了人们的实际生活，而且数年来都不能改变其根深蒂固的传统。教育的工作仅仅是认识到个体在不同的发展阶段应该有不同的发展模式而已。

在过去，没有人关心那些2~6岁的孩子，现在人们已经认识到学前教育的重要性，各种各样的学前教育机构应运而生，担负起这些孩子的教育。但是今天同过去一样，大学仍然被视为是教学的最终目的。因为在那里读书的都是人群中的佼佼者。随着心理学家研究的深入，目前出现了一种相反的认识倾向，认为教育最重要的阶段不是大学，而是0~6岁，我同样相信智慧就是在这一阶段形成的，不仅如此，人的心理也是在这个阶段定型的。这种观点激发了我们对生命潜能的研究，尤其是对新生儿和1岁左右婴儿的研究，因为科学家发现这个时期对人格的形成具有重要意义。

科学家对新生婴儿的兴趣，丝毫不亚于过去对死亡的兴趣。人死之后是什么样子的？早期人类一直在探讨这个问题。但是现在又出现了一个新的领域，激起了人们无穷的想象力，这就是我们在新生婴儿身上发现的无限潜能，这是人类过去完全不了解的。

人类为什么必须经历如此漫长的婴儿期呢？没有一种动物是这样的。在这一成长过程中又发生了什么呢？毫无疑问，有一种创造力的潜能一直在发挥作用。婴儿刚刚出生时什么都不知道，可是一年之后，他却什么都知道了。婴儿刚刚出生时没有知识、没有记忆、没有任何主观的东西，只会随着时间的推移而不断成长。动物却不是这样，猫在出生时就可以"喵喵"叫，刚孵出的小鸟和刚出生的牛犊也可以发出和他们的成年个体一样的声音。但是初生的婴儿却没有这种能力，他们只能通过哭来表达自己的情绪。因此，我们也许不能解决成长发展过程中的所有问题，但是我们却可以对发展过程进行研究。这是一个从无到有的充满无数变化的过程，人们想要了解这一过程是非常困难的。

婴儿的大脑和我们成人完全不同，他们的大脑潜藏着巨大的创造力。在出生的第一年中，他们不但完成了语言的创造，同时发音器官也发育完善了。他们时刻都在为智力等的发展做准备，但是这些工作都是孩子在无意识的情况下完成的。婴儿与成人不同，他不知道自己需要什么，他只是同时创造着知识和不断发展学习知识的意愿。

**那么孩子是怎样从周围环境中吸收知识的呢？**我们认为是这样的，周围事物唤醒了婴儿的热情和注意力，于是，在婴儿与周围事物之间就产生了一种互动。在这种互动中婴儿不断汲取着知识。语言就是最明显的例证。孩子是怎样学会说话的呢？我们认为，婴儿天生就有理解人类声音的能力。但是婴儿周围有上千种声音，他们却只接收到了人类的声音，这是为什么呢？

这可能说明**孩子天生具有听取人类声音的能力**，在周围众多声音之中，人类的语言给婴儿留下的影响最深刻，而且一定是极为强烈的，促使婴儿的神经系统产生热情，在内心激起情感共鸣，进而促使他们发出相同的声音。

对此我们可以进行对比例证——音乐会上优美的旋律会改变听众的表情，听众的头和手也会随着旋律的节拍运动。而婴儿无意识的大脑里对语言声音的这种反应比人对音乐的反应要强烈得多。婴儿随时受到周围声音的感染，人们很少看到他们的脸颊和发音器官在动，其实婴儿的每一个器官都在静止中随时准备学习如何发声。

我们上面提到了婴儿是如何获得声音的，那么，**他们又是如何准备学习语言的呢？**语言是怎样成为其心理人格的一个部分的呢？婴儿时期学习的语言被称为母语，母语与其他后来学习的语言有非常明显的区别，就好像真牙与假牙的区别一样。

那么这些最开始没有任何意义的声音又是如何赋予含义和思想的呢？孩子不但学习了单词和单词的意思，也学习了句子和句子的结构。我们理解语言就必须理解句子的结构，单词的顺序在某种程度上决定了句子的意思。假设我们说"玻璃杯在桌子上"，跟我们说"上桌子在玻璃杯"，完全是两个不同的意思，而且后面一句的意思还很难捉摸。所以说，孩子只有通过理解单词的顺序，才能了解句子的意思。

那么，所有的这一切是如何发生的呢？有的人说，"孩子记住了这些东西"，而婴儿期的孩子尚不具备记住这些东西的记忆力，相反，他们正是需要建立起这种记忆力。在此过程中，婴儿通过不断的学习塑造了自身。他们逐渐学会了自己的母语，一种心理的化学反应在他们体内进行，知识不仅仅进入了他们的大脑而且促使了大脑的形成，成了大脑的一部分。孩子通过他们与周围环境的交流建立起自己的精神世界。

**动作是孩子学习的另一项重要内容。**新生婴儿要在襁褓中生活数月，这期间他基本上没有什么动作，但不久之后，他就自己独立行动了，并且一点点地学会动作。他的语言已经没有什么问题了，现在他开始学习动作。不仅如此，他还会以惊人的速度学会许多其他的东西。他不断学习着周围的每一件事情——习惯、传统、宗教，这些都将深深地印在他的大脑里。

当然孩子对动作的学习也不是随意的，而是有它固定的规律的，每一个动作的学习都有其特定的时期。在孩子开始学习动作时，他的大脑也已经开始学习周围的环境，发展着无意识的心理活动。当他开始学习第一个动作时，无意识的就开始变成有意识的。例如，你会看到一个3岁的孩子在反复不断地玩弄一些东西，这也许就意味着他无意识的动作开始变得有意识起来，他开始对以前无意识学习的东西进行研究，就这样，一开始无意识的游戏就变成了有意义的工作。手是人类智慧的工具，孩子的学习也是从手的动作开始的。

婴儿从降生之后，就逐渐学习着各项能力，逐渐建立起他的个人力量，以适应环境和社会给他提出的要求。他逐渐建立起自己的思想，并且具备理解力和思考力。在他 6 岁的时候，孩子已经具备一定的理解了，并且有了足够的耐心去听成人讲话，这些都是孩子不断发展的结果。

而我们主要探讨的就是 0~6 岁孩子的发展。最近心理学的研究开阔了我们的眼界，人们都被孩子这一神奇的世界深深震撼着。而对于我们来说，我们的工作不是教育他们，而是为他们的发展提供帮助。如果我们做好准备，正确对待孩子的智慧，理解他们的需要，进而延长他们具有这种吸收知识能力的阶段，那该是一件多么有意义的事情啊！如果我们能帮助孩子毫不费力地学习知识，那将是对人类多大的贡献！如果孩子能在毫不知晓的情况下学习了知识，那将是多么神奇的一件事啊！

对孩子成长的发现带来了一场教育革命，现在我们可以很容易地知道为什么性格形成的阶段，也就是人类发展的第一阶段十分重要，孩子在这一阶段最需要正确的帮助，教育要做的就是要减少妨碍他创造力发展的任何障碍，最大限度地发展他的潜能。教育成了一种向孩子心理发展提供帮助的手段，而不再是一个灌输语言和观点的过程。

这就是基于孩子成长的不同阶段所发现的教育的新方向——向孩子的心理发展提供帮助，并提高孩子的这种潜能。

## 独立：让孩子按自然规律长大

如果孩子没有心理回归倾向，他就会努力实现自身的独立。一般说来，孩子的发展会指向独立的方向，犹如离弦之箭。在孩子刚刚出生的时候，他就已经开始了独立的进程，在成长过程中，他会不断地完善自己，克服各种阻力。这是因为孩子体内有一种重要的力量在起作用，使他们不断向着自己的目标努力，这种力量被帕西·纳恩先生称为"有目的的行动"。假如我们想在意识生活中找到与此相似的东西，那可能就是我们所说的"主观意愿"

了。不过这种比喻可能也不大恰当，主观意愿是受到人的意识的限制的，而"有目的的行动"则属于生命本身，我们可以称之为一种天然的推动力、进化的源泉。这一重要力量可以使孩子在成长过程中催生各种行为。如果孩子的正常生长不受任何干扰，在其身上就会显现出一种"生命的愉悦"，他们就会充满活力，快乐地成长。

孩子要求独立就是我们所说的"自然发展"的基本体现。换句话说，如果我们对孩子的自然发展给予足够关心，孩子就会逐步达到独立。这不仅适用于心理发展，也适用于身体发展。因为身体同样存在向前发展的倾向，而且愿望非常强烈，也许只有死亡才能阻止这种倾向。

下面我们就对这一过程及其各个阶段进行研究。孩子出生之后，离开了母亲子宫这个"牢笼"，开始迈出独立的第一步。此后，孩子产生了面对世界，学习和吸收各种知识的强烈愿望，可以说，孩子生来就有征服世界的欲望。通过在周围环境中吸收各种知识来完善自己，孩子逐渐形成了自己的个性。

这是孩子出生后第一阶段的标志，这说明这个世界对于孩子来说具有一定的吸引力。因此我们可以说，孩子喜欢这个世界，或者说，世界对孩子具有丰富的感官刺激。

**孩子首先开始工作的器官是感觉器官**。试想如果这些器官不直接吸收东西，它们又起什么作用呢？环顾周围的环境，我们可以看到什么呢？我们能够看到视野范围内的所有东西。我们能听见什么呢？我们能够听到听觉范围内的所有东西。我们的感知范围非常之大，但是我们并不是一开始就能分辨出某一种声音的。这些感觉器官只是记录着外界的刺激，所以我们最初听到的是一种声音的混合体。之后，随着与环境的交流，经验的积累，我们才能分辨出声音之间的差别，这个过程恰好符合完全形态心理学。

这是一个孩子心理发展的正常形态，也就是说孩子首先要吸收所有的东西，然后再一一加以甄别。

但是如果有另一种孩子，他们没有受到周围环境的影响，取而代之的是一种恐惧感，外部世界对于他们来说成了恐惧之源。显然，这两种情况有着很大的区别。研究表明，如果婴儿在 6 个月左右开始接受外界的影响，他的生长就会保持正常。这些可以从婴儿的身体发育中找到证据，也可以通过实验进行测试。例如，婴儿的胃开始分泌胃酸帮助消化，婴儿开始长牙，身体开始发育成长。其结果就是，婴儿在 6 个月大时不仅可以吃母乳，而且可以吃一些与母乳混合的食物。在此之前，婴儿还是无法消化吸收母乳以外的食物。自此开始，婴儿就已经达到了一种相对独立的程度。当他们 6 个月大的时候，婴儿似乎在说："我们可以不再依靠母亲，我们可以独立生活了。"当然我们知道，这只是婴儿自己的一种想象，并且类似的情况还将发生在青少年时期，这一时期的孩子会因自己对父母的依赖而感到难堪，他们会努力设法回报父母。

**大约也是在 6 个月左右，孩子第一次能够发音，这可以看作是孩子语言学习过程中的第一座里程碑。**此后，孩子还会继续成长，不断发展，直至完全独立。一般说来，孩子一旦开始说话，他就可以表达自己的思想，别人也不必像以前那样揣摩他的需求，因为语言是人们之间交流的工具，孩子掌握了语言，就开始了社会交流。

**通过语言与他人进行交流，这是孩子独立进程中一个非常重要的步骤。**起初什么都不会做的孩子现在已经开始表达自己的思想了，并且能够听懂成人说话，这说明孩子同时具有了倾听和语言表达的能力。

当孩子长到 1 岁大，他开始学习走路，逐渐摆脱了不会走路的束缚，这意味着孩子又掌握了一项本领，他可以四处乱跑了。假如有陌生人接近他，他就会跑掉或是躲藏起来。从这一点就可以看出，人是逐步发展的，一步步迈向独立。现在已经不仅仅是让他自由或想让他自由的问题了，他的自由独立已经成为一种实实在在的状态，是生命发展的必然结果，是大自然赋予了孩子成长的机会、独立的能力，促使孩子自由地发展。

就孩子的成长而言，学习走路非常重要，不仅仅因为行走是复杂的肌体活动，是孩子体质发育完善的标志，还由于它是在孩子出生后第一年内完成的，与语言学习和认知周围环境等是同时进行的。对孩子身体来说，走路是一件极端重要的事情。因为在所有的哺乳动物中，只有人需要经历学习行走的过程，其他哺乳动物一生下来就会走动，有的几分钟后就能奔跑了，人类则不然，刚生下来好像什么也不能干，而且需要很长时间才能培养这些能力。

　　用两腿站立和行走看似简单，其实需要由几部分组成的非常复杂的神经结构，其中之一就是在大脑底部的小脑。小脑是控制运动和平衡的器官。可以说，孩子的行走很大程度上与小脑的发育有关。当孩子长到6个月时，小脑开始以很快的速度成长，直到14~15个月以后，这种成长速度才会渐渐放慢，到4岁半，孩子的小脑会基本发育完成。在这一时期，孩子实际上同时进行两方面的发育，不仅小脑和神经系统发育成熟了，而且行动器官也发育成熟了。一个发育正常的孩子6个月大时能够坐起来，9个月时能够爬行和打滚，10个月左右可以扶着东西站立，12~13个月开始迈步行走，到孩子15个月大的时候，他就可以平稳地走路了。

　　上文提到的孩子神经系统的发育对于孩子发展来说也是非常重要的，比如与运动有关的神经系统发育成熟了，脊柱神经才会形成，这样脊柱神经就会把大脑的指令传达给腿部肌肉，孩子才会开始行走。假如脊柱神经没有发育成熟，命令就无法传递。走路是由许多复杂因素协调发展完成的，因此说，控制肌肉的脊柱神经非常重要。

　　行走必需的第三个因素是骨骼的发育。我们知道新生婴儿的骨质很软，腿还没有变得结实硬化，他还无法承受身体的重量。在婴儿开始走路之前骨骼必须变硬。另外，出生时还没有完全闭合的头骨上的囟门此时已经长合，所以即使孩子摔倒，一般也不会伤及大脑。

　　**在孩子的小脑、脊柱神经和骨骼发育成熟之前，一般不要教孩子走路，**因为走路是需要一系列身体方面的协调发展才能完成的，这要求各个相关器官必须首先成熟。走路是孩子自然发展的过程，如果违反了这其中的自然法则，只能给孩子带来危害。同样，我们想阻止孩子走路也是不现实的，因为根据自然规律，他们的相应器官已经成熟，必须投入使用。在自然语言中，"创造"一词不仅仅意味着做了什么，还意味着所做出的东西随后发挥作用。一个器官形成之后就会开始发挥它的作用，这一功能性的工作被称为"环境经验"。如果没有获得这种经验，就可能意味着器官没有正常发育，或者说没有发育完全。因为只有正常发挥其作用，才意味着发育完全。

孩子只有不断吸收周围环境的经验，才能够得到完全发展，我们将这种经验称为"工作"。学会语言之后，孩子就开始不停地说话，没有人能够阻止他们。也许世界上最困难的事情之一就是让孩子保持沉默。即使如此，我们所要做的仍然是促进孩子的发展。如果孩子走路和说话受到妨碍，他就得不到正常发展，他的发展就会受到束缚。相反，让他们自由地走、跑、跳则会促进孩子的发展。

所以说，**孩子通过获得行走的能力，提高了自己的独立性**。他们想要自由地发展，当且仅当他们可以自由地使用这种能力的情况下才能实现。同时，这种逐步的独立性也促进了孩子的发展。现代心理学认为，发展不是必然的，任何个体的行为都是环境经验的产物。

如果我们认为教育就是帮助孩子进行发展，我们就会为孩子的每一次进步而感到高兴。同时因为我们知道自己无法对孩子提供实质上的帮助，我们更会对他们取得的每一次进步而欣喜不已。但是，目前教育中存在的一个问题是，孩子的发展可能会因为环境经验的缺失出现逆转或减慢。所以我们认为，应该重新把握教育的目的，教育的首要条件是为孩子的成长提供环境，以保证大自然赋予他们的能力得到充分发展。这样做意味着我们必须调整自己的观念，遵循自然的法则，与自然协调工作，而不是仅仅取悦孩子或者让他做喜欢的事情。

走过这一步之后，孩子会获得更高层次的经验。通过对孩子的观察发现，他总是想要扩大自己独立的范围，他总是想根据自己的意愿行事，他想自己拿东西、穿衣服、干一些自己认为奇特的大事。这些都是出自他们的心愿，不是我们要求他们做的。他们的愿望是如此强烈，以至于大人会感到对此失去了控制而想方设法去阻止他们。这时，我们需要明白，我们阻止的并不是孩子的行动，而是自然的法则，这是很不明智的。

孩子在逐步摆脱对成人的依赖的过程中，还会要求精神上的独立。他开始希望能通过自己的思考来获取经验，寻找到各种事物发生的原因，而不是依靠别人。人类的个性也就是在这一时期形成了。我们要给孩子全部的自由，社会必须让孩子独立或让他们正常地发挥作用，这就是摆在我们面前的事实，是根据对生命和自然的观察而得出的确凿事实，而不是一个理论问题。所以我们说，只有通过自由和环境经验才能使孩子的发展成为现实。

当然，我们不能把成年人所理解的独立和自由的概念强加给孩子。因为，对于很多成年人来说，他们本身也缺乏对自然、自由和独立的正确理解。目前人们确信，自由、独立和生命本身的意义只有在孩子身上才会有真正的反映。自然会根据每个个体的年龄和需求给予人们自由和独立，它把自由变成了生命的法则：不自由，毋宁死。

在我看来，自然界的方式为我们的社会生活提供了帮助和基础。这样说来，似乎成长中的婴儿向我们提供了一个完整的场景，而我们只能看到其中的一小部分。孩子向我们展示的是一种事实，他能够帮助我们更加接近真理。正因为如此，孩子成长所获得的自由，拓展了我们的思维空间。

那么，什么是孩子不断获取独立这一过程的真正目的呢？这个目的又是从哪里来的呢？它来自于能够保护自己的不断发展的个性，这其实在自然界的任何地方都会发生，任何生物都具备这种能力，能够独自发挥作用，但是孩子在遵循自然规律的过程中，通过自身的不懈努力，获得了自由和独立，同时也不断完善着自身和其生存的环境，这就是孩子区别于其他生物的地方，也是孩子发展的真正目的。

婴儿的第一本能是不需要别人的帮助，自己去做事情。他争取独立的时候第一个有意识的要求就是保护自己，使自己免受他人的阻碍，并且希望通过自己的不断努力，实现自我要求。如果像很多人所认为的那样，最好的生活就是坐在那里什么也不用做的生活，那么婴儿在出生前的生活是最好的了。他在子宫里时，所有的事情都是由妈妈为他完成的。但是如果什么也不做真的是生命的最佳状态的话，那么为什么孩子还要学习吃饭、学习说话，为什么还要艰难地学习走路、独立做事情，为什么还要为自我探索世界的过程而感到欣喜和高兴呢？

孩子向我们证明的还不仅仅是这些。孩子不仅向我们证明了知识的价值，还表明自然的教育方法与社会教育方法的不同。孩子通过自己的行为来寻求身体和思想上的独立。他想要自己学习知识，吸收周围世界的经验，并通过自己的努力而达到这一目的。因此，当我们给予孩子自由和独立时，我们必须清楚地意识到，我们是在给予一个不停劳动的工作者自由，因为他们不工作就无法生存。这种生存的法则适用于所有的生物，违背它只能是一种倒退。

生物界的所有物种都充满活力，生命就是这种活力的最高表现形式。社会的活力是一代代遗传下来的，生命只有通过活动才能达到完美的程度。有些人想少工作，想让别人替自己工作，这种违反自然规律的衰退现象可以溯源到孩子时期。原因是婴儿在出生后的几天内没有人对他们适应环境的努力进行帮助，而婴儿自身的能力又有限，使得孩子对这些失去了兴趣。这些孩子喜欢他人的帮助，喜欢依赖他人，比起交朋友，更喜欢睡觉。他具有一种退化的倾向，科学将其称之为"回归子宫的倾向"。正常出生和成长的孩子会逐步走向独立，而他们则逃避独立，这其实是一种退化现象。

在这里就提出了一个问题，我们如何对这些非正常的孩子进行教育，我们如何才能对偏离了正常发展轨道的衰退情况进行治疗？这些非正常的孩子不喜欢他们的环境，因为他们认为环境中包含着太多的困难和阻碍，在他们眼里，这些困难和阻碍是难以解决的。如今，有专门针对这种孩子的研究，称之为孩子精神病理学。在西方国家还出现了很多孩子指导诊所，并研究出一种新的治疗方法，如游戏疗法，为这些孩子提供帮助。

孩子的学习环境中不应该有很多障碍，环境中的障碍越少越好，最好能全部消除。现在孩子生活环境中有很多可以吸引他们关注的东西，在为那些非正常的孩子创设生活环境时更应该提供丰富的刺激环境，让他觉得其实困难和阻碍没什么大不了。同时我们可以组织一些趣味活动，帮助这些孩子进行发展。我们应该遵循生命和自然的一些基本原则，把有衰退迹象的孩子从懒惰变得热爱工作，从无精打采变得充满热情，从恐惧变得高兴，让他们尽享生命的乐趣。从懒惰到充满活力的过程，就是一个治疗的过程。这和一个正常孩子的发展道路是一样的，它的基础就是以自然规律为依据的新式教育。

这就是我一直以来始终坚持的一个观点：**孩子是遵循自然规律成长的。**我实际上把这些规律看作教育的基础。

## 互动游戏

### 我会刷牙了

**游戏目的：**

让孩子在饭后能自己擦嘴和漱口，并且逐渐学会早晚独自刷牙。

**道具：**

一只漱口杯、一支儿童牙刷和一管儿童牙膏

**游戏开始：**

1. 在洗漱间储物架最下面的隔层里放一只漱口杯、一支牙刷和一管儿童牙膏。

2. 让孩子拿着牙膏，家长帮他挤牙膏，让孩子自己刷两下后，家长再握住孩子的手指导他刷两下。

3. 如果孩子愿意再试试，那就让他自己接着刷，如果孩子不配合，家长可以拿个孩子平时喜爱的玩具转移一下他的注意力，待孩子平静后再接着刷，或者下次再刷亦可。

> **听听蒙台梭利怎么说：**
>
> 家长刷牙的时候，有意识地叫上孩子，在轻松的氛围中一边讲解刷牙的正确方法，一边进行示范。有时还可以用手指作小牙刷，让孩子在游戏中进行练习，帮助孩子逐渐建立起"小小牙齿要保护"的意识。

## 帮助：不是为孩子包办一切

虽然孩子还不能承担大人的工作，但他们有自己需要完成的重要任务，那就是完成对自我的塑造。从这个角度来说，孩子同样是工作者和生产者。孩子刚出生的时候是没有什么能力可言的，甚至连走动这样基本的事情都不能独立做到，但是这个幼小的生命终将长大成人。如果说一个成人的智慧是通过精神的征服而变得丰富起来，并闪烁着精神的光芒，那是因为他曾经是一个孩子。

孩子经过漫长的时间塑造成了成人，而一个成人却不可能再进行类似的创造性的工作。与孩子被排除在成人超自然的世界之外相比，成人更加明确地被排除在孩子的世界之外。孩子的工作与成人的工作截然不同，甚至可以说是完全对立的。孩子的工作是在其自身发展过程中由心理能量所产生的一种无意识的具有创造性的工作。

孩子是成人之父，成人所有的力量都来自于孩子天生所必须完成的一些秘密使命。这种使命使得孩子成为了一个真正的工作者，但他不可能仅仅依靠吃饭、睡觉而长大成人。相反，孩子总是积极地从事工作以完成创造过程。我们还必须清楚，孩子工作的环境也是成人正在生存并改造过的环境，孩子需要在外界环境中进行真正的创造性的工作，而且也只有通过练习才能得以成长。

孩子的成长离不开做练习和运动。孩子面对外部环境，不断协调着自己的运动并且积累自己所体验到的情感，在此过程中，发展着自己的智力。孩子勤奋地学习如何说话，并为能够开口说话而坚持不懈地努力。同时，他们也学会了如何站立和到处奔跑。在成长的过程中，孩子就像最认真的学生一样遵循一种进程表，就像恒星有自己的运行轨道一样。事实上，我们可以预测孩子每个发育阶段的身高状况，孩子的身高也会基本上符合人们的预测。我们还知道孩子在5岁时和8岁时所能达到的智力水准。由于孩子遵循大自然为他制定的成长计划，所以我们可以大概知道一个 10 岁孩子的身高和智力水平。孩子依靠自身的不断努力，积累经验、化解痛苦并成功地经受考验，使他的各种活动慢慢地完善起来。成人可以为孩子提供或者创造一个好的外界环境，但是孩子的完善却是通过他们自身完成的。孩子就像是一个为达到目标而不断奔跑的人，因而，一个成人如果想要完善自己，也应该像孩子一样付出自己的努力。

我们成人和孩子是相互联系的。在孩子的世界里，孩子才是真正的主宰，成人只是随从和跟班。同样在成人的世界里，孩子处于被动地位，他们是成人的子孙和依赖者。这样看来，成人和孩子其实都是王国的主宰者，只是他们主宰和统治的国度不同。

通过对孩子工作的动机和方式进行调查研究，我们就可以将其工作与成人的工作进行比较。但是，它们之间的相似之处有限，因为孩子和成人有着各自不同的工作目的，但是，二者都不直接清楚这个目的，这个目的也不以他们的意志为转移。所有生物的生存和发展都需要有一个外部环境，生命本身也是一种能量，它不断地从外部环境中补充自身的能量，并使能量自身保持创造的平衡。例如，珊瑚虫靠吃海水中的微生物维持生存，它分泌出石灰石来筑造保护自己的地方，这是它们活动的目的。但是由于大量群居以及世代繁衍，就形成了珊瑚礁，再然后，形成了陆地。可以看出，这一最终目的远离了它们的直接活动。我们知道，珊瑚虫并不是为了形成陆地而开展自己的活动，所以我们可以抛开渐成陆地的问题，来研究珊瑚虫和珊瑚礁。对所有的生物，包括孩子来说，道理都是一样的。

**孩子所进行的创造性活动的最终目的，就是长大成人。**然而，尽管我们可以从孩子的身体细胞，到他工作的每个细节对他进行研究，却无法从他的活动中得出他将长大成人这个最终目的。

对于我们来说，了解孩子工作的性质十分重要。当孩子工作时，他并不是为了获得某些进一步的目的而如此做的。**他工作的目的就是工作本身。**就孩子个人而言，当他不断地重复某项练习时，并不是为了实现某种外在目的。他停止工作也不是因为劳累，这完全是因为孩子充满活力的天性所致。

这表明孩子和成人工作的自然规律之间存在着基本的差异。**孩子进行活动并不遵循效益规律**，正好相反，他们没有任何外在的目的，但却把大量的精力消耗在工作中，并在完成每个细节时运用了他所有的潜能。所有外在的目的和行为虽然并不一定具有重要作用，但在环境和孩子内心生活的完善之间的关系却值得注意。一个心灵已经得到升华的人不会迷恋于外界的东西，他仅仅会在合适的时候为了完善自己的内心才去利用外界的环境。与之相对的是，过着一种平凡生活的成人会被某些外在的目标所迷住，以致不惜任何代价去追求它们，有时会达到损害健康乃至丧失生命的地步。

孩子的工作和成人的工作之间的另一个明显差异是，**孩子的工作没有丝毫功利性**，他们并不是为了获利或寻求帮助。孩子必须依靠自己进行工作、完成工作。孩子成长的重担只能由他自己承担，任何人也代替不了。同时，孩子也不可能加快他发展的速度。一个生长中的生物的特质之一就是，它必须按照一个预定的计划发展，既不能延缓也不能加快发展的速度。大自然是严厉的，如果有谁偏离正轨，即反常或"拖延"发展，都会受到惩罚。

此外，孩子所拥有的动力也与成人不同。成人总是为了外在的目的而发奋努力并做出艰苦的牺牲，但是，**孩子工作的动力完全是出于自身的本能需要**，孩子对劳累的工作并不感到疲倦，他通过工作得以成长并增加力量，他的生存和发展有赖于他所做的工作。

如果成人不了解这个秘密，他就永远也不可能深入地理解孩子工作的重要性。他们会在孩子的工作中设置各种障碍，并认为休息对他们的成长会更加有益。成人会帮孩子安排好一切，而不让他们自己去做。在做一件事情的时候，成人总是希望花费较少的时间和精力，所以他们就凭着自己的经验和敏捷性去帮孩子洗手、穿衣服，抱着孩子或者干脆用小推车推着孩子到处走动，房间的整理自然更轮不到孩子亲自动手。

以上这些做法显然不利于孩子的成长。成人应该让孩子从事他该做的工作，这才是对孩子最好的帮助。孩子的成长有其内在的需要，也需要有适宜发展的外部环境。环境的作用并不是为了让孩子去征服或者享受，而是能帮助孩子完善他的各种活动。很显然，只有了解孩子内在需要的人才能为他们提供这样的环境。成人对孩子的教育不应该是为孩子包办一切，而是应该为孩子提供一种适宜的环境，促使孩子创造性地自我发展。

## 互动游戏

### 快乐如厕

**游戏目的：**

帮助孩子自主如厕，逐步养成定时大便、随时小便不憋尿的好习惯。

**道具：**

儿童专用便盆、软垫。

**游戏开始：**

1. 出门前、睡觉前，家长有意识地带着孩子去趟厕所。

2. 持续一段时间，孩子就会把自己的尿便意识和马桶建立起联系，过不了多久，他们就会在想尿便的时候主动要求如厕了。

3. 孩子在家里如厕大多是坐在专用的便盆上，或者由家长陪伴坐在马桶上。而幼儿园里大多是需要蹲下来的便池。这对于双腿还不太有力量的小班孩子来说，的确是个不小的挑战。家长可以利用孩子喜欢游戏的天性，在家里玩"蹲"的游戏，和孩子比一比谁能在垫子上蹲的时间长，慢慢帮助孩子把如厕变成一件快乐的事。

> **听听蒙台梭利怎么说：**
>
> 这项学习格外需要家长的坚持和帮助，最初，家长必须时刻关注孩子发出的尿便的信号。幼儿学习如厕的敏感期是12到18个月，一旦错过，再想让孩子自主如厕会变得难上加难，有的甚至到上小学还尿裤子。

## 呵护：给孩子一张最适合他们的床

人生的最初两年会影响人的一生，婴儿有很大的心理潜能，我们对此却没有给予足够的重视。孩子非常敏感，一点点粗鲁行为都会影响他们的心理，甚至会影响他们的一生。

当孩子的发展达到他能够独立行动的时候，他与成人之间的冲突也就开始了。当然，没有一个人能够完全阻止孩子看和听，进而阻止他征服他自己的世界。但是，当孩子开始独立走路、触摸、行动的时候，情况就另当别论了。即使一个成年人非常爱他的孩子，也会在内心深处存在着一种强大的自我保护的本能。正在成长中的孩子和成人的心态差异是如此之大，以至于双方不做一些调整，就无法和谐地生活在一起。但是事实上，由于孩子弱小无力，只能任人摆布，因此很多时候这些调整只是为了使成人自身更加便利，对孩子有利的很少。孩子的行动如果和成人的需要和要求不一致，就会不可避免地遭到制止。尤其是成人无意识的自我保护心态，他们确信他们的做法确实给了孩子深厚的爱和奉献。

但是，成人的这种无意识的自我保护心态把成人的贪婪掩饰起来了，使他可以小心翼翼地保护自己拥有的任何东西。成人害怕孩子打扰到他的安宁，就打着"为了维护孩子的健康，应该让他多睡些"的口号。

有的缺乏教养的成人，为了不让孩子打扰他，可能会对孩子大声喊叫、打骂，并把他们赶到大街上去。但为了不让自己内疚，过后又会亲昵地抚摸和热烈地吻他，以表明他是很爱自己的孩子的。有些人的表现看起来似乎好一些，他们会表现出爱、献身、责任感和表面上的自我控制。不过实际上他们都乐于摆脱子女对他们的纠缠。他们最喜欢做的事情是把孩子托付给别人看管，让他们带着孩子散步或是哄孩子睡觉。

当孩子刚学会走路，开始对自己的自由活动欣喜不已的时候，他就遇到了一群大人阻拦他的每一个举动。孩子所处的境地跟当初摩西把希伯来人带出埃及时的处境很相似。当他们克服沙漠的种种困扰踏进绿洲的时候，首先就必须面对战争，对战争的痛苦回忆使得他们的内心充满了恐惧，导致他们在沙漠里漫无目标地徘徊了很多年，在这个过程中很多人因精疲力竭而死去。

成人的自然法则就是保护自己的财产使其不受侵犯。在某些民族中这些倾向可能变得极端强烈。这种出于本能的自我保护的根源隐藏在人类心灵的潜意识的深处。这种现象最高可感知的最细微的表现，就是成年人注意保护自己的安宁和财产，免遭新一代的侵犯。他们不断地做出努力，拼命地斗争，因为这是为自己的生活而斗争。这种父母和孩子之间的斗争是在无意识中进行的。

成人会心安理得地说："孩子不应该到处乱走，他不应该乱碰东西，他不应该大声说话或吵闹，他应该多躺着，他应该多吃喝睡，他应该自己到户外去玩。"**那些懒惰的父母选择了最省力、最轻松的办法，他们干脆打发自己的孩子去睡觉。**

谁会在让孩子睡觉这一点上犹豫不决呢？虽然有的孩子很快地服从了，但从本质上来说，他也不是一个喜欢睡大觉的人。当然，他需要充足的睡眠时间，但是必须区分什么是适宜的睡眠，什么是人为强制的睡眠。一个强者可以通过暗示的力量把自己的意志强加给孩子。一个强迫孩子服从和遵守他制定的睡眠时间表的成人，就是在通过暗示，把自己的意志不动声色地强加给孩子。

不管是博学的还是无知的父母，或者其他的照料者，都会协力促使这个充满生气、活跃的孩子去睡觉。在很多家庭里，三四个月大甚至三四岁大的孩子都被要求过度睡眠。然而，在一些无暇顾及自己小孩的家庭中，这些孩子却可以整天到处奔跑，他们可以自由自在地玩。这些孩子在入学以后往往要比过度睡眠的孩子更容易安静下来。有一个7岁的男孩曾经对我说，因为他的父母总是在夜色降临之前就让他去睡觉，所以他从来没有看到过星星。他很想在某个夜晚爬到山顶上去，躺着那里的草地上看看。成人并没有意识到这么做给孩子带来的影响，他们觉得孩子一到黄昏就去睡觉，养成这样的习惯太好了。其实，这是他们为自己可以自由地干自己的事情找出的借口。

**孩子的床，也会成为孩子痛苦的根源。** 每一次入睡都要发生一次争执和战斗，而最后都是以他们屈服而告终。事实上，床应该成为孩子快乐的园地，我们应该考虑到孩子的心理需要，什么样的床才是最适合他们的？我们把装有围栏的柔软、美丽的小婴儿床和宽敞的成人床对比一下，就会发现，婴儿床就像一只悬空的鸟笼，很多时间他都自己呆在这样的鸟笼里。这样他的父母在照料他时就省去了很多的麻烦，不必担心他会从床上掉下来。并且，孩子的房间被窗帘遮挡，清晨的阳光也不会打扰到他的睡眠。

有一点我们必须要明确，**能够给予孩子心理发展较大帮助的是，给孩子一张适合他需要的床，以及不让他睡眠超过必要的时间。** 应该允许孩子疲惫的时候就去睡觉，当他想要起床的时候就爬起来。因此我们建议，废除婴儿床，给孩子提供一张贴在地板上的矮床，这样，孩子就可以随心所欲地躺在那里或起床活动了。像所有能够促进孩子心理生活发展的事物一样，给孩子提供一张小床是很实用的。孩子需要的东西往往很简单，那些复杂的东西往往会阻碍孩子的发展而不是起到促进作用。在许多家庭里，把一张小床垫放在地板上，盖上一条又大又软的毯子，由此改变了孩子的睡眠习惯。这样，一到晚上孩子就可以自己高兴地去睡觉，早晨起床也不会打扰到任何人。这些例子表明，如果成人错误地将自己的意志强加给孩子，在照料孩子的时候就会费力不讨好。事实上，由于成人自私心态的影响，他们一直违背了孩子的需要，这种心态是需要克服的。

从所有这一切我们应该明白，成人应该努力去理解孩子的需要，给他们提供一个适宜的生活环境，使他们能得到满足。只有这样，才能开创一个教育的新纪元，才能为孩子的生活提供真正的帮助。成人不应该再把孩子看成是一个可随意支配的物品，一个绝对服从的应声虫。在孩子的发展过程中，成人所起到的作用是次要的，真正重要的是孩子本身。成人必须努力地了解孩子，这样才能适当地帮助他们，这应该是所有父母的目的和愿望，也应该是所有教育工作者的目的和愿望。**由于孩子比成人弱小，成人必须控制自己的影响，倾听孩子的心声。**也就是说，成人应把理解和追随孩子作为一种职责。

## 活动能力对道德和智力的发展都至关重要

### 无目的的微弱努力

在孩子能够像他所看到的成人那样，以一种清晰的合乎逻辑的方式行动之前，他已经开始有目的地活动了，但是他使用东西的方式对于年长的人来说，常常是无法理解的。在孩子1岁半到3岁之间会发生类似的情况。

我曾经看到一个18个月大的孩子，他发现了一叠刚刚熨平的餐巾整齐地堆放在一起。这个小家伙拿起其中的一块餐巾，极其小心地捧起它，并用另一只手放在毛巾上面，使折叠整齐的餐巾不至于散开。他走到房间斜对面的角落，把餐巾放在那里的地板上说"一块"，然后又像他来的时候那样走回去，之后又用同样的方式走到角落里，把第二块餐巾放在第一块餐巾上面，又说了一遍"一块"。他不断地重复着这个过程，直到把所有的餐巾都拿到那个角落为止。然后，他把这个过程倒过来，又把所有的餐巾一块一块地放回到原来的地方。虽然这些餐巾不像最初放置时那样完美，但仍然折叠得相当好。如果在这个漫长的调换过程中，没有其他人打扰他，这对孩子来说反而比较幸运。因为在现实生活中，孩子不知道多少次听到成人在他背后大声叫喊："停下来别动，别碰那些东西！"为了不让孩子碰东西，孩子细嫩的小手挨了很多次打。

孩子还有其他喜欢的活动，比如把大的墨水瓶或盒子的盖子拿起来又盖下去，或者是来回开关橱柜的门。这些东西对小孩有一种天然的吸引力，但是因为它们是父亲或母亲桌子上的东西，或者是起居室家具上的一部分，因此父母会禁止孩子碰它们。这时候父母和孩子就会为此而发生冲突，而这种冲突又会导致孩子发脾气，这将是一个恶性循环的过程。实际上，孩子并不是真的想要这样一个瓶子，他只是想要一个能有同样玩法的东西而已。

诸如此类的活动，它们都没有什么外在的目的，都可以被看作是人类最初的微弱的努力。目前，我们已经有了许多专门为年幼孩子设计的一系列感官材料，如，由大到小的一系列圆柱体，它们正好可以嵌入木板上不同的孔洞之中，由于这些东西能满足孩子生活中某个时期的需要，因此获得了很大的成功。

按照孩子独立的想法，以上这些都是很容易被接受的。但是，在成人的思想中却有着根深蒂固的障碍，使得这个理想很难获得实现。一个成年人，即使他同意孩子的要求，允许孩子自由地触摸和到处搬运东西，也会在内心涌起一种冲动，想要去支配孩子行动的冲动。

比如，有一位妇女，她有一个两岁半的儿子，虽然她没有限制孩子搬东西，但是却总想替他做点什么。有一天，她看到儿子把装满水的一只水罐拿到客厅里去。她注意到，孩子处于高度的紧张之中，他缓慢费力地穿过房间。他一边走好像一边对自己说："要当心，要当心。"这个水罐很重，孩子的母亲忍不住要去帮他，母亲拎起水罐，帮孩子把它拿到要去的地方，但是这个孩子却很伤心，感觉受了委屈。他的母亲承认说她也很难过，但是她还是认为这么做是对的。她说，虽然她也认识到孩子正在做的事情是必须的，但是她又觉得，让孩子搞得精疲力竭，并且浪费很多时间是不值得的。因为对于这件事情，她只要一刹那就可以完成了。

这个妇女在向我咨询的时候说："我知道我做错了。"我思考了这个问题的另一个方面，即"对孩子的吝啬"，它产生于要保护自己财产的欲望。我问她："你有没有轻巧一点的瓷器？让你的孩子拿一个比较轻巧的东西，看看会发生什么事。"这位妇女接受了我的建议。后来她告诉我，她的孩子十分小心地拿着那个小瓦罐，每走一步都要停一停，最后他安全地把瓦罐送到了目的地。在整个过程中，母亲的情感很复杂，一是为孩子完成了这项工作而感到高兴，二是为她的瓦罐担心，但是这次她还是让孩子完成了这项工作，因为她的儿子非常渴望做这件事，并且这对他的心理发展也是极其重要的。

有一次，我把一块抹布放在一个 14 个月大的小女孩手中，这样她可以做些清洁工作。当她坐下来时，她用抹布擦了许多明亮的小东西，并对自己的工作感到十分高兴。但她的母亲却不愿意给她的孩子提供这样的东西，因为她觉得这些不适合如此小的孩子。

一个并不理解孩子工作本能重要性的成人会对孩子工作本能的第一次展现感到惊叹不已。成人意识到，为了孩子的发展，他必须做出一些牺牲，必须抛弃他的某些脾性，降低对环境的要求，但是这是跟他日常生活的环境极不相容的，但是这又是必须的。因为，如果不让孩子接触他周围的环境，就像以前做的那样，就会阻碍他的成长，这就好像不允许他们学习如何说话一样。

解决这种冲突的办法，是给孩子提供一个适宜的环境，使他们可以展现他强烈的渴望。当孩子说他的第一句话时，并不需要为他准备任何特殊的东西，因为他的牙牙学语在家人听来是一种欢乐的声音。但是，他的小手要想工作，就得要有东西来配合，这种东西要能够刺激到孩子的活动。我们经常可以看到，孩子活动时所花费的体力超出了我们的想象。我有一张照片，照片上一个英国小女孩拿了一个大面包，面包是如此之大，以至于她的双手无法承受，不得不把它紧靠在身体上。她被迫挺着肚子走路，这样一来就没法看清脚下的路了。在这张照片里，还有一条狗伴随着她，好像随时要去抢她手里的面包。照片的背景是成人都在注视着她，他们都在克制自己，不冲上去帮孩子拿面包。

许多时候，年纪很小的孩子在适宜的环境中发展出的本领和技能，的确让我们惊叹不已。

### 行走是为了完善能力

在照顾孩子时，成人应该遵循的行为方式是放弃自己的优势，这样才能使自己适应生长中孩子的需要。例如较高等的动物是本能地使自己适应于幼仔的需要。当一头小象被它的母亲带入成年象群时，这些大象就会放慢自己的步伐以适应小象的步调，当小象因疲劳而停下来时，它们也都停下来。

在各种文化中，都可以发现对孩子有各种类似的照顾。有一天，我看到一位日本人，这位父亲正带着他一岁半的儿子散步。我跟在他们后面，突然发现这个小孩用手臂抱住她父亲的腿。这位父亲就站在那里不动，让孩子绕着他的腿转，当孩子玩够了以后，他们又开始了缓慢的散步。过了一会儿，这个小孩坐在路边，父亲就站在他身边等他，这位父亲的表情是严肃的，但十分自然。他并没有做什么异乎寻常的事情，他仅仅是作为一位父亲带着他的孩子散步。

这种散步最适宜于正在学习如何协调许多不同动作的孩子，因为靠两条腿维持平衡和前进需要这些动作。

虽然人像其他动物一样有四肢，但是人是用两条腿走路的，而不是用四肢行走。猴子的手臂很长，可以辅助它们在地上行走。人是唯一完全依靠两条腿来平衡走路的动物。

四足动物行走时，会交替地抬起一条前腿和另一侧的后腿，让另一条前腿和后腿着地，并交替进行着。但人走路时，先用一条腿支撑自己，然后换另一条腿。大自然已经解决了行走的难题，只是采用了不同的方式而已。动物是本能地学会行走，而人类是通过主观的努力才学会走路的。

孩子行走能力的发展，并不是仅仅等待这种能力的降临，而是通过学习走路获得的。父母欣喜地看到孩子迈出的第一步，这也意味着孩子对自己的征服。学会走路对孩子来说是第二次降生，他从一个不能自主行动的人变成了一个具有主动性的人。成功地迈出第一步，是孩子正常发展的主要标志之一。但是在迈出第一步之后，他仍然需要经常练习，取得平衡和获得稳健的步伐是个人持续努力的结果。当孩子试图走路的时候，他受到一种不可压抑的冲动的驱使，他表现得勇敢无畏，甚至有点莽撞，就像一个真正的士兵，不管遇到什么困难，他都坚持向胜利冲刺。孩子追求目标的强烈渴望促使成人用防护设施把他们围起来，这些设施反而影响了孩子的发展，成为孩子行走的障碍。有的时候孩子的腿已经强有力了，成人仍然把孩子关在学步车里或婴儿车里练习走路。

由于孩子年龄的限制，他的腿比较短小，还没有耐力走远路，因此当成人带孩子外出时，就会仍然把他放在手推车里推着走，而孩子也不得不向那些不肯放慢脚步的成人妥协。即使带孩子外出的成人是保姆，也是孩子去适应保姆，而不是保姆去适应孩子。保姆按照自己的速度直接走到室外活动的预定场地，推着载着小孩的手推车，看起来像是推着去市场买蔬菜的小推车，而只有到了公园，它才让小孩走出手推车。很多时候，她只是坐在旁边两眼注视着孩子在草坪上走动。她所做的这一切仅仅是为了避免发生意外。可以看出，孩子身体的发展得到了关心，但他的内在精神需求却未得到重视。

1岁半到2岁的孩子可以走好几千米的路，可以爬斜坡和梯子等有一定难度的动作，但是跟成人相比，他的行走却有着截然不同的目的。成人走路是为了某种外在的目的，因此他会以稳健的步伐径直走到目的地。相反，婴儿的行走是为了完善自己的能力，实现自身内在所具有的某种创造性的东西。他走得很慢，还没有一种有节奏的步伐，他也不是为了去某个最终的目的地。他的行动是被他所直接看到的周围物体所引起的。如果成人想要帮助这个孩子，他必须让自己适应孩子的步速和他最终的目的地。

在那不勒斯，我曾经看到一对夫妇，他们最小的孩子1岁半。在夏季到海边去，他们必须经过一条长约一英里的陡峭的下坡路，而这条路手推车或马车都无法通行。这对年轻的夫妇本来想把孩子抱在怀里，可是发现这样做实在是太累了。最后，是孩子自己解决了这个问题，他时而走路，时而奔跑，走完了这段路。有时，他还会伫立在花边，或坐在草坪上，或站着看一些动物。有一次，他呆呆地站了几乎15分钟，凝视着草坪上的一头驴。这个孩子缓慢地行走在这条路上，他可以毫不疲劳地每天上下这条漫长而艰难的道路。

在西班牙，我认识两个年龄在2岁到3岁的孩子，他们都能够走一英里半的路，还有许多孩子能够在窄而陡的梯子上上上下下一个多小时。

干预孩子走路有时会导致他的反常行为。有些母亲在提到他们的孩子做上面提到的一些活动时，说孩子的表现非常不正常。有一位母亲曾经为她的孩子发脾气的事情咨询我。她的小孩只是在几天前才开始学习走路的，任何时候，只要一看到梯子就会尖叫，当有人抱着她登上楼梯或下楼梯时，她就几乎激动得要发疯。她母亲认为这只不过是一种巧合罢了。但是很明显，这个小孩只是想自己爬上爬下楼梯。楼梯的台阶对她更有吸引力，她可以把手搁在台阶上，或坐在台阶上。对她来说，楼梯要比旷野里有趣多了，在旷野上她的双脚被草遮没，也找不到任何地方搁她的手，然而她却只被允许在这样的地方散步。

孩子天生喜欢行走和奔跑，滑梯上总是挤满了孩子，他们登上登下，爬来爬去。贫困家庭的孩子在街上奔来奔去，毫不费力地避开车辆，甚至能在汽车和卡车的门旁攀拉座位，尽管这是危险的，但他们却不会像富家子弟那样由于羞怯而变得迟钝，甚至最终变得懒散起来。可以看出，这两种孩子在他们的成长中都没有得到真正的帮助。贫穷的孩子被抛弃在大街这种危险的成人环境中，而富家子弟却在同样的环境中受到了太多的限制和阻碍。

处于正在变为一个成人并进而使人类得以延续的过程中的孩子，也许正如犹太人期望的救世主弥赛亚所说的那样无处容身。

### 别害怕伸出来的小手

与人类智力关系最密切的两种身体运动，是用来说话的舌头的运动和用来工作的手的运动。从人类最早使用的工具——经过削凿和打磨的石块就可以推断出，在史前期已经有人类存在了。工具的运用标志着地球上有生命的机体在生物发展史上进入了一个新的阶段。当人类用手把语言刻录到石块上时，语言本身就成为人类历史的记录。人类的特征之一就是能够自由地运用双手，也就是说，手不再是运动的手段，而是智慧的工具。正是这种功能，不仅显示了人类居于万物灵长的地位，而且表现了人类天性的和谐统一。

人的手是如此精巧和复杂，它不仅展示出人的心灵，而且使人与环境建立了特殊的关系。我们甚至可以毫不夸张地说，人是靠双手征服了环境，并在理智的指导下改变了环境，进而实现了他改造世界的使命。

所以说，如果我们想确定一个孩子的智力发展程度，我们就应该根据他们最初呈现的现象来考虑他的"智力活动"，即我们应该研究孩子的语言和在劳动中对手的运用。目前人们已经认识到这两种智力的外部表现，并且许多人都坚信不移地认为，它们是人类的主要特征。但是，目前的状况是，人们仅仅把语言、手势的重要性与成人社会的某些现象联系在一起。例如，当男人向女人求婚时，他会拉起她的手，向她许下承诺；当他们结婚时，他们会拉起手许下誓言；还有在宣誓的时候，人们一般都会举手宣讲誓言。手还被大量地运用于宗教仪式中，表现出一种强烈的自我意识。这些不同的例子可以表明，人们是如何潜意识地把手当作内在自我的表达方式的。如果确实如此的话，还有什么活动能比孩子的手的发展更令人惊叹的呢？因此，我们应该热切地期待着孩子朝着外界物体伸出小手的举动。

这是小手第一次有智慧的举动，这种举动意味着孩子想要融入这个世界之中，对于这样的活动，成人应该在心中充满赞美才对。但是在实际生活中，有些成年人恰好相反。他们害怕孩子的小手伸出来，拿一些本身毫无价值和无关紧要的东西。他们认为这种活动是没有意义的，为了不让孩子拿到，他们千方百计地把这些东西藏起来，不让孩子拿到。我们总是听到成人说"不要碰这个"、"别动，安静"这样的话语。这种话语潜藏着成人的一种焦虑，基于这种焦虑，成人筑起了一道防线，并且还请求其他成人的帮助。这些成年人好像正在秘密地与侵犯了他的安宁和财产的力量做斗争一样。

为了促进自身心智的发展，孩子必须在周围的环境中找到可以看和听的东西。因为孩子必须要通过运动，通过运用双手才能促进自身的发展，所以需要提供能帮助他运动的东西，并给他提供活动的机会。但是在家庭中往往忽视了孩子的这种需要，孩子周围的东西都是属于成人所有的并且由他们使用，这些东西对孩子来说是被禁止接触的，他被告知不许随意碰任何东西。虽然成人是为了避免孩子受到不必要的伤害和减少自身的麻烦，但是这种行为往往忽视了孩子发展的需要，其导致的后果就是如果一个孩子成功地抓到了某个东西，他就像饥饿的小狗发现了一块骨头一样，从并不能给他营养的物体中寻求营养，并且还害怕有人会把它夺走。

孩子的运动不是一个偶然事件，他是在自我的指导下，对这种有组织的运动进行必不可少的协调工作。在这种协调过程中，他的心智不断发展，他的表达能力也在不断地进行自我协调、组织和统一。因此，孩子必须能自由地决定和完成他想做的事情。由于他正处在自我塑造的过程中，所以他的运动有一个特征，就是这种运动并不是出于偶然和漫无目的。也就是说，孩子并非仅仅是无目的地跑、跳和拿东西，并把屋子搞得满地狼藉。孩子的建设性活动是从别人的活动中得到的启发，他会努力地去模仿成人使用或操纵某物的方式。如在使用同样的东西时，孩子试图像他周围的成人一样去做。因此，孩子的活动与他的家庭和社会环境有着直接的联系。孩子想要在生活中模仿成人的动作，如扫地、洗盘子、洗衣服、倒水、洗澡、梳头、穿衣等。但是这种表述并不确切，因为它不同于其他灵长类动物的模仿行为。孩子的建设性活动有一种精神起因，也就是说认识是先于行动的。当一个孩子在做某件事之前，已经知道他想做什么。因此，当他看到另一个人在做某件事时，他也渴望自己去做，语言的学习也是如此。当他从周围环境中听到他人说话时，他也想与人进行交流，这时他的记忆力帮助他把以前听到的词汇记住，在一定的时候，他就会根据此时的需要，来运用适当的词汇，并且孩子所做的绝不是机械模仿，这一点我们必须牢记。

## 成人应该尽可能地去适应孩子的节奏

成人如果不理解孩子需要运用他的手，不明白这是他工作本能的一种表现，就有可能成为孩子发展的障碍。这并不能归咎于成人的防御心态，可能还有其他的原因。一种原因就是，成人注意的是他的行为的外在结果，并根据自己的观点来制定行动方案。对成人来说，有一条自然法则，即"最大效益法则"，这使他往往用最直接的手段，在尽可能短的时间内达到他的目的。当成人看到孩子付出巨大努力却收效甚微，而同样的事他很快就能干完并做得更好时，他就会忍不住想去帮助这个孩子。

对成人来说，孩子热衷于那些琐碎的或毫无用处的东西，实在是令人难以理解的。当一个孩子发现桌布斜了，他就开始琢磨桌布应该怎样铺，并且尝试把它铺直。对处于这个发展阶段的孩子来说，这是一种令人有成就感的举动。但成人只有避而远之，并且不制止和妨碍他的努力，孩子才能得到成功。

如果一个孩子想要自己梳头，成人不但不会为这种可贵的想法感到高兴，反而觉得非常麻烦。他知道孩子不可能迅速地梳好头，也不可能成功地达到他的标准，而如果让他来做，就能把事情做得又快又好。孩子本来是进行一项令人欣喜的尝试，但是当他看到成人走上来拿起木梳，并且态度很坚决地必须由他来梳头，这时就把孩子的探索性活动破坏掉了，而且让孩子感到自己力量的渺小，成人变成了一个强有力的无法与之抗争的巨人。同样的情况，在成人看到孩子试图自己穿衣服或系鞋带时，孩子所有的想法都会受到阻拦。成人对孩子恼怒，不仅仅是因为孩子毫无成效地试图完成某项活动，而且还因为孩子的行动方式和节奏都与他们不同。

节奏并不是一个可以随意改变的观念，它几乎就像一个人的体形，是一个人特有的特征。当其他人的活动节奏跟我们相接近的时候，我们就会为此感到高兴，但是如果我们被迫去适应他人的节奏时，就会感到痛苦。例如，当我们必须跟一个局部瘫痪的人一起走路时，我们就会感到一种痛苦；如果我们看到一个患有中风病症的人用颤抖的手缓慢地举杯到唇边时，他颤巍巍的动作与我们的自由活动之间的强烈反差会使我们感到痛苦。我们就会想方设法用自己的节奏来代替他的节奏，以此来缓解我们内心的冲突。

成人对孩子的做法与此类似。成人下意识要去阻止孩子进行这种自然的、缓慢的和没有效率的活动，正像他赶苍蝇一样在驱散这种烦扰。但另一方面，当孩子用一种强烈的迅速的节奏进行活动时，成人倒容忍了。他乐于忍受充满生气的孩子在他的环境中造成的无序和混乱，这时候成人反倒袖手旁观了，因为他觉得整个事情是清晰的和可以理解的；但是，当孩子动作缓慢时，成人就感到不得不进行干预，或者以自己的行动代替孩子的行动。但是，在这样做的时候，成人并不是在孩子心理需要的基础上帮助他，而是在孩子想要自主完成的活动上代替他。成人阻止孩子自由地行动，因此他本人成为孩子自然发展的最大障碍。孩子想要独立而不靠其他人帮忙洗澡、想要自己穿衣或梳头，他们在哭叫中显示了依靠自己的努力以求得发展的决心。但是人们通常没有意识到，给孩子不需要的帮助就是孩子将经历的各种压制中的第一个压制，而这种压制将会对孩子以后的生活产生更严重的后果。现在，成人必须要认识到这一点。

### 运动是孩子创造性能量的外在体现

在心理发展过程中，身体运动的重要性应该予以强调。当人们列举身体的各种运动功能时，却没有把它跟诸如食物的吸收、呼吸等功能明显地区别开来，这是一种严重的错误。实际上，目前人们还是仅仅把运动看作是机体呼吸、消化和血液循环等方面正常发挥作用的辅助物。

其实运动几乎始终伴随着所有的有机体活动，仅仅从身体的角度来考虑是不完全的。我们知道，从事体育活动能使人得益。这类运动不仅有益于身体健康，而且还能激发自信和勇气。运动还有一种精神上的影响力，而且这种精神上的影响比纯粹身体上的影响要深远得多。

运动对孩子非常重要，它是孩子创造性能量的外在体现，它使人类更加完善。通过运动，孩子对外界环境起作用，进而完成自己改造世界的使命。

运动不仅仅是一种自我表现，而且是人的智力发展必不可少的因素，因为运动是自我与客观环境建立一种明确关系的唯一真正途径。由于智力的发展有赖于从外界获得印象，因此可以说，运动或身体活动是智力发展的一个基本因素。通过运动，我们接触了客观现实，并在这些接触中获得了抽象的概念。身体的活动使心灵和世界联系起来，但心灵需要两种活动，获得观念和从外部表现自我。运动或身体的活动可能是极为复杂的，因为人的肌肉那么多，他不可能运动全部的肌肉，甚至可以说，大多数的机构组织是被闲置的。一个芭蕾舞演员所运用的肌肉，不一定会被外科医生或机械师所经常使用，反过来，情况也是一样的。一个人对他的肌肉的运用能够影响他个性的发展。

每个人都应该进行足够的锻炼，使他的肌肉处于一种健康的状态。同时，不同的活动能发展不同的肌肉。但如果一个人的大部分肌肉都没能得到运用，他的生命力就衰弱了。如果应该正常发挥功能的肌肉处于休眠状态，那他不仅身体的机能会受到影响，他心里的能力也会降低。所以说，一个人的运动或活动会影响其精神的活力。

如果我们能了解身体运动和意志之间的关系，我们就能更加充分地认识到身体运动的重要性。由于意志只有通过动作才能得以实现，因此，在执行意志的命令时，一个人的身体必须不断地进行着复杂的动作。所以说，当孩子试图把意志付诸行动时，我们应该帮助他。孩子有一种天生的欲望，想要自由地支配他的运动器官，这样可以表现出他的智慧。因此，意志不仅仅用来指挥行动，还能促进心理发展。

但是由于成人没有意识到孩子身体运动的重要性，他们就会有意无意在这些方面设置障碍，导致孩子的失调。甚至不少科学家和教育家也尚未注意到运动在人的发展中的重要性。在这里我们要问的是，植物和动物之间的区别在于，植物扎根于土壤，动物却可以到处活动，也就是说，"动物"这个词包含了"活动"的意思，既然动物都可以到处活动，那么我们为什么还要去制止孩子的活动呢？

成人轻率地说"孩子是未来的花朵"，这意味着孩子应该静止不动；"孩子是小天使"，这是说孩子游离于人世间才能到处活动。所有这些揭示了人们心中不可思议的盲目性，这比心理分析学家所认为的存在于人们潜意识中的盲目性更可怕。

虽然目前有些人已经意识到运动对智力发展的重要性，但是要让人们接受身体对人的道德和智力发展具有极端重要性这个思想，并不是一件容易的事情。一个正在发育的孩子如果不运用他的运动器官，他的发展就会受阻，与那些丧失了视力或听觉的人比起来，他更加举步维艰。

也许当我们说，运动或身体的活动对心理的发展，要比视觉和听觉更加重要时，大多数人都会觉得有些不可思议。然而，即使我们的眼睛和耳朵也是根据物理的甚至机械的规律发挥作用的，当我们提到这些伟大的器官在心理发展中的作用时，我们并不把它们看作是机械的装置，而是看作获取知识的媒介。通过这些奇妙和有活力的媒介与世界相接触，满足了自己的心理需要。红日东升、艺术佳品、优美旋律和动听乐器，这些各种各样的感官印象，对我们的心灵进行着滋养。如果没有人去欣赏这些各种各样的情景和音响，感受到快乐的自我，那么这些复杂的器官还有什么用呢？看和听本身并不重要，但通过看和听，一个人的心灵得以塑造和发展。

运动或身体的活动也能产生同样的效果。教育和生活本身的基本目的就是，一个有理性的人能够支配自己的行动，使得他的行动不仅仅受感官刺激的本能反应所支配，而且也受理性本身所控制。如果一个人无法达到这个目的，他就不能获得理性的人所渴望的那种人格的统一。

---

## 互动游戏

### 小手小脸经常洗

**游戏目的：**

孩子天性好动，会参与各种丰富多彩的室内外活动，经常需要自己去做一些自身的清洁工作。因此，让孩子掌握正确的洗手、洗脸方法，做到饭前便后洗手是孩子必备的能力之一。

**道具：**

一块儿童香皂、一条小方巾、一个踏凳。

**游戏开始：**

1. 洗漱间，将上述道具放在合适的地方，方便孩子随时都能使用。

2. 妈妈示范分解动作："涂完香皂后，先搓洗手指，再将手指合十清洗指缝，接着揉搓手背和手掌，最后用清水把手上的泡沫冲洗干净，在小毛巾上把双手擦干。"

3. 妈妈示范完毕，孩子就可以随自己的意愿去洗手了。

> **听听蒙台梭利怎么说：**
>
> 第一次教孩子洗手时，家长一定要示范一遍分解动作，尽可能慢一点。需要注意的是，刚开始的一段时间，还需要家长的不断提示和鼓励，以养成孩子饭前便后以及从外面回到家里时先去洗手的好习惯。相信我，这个游戏绝大多数孩子都喜欢。

## 让孩子的兴趣集中到某一件事情上

富家子弟是生活在特殊环境中的另一类孩子，以前人们会认为，教他们比教我们第一所"儿童之家"（蒙台梭利 1907 年在意大利罗马创办）中的贫困孩子和墨西拿地震（墨西拿是意大利西西里岛第二大城市，1908 年发生地震，其人口的一半约 7.5 万人丧生）后幸存下来的孤儿容易得多，但事实并非如此。尽管这些孩子生下来就被社会所提供的奢侈所包围，他们似乎也享受着财富所带来的一些特权，但是物质上的富裕往往给他们带来的是精神上的贫瘠。这些富家孩子不会被花园中的小径、美丽的花朵和高雅的环境所吸引，他们对那些令贫困孩子着迷的物体并不感兴趣，他们也不会选择那些本应能满足他们需要的物品。如果是贫穷的孩子，通常他们会迫不及待地朝着提供给他们的那些物品奔去。但是，富有的孩子因为已经玩腻了那些精致的玩具，就不会立即对提供给他们的玩具做出反应。

一位美国教师在给我的信中这样说道："那些娇生惯养的孩子喜欢相互从对方的手里抢东西，如果我试图拿某件东西给其中一个人看时，其他人就会丢掉自己手上的东西，围着我要。当我对一种物品做出解释时，他们全都会为它争吵不休。这些孩子对各种各样的感官材料没有表现出任何的兴趣。他们从一个物品到另一个物品，对任何东西没有片刻的留恋。在许多情况下，这些孩子的运动都是无目的的，他们只会满屋地奔跑，毫不在乎这样做会带来的损害。他们碰撞桌子，掀翻椅子，踩在给他们提供的物品上。有时候，他们会在某个地方开始工作，然后就跑开了，拿起另一个物品，但接着没有任何理由又把它给扔掉了。"

一位法国教师从巴黎写信给我："我必须承认我的经验是令人沮丧的。这些孩子至多只能在一项工作中集中几分钟的注意力。他们没有自发性，不能持久。他们经常就像一群羊一样，相互跟来跟去。当一个孩子拿起一件物品时，其余的人也要这件物品。有时候他们甚至在地板上打滚，弄翻椅子……"

罗马一所招收富家子弟的学校的老师对我说："我们最关心的事情是纪律。这些孩子在工作时乱搞一通，并拒绝接受指导。"

但是，过了一段时间之后，以上的情况有所好转。

美国的教师继续写下她的经验："经过若干天后，这些不守纪律的孩子开始对以前不屑一顾的物品产生了兴趣，他们开始独立行动了。一个孩子如果被一件物品所吸引，他就不会对其他的东西分心。这些孩子开始寻找他们各自感兴趣的东西了。"

当一个孩子最终找到了能自然而然唤起他强烈兴趣的东西时，我们的情形就像赢得了一场战役。有时候这种热情会突然产生，没有一点预兆。我曾经试图用学校里的几乎所有的不同物品来激发一个孩子的兴趣，但是没有能引发他一丝一毫注意的火花。然而偶然的一次，我给他看两块不同颜色的写字板，叫他注意找出不同。他立刻伸出了手，似乎他一直在等待着它们，结果在一堂课的时间里，他就认识了五种颜色。在随后的几天时间里，他拿起了所有过去瞧不起的物品，渐渐地，他开始对这些东西感兴趣了。

有一个孩子，最初只能持续很短的注意时间，但当他对一件他摆弄的最复杂的计算工具感兴趣之后，就摆脱了这种紊乱的状态。整整一个星期，他不断地玩这个东西，并学会了如何数数和做简单的加法。然后，他又开始玩一些较简单的材料，开始对这个教育体系中所有物品感兴趣了。

所以说，孩子一旦发现某种使他们感兴趣的东西，就可以摆脱那种不稳定性，而且学会了聚精会神。

还是这位美国老师，就唤起孩子的个性做了下面的描述："有一对姐妹，一个5岁，一个3岁。这个3岁的妹妹没有她自己的个性，她在所有的事情上都效仿她的姐姐。如果姐姐有一支蓝色的铅笔，妹妹就会一直不高兴，直到她也有一支蓝铅笔为止。如果姐姐吃面包，妹妹就除了面包外其余什么都不吃……还有很多类似的情形。妹妹对学校的任何事情完全不感兴趣，她只会到处尾随她的姐姐，模仿姐姐所做的每一件事。但是，有一天，妹妹突然对一些红色的积木感兴趣了，她搭起了一座城堡，并多次重复这项练习，完全忘掉了她的姐姐。这使得她的姐姐感到十分迷惑不解，于是喊住她问道：为什么我在填圈时你却在搭一座城堡？就在那一天开始，妹妹获得了她自己的个性并开始发展，而不再是姐姐的翻版了。"

法国老师还提到过一个4岁的小女孩。这个女孩即使在杯子里盛了半杯水也会溅出来，所以她在想方设法避免做这件事。但是，当她成功地完成了她感兴趣的另一项练习之后，就开始毫无困难地拿几杯水，并能全神贯注地给正在画水彩画的同学送水，而且一滴也不洒出来。

　　还有一位美国老师给我们讲了一件很有趣的事情。有一个小女孩刚到学校的时候，她还不会讲话，只能发一些模糊的音。她的父母十分着急，把她带到医生那里去检查智力是否发育迟缓。有一天，这个小女孩对固体的镶嵌物感兴趣了，就花费大量的时间把那些木制的圆柱体从它们的洞孔中取出来，再把它们放回去。在她怀着强烈的兴趣一遍又一遍这样做之后，她跑到教室面前说："你看看！"没有刻意地让她学说话，这个小女孩就主动地学会了。

　　　　那位法国教师又给我们来信说："圣诞节之后，这个班级发生了巨大的变化。我并没有做任何干预，秩序似乎是自己建立起来的。这些孩子似乎完全被他们的工作吸引住了，不再像以前那样漫无目的地工作。他们会主动走到柜子那里，取出那些以前使他们感到厌烦的物品，渐渐地，一种工作的气氛在班级中形成了。这些过去出于一时冲动去选择物品的孩子，现在表现出一种内在纪律的需要。他们把自己的精力集中在一些艰难的任务上，并在克服困难时体验到一种真正的快乐。这些宝贵的努力对他们的性格产生了直接的影响，他们成为了自己的主人。"

　　给这位老师留下深刻印象的还有一个是关于想象力异常丰富孩子的例子。这个4岁半的男孩想象力非常活跃，给他一个物品时，他不去注意他的形状，而是立即使它人格化。他滔滔不绝地说话，所以无法把自己的注意力集中在这件物品上。由于他的心理紊乱，他在活动中就会很笨拙，他甚至不会系鞋带。然而，某种奇迹突然降临在他的身上，他把某项练习当成了自己最喜欢的工作，并一项又一项地加以练习，由此使自己安静下来了。

　　像上面这些情况，在孩子的成长过程中都可以发现。在我们还没有发现孩子真正感兴趣的东西之前，教师的经验可能是无休止地重复着，目的都是为了让孩子的兴趣集中到某一件事情上。在兴趣集中的时候，烦躁的孩子变得平静了，感到压抑的孩子恢复了活力，所有的孩子都共同沿着这条有纪律的工作之路前进，通过内在的、已找到表达手段的能量的外在表现而取得进步。

这些固定下来的成就具有一种巨变的特性，它预示着孩子以后的发展。正如孩子跨出他的第一步，在跨出第一步之后，他就开始走路了。

此外，对娇生惯养的孩子采取一种特殊的心理治疗，有助于让孩子回到正常的状态中去。我们不妨想象一下，正常家庭中的孩子，很早就能够学会克制自我，拥有独立的个人意识，不会无所事事到处乱跑，他们每天平静地生活和有秩序地活动。当我们以这种方式要求娇生惯养的孩子，对其采取回归正常化的治疗，就有一种人性"皈依"的感觉，开始的时候肯定比较艰难，而一旦恢复了正常状态，他们一切性格上的缺陷将完全消失。

如果我们用这种眼光看待孩子的话，那我们就能更快地认识到，即使在不良的环境中，正常化也会自发地展现。虽然幼儿的正常化没能得到承认或帮助，这些正常发展的迹象会被否定，但它们仍然会作为充满活力的原则而得到恢复。这些原则能越过障碍物，使得他们的要求得到满足。

---

## 互动游戏

### 小小银行家

**游戏目的：**
让孩子的兴趣集中到某一件事情上，在生活的点滴中逐渐养成主动学习的习惯。

**道具：**
一些硬币、一些小盒子。

**游戏开始：**
1. 爸爸的零钱越来越多了，这些硬币都是一样的吗？

2. 如果不一样，一共有几种不同的硬币呢？（可以先看看孩子是否认识它们，不要急于告诉孩子硬币的面值，最好等孩子问您的时候再告诉他。因为，主动学习的习惯就是在点滴当中逐渐养成的。）

3. 我们能不能把这些硬币分开来放呢？如果孩子赞成并积极想办法，家长就可以和孩子一起体验分类的过程了。（需要家长事先准备一些茶叶盒或月饼盒之类的小盒子来存放这些硬币。建议最好是一样的盒子。）

4. 我们怎么才能知道这些小盒子里放的是哪种硬币呢？（如果孩子能够想出办法，家长尽量支持孩子试一试他的方法，必要时家长也可以给孩子提建议。可参考的方法：将硬币放在纸下拓印出样子然后剪下来贴在盒上作为标致；将硬币的面值写在纸条上粘贴在盒子上面；将硬币拍照后打印贴在盒上；直接将其中的一个硬币粘贴在盒上等，让孩子在锻炼小肌肉的同时更加体会到类别概念和标志的用处。）

**听听蒙台梭利怎么说：**

刚开始的几天家长最好不要给孩子太多的硬币，别一上来就让孩子觉得这件事情很难，然后失去做下去的兴趣。需要注意的是：一定要让孩子自主决定把钱放到哪里，尤其是第一次，可以帮助家长了解孩子处理类似事情的原有经验。

# THE CHILDHOOD
## EDUCATION OF
# MARIA MONTESSORI

**02**

## 需要产生的巨大的吸收力量

孩子吸收的力量是巨大的，并且令人感动。曾经有一个父亲抱着他一岁的儿子在广场上游玩，孩子发现了不远处的台阶，兴奋地蹒跚着向台阶跑去，到了台阶前，孩子开始手脚并用地一级一级向上攀爬，站在一边的父亲看到孩子爬得那么费劲，便将孩子抱起来一下子放在最高层，孩子立刻大哭起来，样子痛苦不堪。这位父亲百思不得其解，孩子不就是想爬上去么，为什么把他抱上去了，还要哭？这时我一个搞教育的朋友正好路过，很心疼孩子，就走过去对那位父亲说，你把孩子抱下去，把他放在台阶下面让他重爬，他就高兴了。这个父亲疑惑地看了我的朋友一眼，眼神中充满疑惑，但还是将孩子抱下了台阶，刚把孩子放下，孩子立刻止住了哭声，脸上还挂着眼泪，开始了爬台阶的工作。从这个故事我们看到的是孩子的需要和这种需要产生的力量。

## 让母爱回归天性自然

如果我们想要进一步了解孩子心灵和智慧的秘密，可以对生产前的胎儿做进一步的研究。生物学的研究一般是这样进行的，如果要研究生物或动物，采集的样本大多数是成熟的个体，以前对人类的研究也是如此。但是我们现在要对幼小的生命进行取样研究，也就是反其道而行之，因此，胚胎学受到了科学家们的重视。通过胚胎学的研究，我们知道受精卵是由两个成年男女的细胞结合的产物。孩子的生命初始于成人，也结束于成人，这就是生命的旅程。

幼小的生命是在爱的氛围中降生到这个世界上的，他们是父母爱的结晶，出生后又被父母的爱所包围着。这种爱不是人工的，也不是出于理性的考虑，而是一种自然而然的感情，是一种真情流露。它与慈善家、传道士或社会活动家所倡导的爱是不同的。只有孩子在成长中所经历的爱，才是人类之爱的理想境界，这是一种无私、无悔的奉献。父母在爱孩子的过程中付出了自己的努力，付出越多他们就越快乐，对父母来说，这种付出也意味着一种收获，生命的本性即是如此。这是人类的一种特殊的本能，比自然界中适者生存的竞争关系要高尚得多。因此，法国生物学家法布尔在解释物种延续的原因时指出，这不仅是由于幼儿具有天生的防御能力，更由于他们具有一种伟大的母性，这在低等动物保护其幼小的下一代所做出的举动中就可见一斑。

由于认识的局限性，19世纪的科学家曾经认为人的每一个胚胎细胞都是成人的一个微缩版，并且在逐渐长大。有些时候，他们甚至围绕这个"微缩版成人"到底是男人还是女人进行了激烈的争论，直到显微镜的出现，这一争论很快被进一步研究的发现所代替。研究发现，胚胎内并不先天存在着人的雏形，而是由细胞的不断分裂而不断成长。受精卵一分为二，再由二变四，不断地分裂繁殖，最后形成了人的胚胎。目前研究得到的结论是，胚胎的发育就如同建造一栋房屋必须要先累积砖块一样，当细胞分裂到一定数目时，就构筑了四面的围墙，然后在墙内开始筑造器官。这种筑造器官的方式十分特别。它开始于一个细胞，然后会围绕着这个细胞进行不断地快速分裂，进行到一定的时间后，这种活动停止了，身体器官就产生了。对此现象科学家们解释说，每个细胞既是带着特定的目的而独立发展的，又是围绕着一个中心而集体活动的。它们不断地变化着，与周围其他细胞的差异越来越大，慢慢地就呈现出将要形成的器官的样子。当不同的器官分别形成的时候，就会出现一种力量使他们相互吸引并组合到一起，形成一个完整的整体。

　　一个幼小的生命就这样诞生了，看起来是如此神奇。首先是循环系统把全身的器官联系起来，然后是神经系统的联结，在这里所显示的构造过程都起始于一个基本点，由这个基本点出发完成一个个器官创造组合的过程，最终呈现出一个独立的生命体。可以说，所有的高等动物都遵循着这一原则进行发育的过程，自然界也只有这一种构筑规则。

　　那么，人的心灵是怎样构建的呢？似乎也是遵循着这样的路径发展着。它也是从虚无开始，在新生儿的心理层面，一开始并没有任何现成的东西，但是新生儿的身体也是在不断地搜集资料，不断地吸收到自己的心智中。当这些资料累积到一定的数量，就会出现许多的基本点，而心理的发展就首先围绕一个基本点展开。当然，由基本点所获得的发展还不是心灵的发展，而是心灵活动所需要的器官。如胚胎的发育一样，心灵器官也是围绕一个中心各自独立发展的，例如说话、四肢的运动、辨别方向以及其他运动协调能力的发展都是如此，它们围绕着一种趣味发展，吸引着孩子对某类活动着迷。当所有的器官都发育完成，它们就结合起来成为心灵的组成部分。

如果我们不了解这个过程及其发生发展的顺序，我们就不能理解孩子的心灵是如何构建的。也许有人会说，以前不懂这些的时候，一样可以养育出健康的后代。但是我们现在生活的时代，原来赋予母亲的那种本能受到了压抑，甚至消失了。从前，母亲可以依靠本能帮助孩子在婴幼儿时期获得发展，走到哪里都带着孩子，时刻为孩子的成长创造着环境，并且用母爱来保护他。但是现在的母亲已经不具备这样的条件，而且这种人性的关爱也趋向于退化。所以，研究母性的本能与研究孩子的自然发展是同样重要的，因为这两者是相辅相成的。

让我们想想办法，使得母爱回归天性自然吧！事实上，母爱本身就是一种伟大的自然力量，科学家们应该重视帮助那些母亲恢复他们失去已久的本能。我们应该教母亲发掘这种本能，让她们在孩子一出生的时候就给予孩子心灵的保护。尽可能不要把孩子交给护士，尽管她们受过训练，护理也十分合理和卫生，但也只是在满足着孩子的生理需要。过分依赖护士护理的孩子，可能由于缺乏与母亲那种无声的情感交流，心灵发展比较匮乏。

荷兰某城市就发生过一件骇人听闻的事情。有一个福利机构收留了一些失去父母的孩子并进行了妥善的安置，在这个福利机构中有着科学的管理方法、营养丰富的食物，并且由受过专业训练的护士照顾这些孩子。同时这个机构还尝试着教导一些低收入的母亲对孩子进行卫生保健的方法。不久后，这个城市发生了大规模的传染疾病，使得福利机构的孩子大量死亡，而那些由低收入父母照顾的孩子反而没有患病，而且比那些被照顾得很好的孩子更健康。经过大量的调查发现，虽然孩子在机构中会受到很好的照顾，但是这些护士与孩子缺乏情感的交流，孩子的心灵并没有安全感。因此，我们说只有发自内心的爱，并结合科学的养育方法，才能最有利于孩子的成长。

在成长过程中，孩子那懵懂的心灵，正在逐渐被打开并茁壮成长，它正一点点地让被动的躯体活跃起来，并唤醒自我意识，他开始对周围的环境感兴趣了，在实现自我的努力下，他的肌肉也活动起来。我们必须对孩子的努力给予理解和支持，我们应该用科学的方法试着去了解孩子的心理需求，并创造出一个符合孩子成长需要的环境，促使孩子心灵的构建。

## 更多地关注婴儿的精神世界

胚胎对于生物的重要性是不言而喻的，胚胎决定了一个物种的延续和发展。越是高级的物种对胚胎越重视，而人类是首个对胚胎进行研究的物种。

新生儿出生以后，必须要经历一段精神发育的过程，主要是婴儿在精神方面的成长。此时婴儿所面临的是一个与他在子宫中胚胎的物理成形过程完全不同的阶段，当然也不同于他长大成人的成年阶段。我们把这些刚出生的婴儿称为"精神的胚胎"，而把出生后的这段时间称为"精神胚胎期"。

从某种意义上说，人类要经历两个胚胎期：一个是在出生之前，这是所有动物都具有的。一个是在出生后，也就是上面提到的"精神胚胎期"，这一时期是人类所特有的，并使得人类与动物有了很大的区别，婴儿的这种能力是其他动物所不曾拥有的，婴儿的出生是生命的一次跳跃，是生命新里程的起点。

这也是我们对此进行研究的原因。我们应该在孩子发展和人类心理研究上找到新的起点。如果说人类的活动依赖于精神和智慧，那么，这种精神和智慧必定是人类存在的支点。他的行为和活动是以这一支点为基础展开的，人类也是在这一精神前提下发展的。这样看来，我们就应该对新生婴儿的精神世界给予更多的关注，而不是像现在这样只关注他们的身体。

成长中的婴儿不但具有学习成年人的能力，如力量、智慧、语言等，还能根据周围环境塑造自己的性格。这是因为婴儿具有与成年人完全不同的心理类型，由于这个原因，孩子与周围环境的关系也同成人不一样。成年人可以记住环境中的东西并对其加以观察和思考，孩子则不仅仅记住了周围的事物，而且他对环境进行吸收，使之成为自己心灵的一部分。有的时候，成年人对所见所闻可能无动于衷，而婴儿则根据自己的所见所闻来自我塑造，并成为自我个性的一部分。这种具有无意识的记忆和吸收力的记忆类型被帕西·纳恩先生称为"记忆基质"。

证实这种特殊记忆类型的一个例子就是婴儿的语言问题。孩子并不是"记住"了语言如何发音，而是形成了发音的能力，并将其发挥至极，很快地就能熟练运用语言。并且孩子在讲话时完全遵循语法规则和特殊用法，他们并没有像成年人那样对语言进行过研究或记忆，在他们还不曾想到需要这样学习语言的时候，就已经熟练地掌握了语言，并且使之成为自身的一部分。毫无疑问，婴儿学习语言的方式与通常的记忆完全不同，它应该是孩子思维中最重要的部分。同时，孩子对周围环境有一种特殊的敏感性，这种感受能力使他能够观察和吸收周围事物，并逐步适应环境。孩子是在童年时期这一特定阶段无意识地完成这一过程的。

"记忆基质"对人的成长发育的意义，同样在人的动作、神态、步态方面表现出来。孩子吸收学习得来的具有个性的东西都永久地存留在他们的头脑之中，虽然这些东西有的因为某种原因不再使用，但它们在潜意识里还是存在的。也就是说，"记忆基质"不但创造个体的特性，而且会保持这些特性在他们体内的生命里。孩子时期学习吸收的东西会永久地成为他们个性的一部分。成年人在孩子时期所学习的东西会在他身上打下永久的烙印。

所以人们常说，任何想要改变一个成人的努力都是徒劳的。当人们说某个人没有教养，或者指责某个人过于懒散时，虽然会伤害到他，或者令他感到耻辱，当然他也会意识到自己的缺点，但是他们不会根本改变，因为这些缺点是根深蒂固的。因此，我们说，童年期的教育以及教养方式对孩子及其精神胚胎的发育和成型都是极其重要的。

同时，孩子的身体发育是一个漫长的过程，在这个过程中孩子需要不断地完善自己，直到成为一个真正意义上的人。这是因为婴儿与其他哺乳动物不同，他不直接接触周围环境，他还将继续着胚胎生命的过程。正是在这一独特时期，一系列人类的本能会在婴儿身上形成。

既然在婴儿的身上没有什么预先存在的东西，他出生后就必须自己构建自我的精神生命，建立对外表达的机制。婴儿这个弱小的生命甚至还不能支持自己脑袋的重量，就开始了如此重要的旅程。由学会站立到学会走路，婴儿逐渐地把自己融入到这个世界之中。

处于"精神胚胎"阶段的婴儿都是非常相似的。也就是我们说的："所有婴儿刚刚出生时都是一个样，他们都以同样的速度在成长。"他们细胞的分裂通常要经历相同的阶段，因此我们可能很难找出一个胚胎与另一个胚胎之间的差别。但这些细胞却长成了蜥蜴、兔子、鸟等完全不一样的生物。也就是说，所有这些动物的胚胎开始都是一样的，到最后却又产生了巨大的差别。

因此我们说，不论是天才的艺术家、受人拥戴的领袖，还是一个普通人，他们刚开始的时候都是差不多的，由"精神胚胎"发展而来。但是其后期的发展却是无法预测的，可能非常成功，也可能平凡一生。目前来说，人类尚无法预测其心理后期发展的过程和结果，也对人类形成的胚胎阶段了解较少。但是，如果在"精神胚胎"阶段我们能够根据人类的需要对其进行某种程度的帮助，帮助其生命进行发展，他今后的个人能力将会有很大的提高。

我们可以通过教育来影响孩子，而这必须要以环境为载体。因为孩子对其所处的环境进行吸收和学习，并形成自己的个性。作为家长和教师，我们要通过教育将人性带到一个更深更高的水平，当然这也意味着我们还有很多工作要做。这意味着，我们必须从出生就把婴儿当作是具有特殊心理能力的生命来对待，而不仅仅是需要大人照顾的孩子，并且以此为根据进行教育。实际上，新生婴儿的心理世界已经得到了广泛的关注，现在的孩子心理学的发展已经对此有了更多的研究。

如果教育从出生之后就开始，那么教育就必须适应这一时期的条件。在这里，我们探讨的是一种遵循人类自然成长规律的方法。我们认为，所有孩子都具有相同的心理需求，在长大成人的过程中都要经历相同的阶段，这些不是我们主观所能决定的，而是大自然建立了一定的法则，决定了人类发展的进程。也就是说，大自然已经决定了我们教育所应该遵循的方法，这种方法就是满足生命的需要和规律。孩子自身自然的发展必须遵循这些规律和需求。

总的说来，孩子的"精神胚胎"的发育主要有以下五个重要特征：

- 孩子具有一种与成年人完全不同的心理类型。孩子可以根据自己的所见所闻来自我塑造。
- 孩子具有一种特殊的学习周围知识的敏感性。他的观察和吸收能力使他可以逐步适应周围环境。
- 孩子生命的第一个阶段是一个适应的阶段。孩子会建立一种行为模式，以便把自己自由地融入到这个世界中，进而影响这个世界。
- "记忆基质"不但创造个体的特性，而且会保持这些特性在他们体内的生命里。儿童时期学习吸收的东西会永久地成为他们个性的一部分。
- 如果在"精神胚胎"阶段我们能够根据人类的需要对其进行某种程度的帮助，帮助其生命进行发展，他今后的个人能力将会有很大的提高。

## 世界上最敏锐、最热情的观察者

孩子是世界上最敏锐、最热情的观察者，他们内在的敏感性可以吸收到许多的影像，不光是物体的影像，也包括动作的以及事物之间的关联性等等。孩子最不可思议的地方就是，我们以为孩子注意不到的事物，孩子几乎都看到了。我们可以把他们对这些的敏感性理解为一种内在敏感性的表现。即使只是感官对象，只要它们有足够的吸引力，就能够对孩子产生一种强有力的暗示，就会像磁铁一样引出各种各样的活动。这种内在的敏锐的直觉对孩子的心理成长非常有利，我们可称之为"喜爱周围的环境"。

孩子还是一位热情的观察者。他们容易受到成人行为的吸引，并经常模仿成人。因此我们说，成人可以担当起这样一项任务，即鼓励孩子去行动。这就像是成人打开了一部书，孩子就能够从中学习如何引导自己的行为。但是如果成人想要提供正确的示范，就必须始终平静地、慢慢地行动，这样观察着的孩子才能了解他行动的全部过程和所有细节。如果成人只是按照自己的习惯去做，虽然可以很快地完成所有活动，但是他不但没有起到鼓励和教导孩子的作用，反而把自己的行为习惯和模式强加给了孩子，并通过暗示的力量代替了孩子自己的观察学习。

令人不解的是，许多成人坚信，一定要用鲜艳的颜色、夸张的手势和高分贝的声音，才能引起孩子的兴趣和关注。但又好像不是那么难以解释，成人之所以那么做，是因为他们还不了解孩子本身所具有的很强的观察能力。孩子通过观察可以吸收很多的影像，这些影像镌刻在孩子的脑海中，逐渐连成一个完整的事情发展的过程。也就是说，当我们还没有注意到的时候，孩子已经完成所有这些观察并吸收，使之成为自身的一部分。

举例来说，一个4周大的婴儿，出生以后还没有出过房间，这个婴儿只看见过两个男人，一个是他的爸爸，另一个是他的叔叔，而且他们两个从来不曾同时出现。之后的一天，婴儿同时看到了爸爸和叔叔，婴儿惊奇地看着其中的一个，然后再看另一个，就这么看了很长一段时间；而两人也就很安静地站在婴儿面前，让他有时间仔细地观察。假若两人在房间里四处走动，或是说话分散了婴儿的注意力，这个婴儿恐怕就不会对他们印象深刻了。两个男人让婴儿有充足的时间逐一观察他们，从而使婴儿确信爸爸和叔叔不是同一个人。在这里，爸爸和叔叔所做的就是帮助孩子建构他的内在能力，从而达到了教育的目的。

有一个成人抱着一个几个月大的婴儿，他在餐厅里看到一幅画了许多水果的画。婴儿看着画，接着做出假装吃东西的样子。此时的婴儿还处于哺乳期，但是他曾经看过成人吃水果。抱着婴儿的成人看见孩子模仿得那么开心又很有兴趣的样子，就抱着他站在画前，一直到婴儿兴趣索然才离开。这个成人真是非常懂得教育的真谛，他知道孩子模仿着成人的动作，进行着内在的练习。同样我们可能也看到过，有的小孩看见大厅的芭蕾舞者的雕像后，会立刻翩翩起舞。这也是因为孩子曾经看到过别人跳舞的样子，所以他清楚地知道雕像的姿态就是跳舞的动作。

孩子对房间中的某些东西会非常感兴趣，如果有人在房间里增添了一些新的东西，孩子马上就会发现，还会追问那是什么。对于父母来说，这时候应该耐心地给孩子解释这是什么以及有什么用途等，在这里我们要强调的是，应该早在孩子的感官开始对外界环境累积印象时，就对孩子进行观察并给予适宜的指导。也是在那时，生命开始依靠环境发展起来。

孩子所得到的第一个刺激就是感觉器官所提供的。比如，一个婴儿如果想到得到一样物品，他就会探出整个身体去拿。随着动作的逐步发展和协调，他慢慢地分解出各种运动，这里他再想要去得到所需要的物体，只要伸出手就可以了。再比如，一个4个月大的婴儿，他的眼睛一直盯着一个正在讲话的成人的嘴唇。这个婴儿嚅动的嘴唇和偏向的头的固定姿态，表明他已经被那个成人的声音所吸引。到6个月大时，这个孩子已经可以掌握一些独立的音节了。

其实帮助孩子成长很简单，不必求助于复杂的观察或幻想的解释，但是必须要学会了解孩子的一些愿望和一些有关孩子的常识。从一些明显的例子中，我们就会发现这种观察是非常简单的。当婴儿还不能站立的时候，许多人都认为他总喜欢躺着。但是事实上，婴儿在他的环境中，是在从上到下的某个空间中，得到了他的第一个感觉印象，这些印象不可能是他盯着房间的天花板所能得到的。成人应该提供更多的机会让婴儿接触那些能满足他的心灵需要的东西。我们经常可以看到，父母为了把婴儿从单调的环境中吸引开来，就会把一些小的玩具等物品拴在绳子上，让它们在婴儿的头上晃动。婴儿其实一直在注意观察外界环境，但是由于他无法转动头部，就只好用眼睛盯着摇摆不定的物品，此时婴儿处于一种不自然的姿势，他看到的是没有规律晃动的物体，可以说，此时孩子所做的运动是不适宜的和有损害的。

比较好的办法是，把婴儿放在稍微倾斜的平面上，这样他就能看到周围的一切。更好的办法是，尽可能地把婴儿放在花园里。在那儿，他会看到鸟、花以及微微摇动的小草等更多自然的事物。

孩子应该在不同的场合都被放在一个地方的同一个位置上，这样他就可以重复看到同样的东西，并学会如何识别这样东西及它相应的位置。

## 互动游戏

### 哪个水果不见了

**游戏目的：**

通过辨认不同的水果，提高幼儿的观察力。

**道具：**

香蕉、苹果、梨、火龙果、猕猴桃、樱桃等。

**游戏开始：**

1. 家长和孩子一起坐在桌子边，桌子上摆放着各种各样的水果。

2. 妈妈让孩子观察一分钟，记住这些水果的名字。

3. 让孩子把眼睛闭上，妈妈快速地将一种水果藏起来，问："哪个水果不见了？"

4. 孩子睁开眼睛，仔细查看之后，说："火龙果。"

5. 妈妈将手从背后拿出来，果然是火龙果。然后妈妈和孩子互换角色，由孩子将水果藏起来，让妈妈来猜。

**🌸 听听蒙台梭利怎么说：**

这个游戏可以帮助孩子认识到，每件东西即使不在视线范围内了，它也是存在的，从而培养孩子的认知能力以及对这个世界的好奇心。

## 正确帮助努力模仿的孩子

随着孩子年龄的增长，孩子的个性、语言都得到了快速发展，开始表达自己的思想，孩子通过不断的努力进行着一系列建设性的工作。

在孩子发展的这一时期，我们必须要特别注意不要打乱生命的自然规律。既然已经明确这是一个孩子不断努力的时期，我们就应该准备对这种努力提供帮助。当然，这只是一种概括性的说法。人们常说，孩子经常会模仿成年人。但事实上，这种认识只看到了事情的表面。研究表明，孩子在开始模仿之前，必须首先能够理解。过去人们的看法是，成人必须以正常的方式行事，以便孩子更好地进行模仿，这就是成年人的全部责任。成年人应该做好孩子的榜样，尤其是教师和母亲非常重要，必须要有良好的品德。但是，大自然却不以这种方式来推理，它只是要求在孩子模仿之前必须有所准备，这种准备源于孩子所做的各种努力。成年人所树立的榜样仅仅是为孩子提供一个模仿的目标和动力，刻意为孩子做榜样，未必能够产生良好的效果。

实际上，孩子一旦开始模仿，往往会超过他们的榜样，他们会比榜样做得更好、更准确。在一些行为方面，这一理论是不言自明的。比如说，孩子想要成为一名钢琴家，那么他不仅仅要做到会弹，而且还必须不断地进行练习以提高手指的技巧，同时还要加进自己对音乐的理解和感悟，单纯的模仿是永远不可能成为优秀的钢琴家的。但是成人却往往用单纯模仿的方法来培养孩子，希望他们能达到更高的水平。我们还会经常给孩子讲英雄和圣人的故事，一遍又一遍讲述着他们伟大的事迹，梦想着这样就可以使他们将来也成为英雄和圣人。如果孩子没有更深层次的心理准备，这将是不可能的，没有人会通过模仿而成为伟人。榜样的力量就是燃起希望和激发兴趣，点燃孩子的学习的欲望，但要达到更高的高度必须经过更多的努力。模仿学习需要一个准备阶段。孩子最初所做的努力并不是模仿，而是获得能够模仿的能力，这个准备阶段对孩子来说是非常重要的。大自然不仅赋予我们模仿的能力，也赋予我们改变自己，然后逐渐接近榜样的能力。作为教育工作者，如果我们想促进孩子的发展，就应该明确我们的孩子需要多大程度的帮助。

如果我们对这一年龄的孩子进行细致的观察就会发现，他们重视努力完成一件事情。也许，在成人看来，这件事情可能有些可笑，但是没有关系，他必须把这件事情完成，因为这是受到内心需求所促使的。如果有人打断了他的行为，就会造成他性格的变化，他做事就会毫无目的和兴趣。因此说，让孩子做完这些事情是非常重要的，因为这些行为都是准备工作的形式。实际上，人的一生都是在间接地为将来做准备。深入研究你会发现，那些取得过巨大成就的伟人在生命的这一时期很少受到干扰。做一件事情要持之以恒，这也可以说是一种精神上的准备。因此，不管我们认为孩子所做的事情是聪明的还是愚蠢的，甚至是与我们的意愿相违背的，我们也一定不要干涉孩子，让孩子完成自己的行为，这就是他们的心理要求。

前面我们曾讨论过，孩子总是以一种成人看起来很有趣的方式来满足自己的愿望。我们会看到不满2岁的孩子去拿一个他们根本拿不动的东西。我的一个朋友家里有许多很重的工具，有一个一岁半的孩子总是很费力地把这些工具搬来搬去，而且乐此不疲。另外，孩子总是喜欢帮助大人摆桌子，他们会抢着拿一摞比他们个头大很多的面包，还会不停地把东西拿来拿去，直到累了为止。大人们总是怕孩子劳累，不让他们帮着干活，而让他们安静地坐在一旁。心理学家认为，成人的这种做法实际上会阻碍孩子的行为，进而影响孩子的心理发展，很多精神上有问题的孩子都可能受到过类似的打扰。

孩子喜欢做的另一件事情就是爬楼梯，成人爬楼梯是有目的的，孩子爬楼梯却没有任何目的。有的时候孩子爬到楼顶之后还没有满足，他们会跑到下面再爬上来，如此循环往复。我们经常看到有些孩子喜欢在学校的操场上爬滑梯，孩子爬滑梯不是为了滑下来，他们的目的是爬上去，在劳累中寻找快乐。

很少有成年人不对孩子的行为进行干涉。心理学家要求专门为孩子开辟一个工作的地方，在那里孩子可以不受干扰地做任何事情。为此，我们逐渐建立了一些托儿所和婴儿学校，尤其是针对那些一岁半以上孩子的。学校里的所有东西都是专门设计的，比如在树顶上的小房子，下面还可以放一个可以上下走动的梯子，如果孩子想要到小房子里去拿什么东西，他肯定会沿着梯子爬上去。楼梯给他们带来了许多欢乐。

当然这种行为并不是为了达到某些外在的目的，只是为孩子锻炼自己的协调运动能力提供了机会。只有动作协调的孩子，才有可能模仿成人的行为。只有到了这个时候，周围环境才能激起孩子的兴趣，他们内心才会出现模仿的渴望。如果此时他发现有人在清洁地板或做糕点，他就会自己去做。也就是说，如果成人做一些新鲜的事情，就可以激发孩子的模仿行为。

前面我们已经提到过孩子的行走问题，在这里我们重点探讨的是2岁的孩子和他们走路的需求。走路对于孩子来说是很自然的需求，因为他即将长大成人，必须具备成人的各种基本能力。如果心情好，2岁的孩子可以走1公里的路，而且他还很愿意去克服走路所带来的困难。在这里有一点需要牢记，孩子对于走路的看法与成人完全不同。我们总是认为孩子不能走很远的路，那是因为我们下意识地要求孩子与我们迈同样大的步伐。这种想法不免有些愚蠢，就如我们和马一起奔跑，并且试图跟上马的速度，马看到我们累得气喘吁吁可能会说："到我背上来吧，我来帮助你。"其实在这里忽略了一个事实，孩子行走不是要到达某个地方，他想做的只是走走而已。他们的腿没有成年人的长,我们也没有必要要求他们跟上我们的速度,相反我们应该放慢脚步。在这一问题上将就孩子是很必要的,同样在其他问题上也是这样。孩子的发展遵循一定的自然规律,我们想要帮助他们,就应该遵循这一规律,而不是把自己的愿望强加给他们。孩子走路的时候不仅要使用腿,还要使用眼睛、耳朵、鼻子等感觉器官,他们走路是为了寻找一些有趣的事情。如果地上有一束草,他们会蹲下来观察,过了一会儿,他会站起来继续往前走;看到一朵花,他们会凑过去闻闻花香;看到一棵大树,他会忍不住上前抱抱树干。就这样,他们一边走一边进行着有趣的发现,他们可能会走几公里的路,但是仍不感到疲倦。假如路上遇到了什么障碍,比如石头、树干什么的,那就再好不过了,这时孩子就充当了扫除障碍的英雄。孩子还特别喜欢玩水,如果在路上恰好碰到了小溪,他们就会兴奋地站在小溪边不停地玩耍。跟在身边的父母就不同了,他们想要尽快走到某个地方。

孩子走路的方式就好像一个刚刚出现在地球上的原始人的游荡方式一样,到处闲逛,漫无目的地游荡,直到被有趣的地方所吸引,比如一片茂密的森林里有充足的果实,或是一片辽阔的草原上有成群的牛羊。孩子就像他们一样,不停地走,不断地发现,这就是孩子的本性,走在路上的孩子就是一个探索者。教育中应该更多地关注孩子的这种探索活动,应该尽早帮助孩子开展这种活动,应该经常带孩子去户外活动,应该仔细观察他们喜欢的东西。我们所要做的是教授孩子区别各种颜色、各种形状、各种纹理的树叶、昆虫的习性、鸟和其他动物的名称等。这些东西都会引起孩子极大的兴趣,他们的兴趣越大,在户外探索的时间就会越长。因此说,要想让孩子进行探索,就必须开发他们的兴趣,这就是我们应该做的。

走路是一种全方位的锻炼。走路会改善人的呼吸,提高消化能力,能够强身健体。在走路的过程中,我们还会发现一些有趣的小东西,我们会观察这些东西,并进行鉴别。我们可能会跳过一条小沟,或爬上一座小山。这些活动都需要各个器官的参与。逐渐地,人的知识就会增长,对事物的兴趣就会提高。教育就应该遵循这些孩子发展的规律,让孩子多走路,开阔他们的眼界。只有这样,孩子的生命才会变得越来越丰富。

现在的教育尤其应该遵循这条原则，因为现在的人很少走路，往往借助于各种交通工具。我们认为，把生命一分为二，用肢体来做游戏，用大脑去读书，这绝不是一种好的做法。生命就应该是一个整体，尤其是在孩子不断成长的过程中，更应该遵循着成长的规律。

## 互动游戏

### 和妈妈一起晾衣服

**游戏目的：**

正确帮助努力模仿的孩子，提升其动作的敏锐度。

**道具：**

几只晾衣夹、一条晾衣绳、孩子的小衣物。

**游戏开始：**

1. 为孩子选择几只容易捏开的晾衣夹和一条高度适宜的晾衣绳，然后把所有能晾晒的小衣物都盛到盆子里：孩子的袜子、内裤、手绢。

2. 刚开始练习的时候，妈妈可以帮助孩子把工具简化一下：把晾衣夹夹在绳子上，让孩子直接练习夹衣服。

3. 然后，妈妈先夹一只袜子，让孩子学着夹另一只袜子；妈妈夹一条手绢，孩子也跟着夹一条手绢……

4. 请注意，所有衣物晾完后，妈妈要和小朋友一起把盛衣物的盆子还回原来的地方。

> **听听蒙台梭利怎么说：**
>
> 跟在妈妈身边一起工作，孩子会感觉自己正在完成一项无比重要的任务。学习初期，孩子可能会花大量时间来观察家长的动作，所以家长需要耐下心来，一遍一遍示范给孩子看，经过反复的模仿和实际练习，才能强化这个能力。

## 内部的控制才能使孩子集中精力

一个成人不仅可以通过处于孩子的地位进行活动来代替孩子，也可以通过微妙地把自己的意志强加于孩子来代替孩子。这种情况意味着是成人代替孩子在行动，而不是孩子在行动。

19世纪法国著名的神经病学家夏洛特通过在他著名的精神病医院里所进行的实验研究证明，通过催眠术可以替换癔病患者的人格，这引起了很大的轰动。他的实验似乎否定了以前被当作人性的一个最基本的特征，即人是他自己行为的主人。但是，夏洛特从实验中证实，一个强烈的暗示就可以使被试者失去自己的人格角色，接受催眠师所赋予的人格。这些实验为新的研究和发展，如分裂人格、潜意识等的研究开辟了道路。

孩子在童年期开始意识到自我，他的感官处于一种创造性的状态，他特别容易受到暗示。在这个时期，成人能够悄悄地潜入孩子的心智，用他自己的意志激发孩子的意志，使孩子发生变化。

我们发现，如果我们在学校里用过分热情或夸张的动作给孩子示范如何做某些事情的话，孩子的自我思维和判断的能力就会受到压抑。可以说，孩子的自我本应去支配他自己完成这项活动，但是却由另一个不属于孩子的自我继续下去了。这种外在的自我更加强大有力，用其力量剥夺了孩子自己的不成熟的活动手段。通常成人并没有意识到自己这样做了，他并不希望通过所谓催眠的暗示支配孩子，因为他的本意并非如此，所以他并不知道他在这样做，甚至也没有意识到这种影响的存在。

在这方面，我碰到过几个有趣的例子。我曾经看到一个大约3岁的孩子把一双非常脏的鞋子放在干净的白床单上。我没有多加思考就冲过去拿起鞋子，把它们放在房间的角落里，并告诉孩子说，它们太脏了。然后，我还把床单上放过鞋子的地方用手掸了掸。自这件事情以后，这个小家伙无论何时看到鞋子都会奔过去拎起来说，它们太脏了。然后，他会走到床边，把手按在床上，似乎是想把它掸干净，虽然鞋子并没有在床上放过。

还有一个例子。有一天，一位年轻的妇女收到一个装有礼物的包裹，打开后发现盒子里有一块丝手帕，就把这块手帕给了她的女儿，还有一只喇叭，她就放在嘴上吹起来。这个小女孩高兴地叫起来："音乐！"隔了一段时间以后，只要这个小女孩拿到一块手帕，就会高兴地说："音乐！"

此外，成人的禁令很容易对孩子的活动产生一种约束力，但在刺激孩子反应时，这种禁令并不起作用。在那些有教养的和善于自我约束的成人身上，我们会经常看到这种约束性的影响。

有一个有趣的例子，一个大约4岁的小女孩跟她的外祖母住在乡村庄园里。有一天，这个小女孩对花园里的人造喷泉产生了兴趣，想要打开它的水龙头，但正当她要这么做的时候突然把手缩了回去。她的外祖母鼓励她可以继续，小女孩却说："不行，保姆不许我打开水龙头。"于是她的外祖母继续说服她，对她说我允许你这样，这是在我们自己的家里。一想到可以看到喷水，这个小女孩笑了起来。她又一次伸出了手，但是在碰到水龙头的时候又把手缩了回来。并不在场的保姆的禁令比就在这个小女孩身边的外祖母的鼓励有更大的约束力。

还有一个类似的例子是发生在一个稍大一些的孩子身上，他是一个大约 7 岁的男孩，当他坐着的时候，被远处的某个东西吸引了，但是当他准备站起来朝那个东西走去的时候，他又退了回来，坐了下来。他好像有点摇摆不定，而且看着还挺难受，但是谁在阻止他自由行动呢？没有人知道，因为这种记忆甚至在孩子的心灵中已然消失了，但影响仍然存在。

即使是感官对象，只要它们是有吸引力的，就能够对孩子产生一种暗示的力量，就像磁铁一样会引出各种各样的活动。莱维教授用电影记录了一项有趣的心理学实验，这个实验有助于说明这个问题。他的实验的目的是，识别来自我们学校的缺陷孩子和正常孩子对同一物体的不同反应。这两组孩子年龄相仿，背景相似。道具是一张大桌子上面放满了许多不同的问题，包括一些供孩子运用的感官材料。

影片中的第一个场景是一组孩子走进教室。他们对面前摆放的各种物体很感兴趣并很快被吸引住了，他们显得很快乐，拥有这么多东西使他们非常高兴。每一个孩子拿起一件东西就开始工作了，过一会儿又把它放在一边，又拿起别的东西，如此重复，从一项活动到另一项活动。第二个场景同样是一组孩子走进教室。他们慢慢地走着，停下来并环顾四周。同样还是那么多的物体，但是他们很少拿起来，只是聚集在它们周围，站着看着，这种情况一直持续着。

那么，现在我们要问，哪一组是身心有缺陷的孩子，哪一组是正常的孩子呢？答案似乎有点出乎意料了，有缺陷的孩子是高兴的，富有生气的，到处走动，拿起一件件的物品。也许大家会问，这些孩子看起来更聪明更灵活，为什么他们居然是有缺陷的孩子呢？这是因为，通常成人习惯于从自己的角度看问题，他们通常会把做了一件又一件事的活泼快乐的孩子看成是聪明的孩子。但实际上，正常的孩子是用一种安静和镇静的方式到处走动的。在影片中，我们看到他们长时间站着不动，沉思并注视着一件物品。他们以惊人的方式证明，正常孩子的标志是安静和有分寸的活动，并伴随着认真的思考。

莱维教授的实验结果跟目前普遍接受的概念是相冲突的，因为通常的看法就是聪明的孩子会像电影中有缺陷的孩子那样活动。但是我们现在的发现是，一个正常的孩子虽然也充满着对外部环境的好奇，但是他的行动是缓慢和经过沉思的，受到自我控制的，由理性所指导的。这些孩子被他所看到的物品激发起来，就能掌握这些影响，结果他就能充分运用它们。可以说，自我控制和有节制的活动才是有价值的。而且重要的是，孩子不是要用某种方式去到处乱闯，而是应该掌握自己的运动器官。不仅仅是对感官刺激的反应，而是在理性的指导下的到处走动。这些内部的控制会使孩子精力集中，思想和活动都固定在一个物体上。

对个人来说，用一种审慎和沉思的方式活动，实际上是正常的。这是一个内在纪律的标志，表现为一种有条不紊的外部行动。如果缺乏这种内在纪律，个人就失去了控制自己行动的能力，而受到另外一个人意志的支配，就像漂泊的船一样，没有自己的航向。

他人的意志很难产生训练有素的行为，因为这种外在的影响并不是行动的决定因素。如果外在的影响起了决定作用，我们可以说这个人的人格已经分裂了。当这种情况发生在孩子身上，他就失去了发展的机会，失去了自己的本性。可以这样比喻这种孩子，他靠热气球降落在沙漠中，突然间热气球被风刮走了，把他一个人丢在了这里，他孤立无援，周围没有一样东西能替代失掉的热气球。这就是孩子可能遇到的场景。当孩子陷于这种情景时，他会坐立不安，会与成人争吵。尚未得到发展的孩子心灵就这样成了环境的牺牲品。这是我们要极力避免的。

---

## 互动游戏

### 自己的东西自己用

**游戏目的：**

能准确地找到并使用自己的毛巾和水杯，这项活动对于 1-3 岁的孩子来说并非是一件容易的事情，需要家长的不断引导。

**道具：**

挂在合适位置的毛巾、放在合适位置的水杯。

**游戏开始：**

1. 家长带着孩子每次洗完手（喝水），都要有意识地拿同一条毛巾（同一个水杯），并且说："我要用自己的毛巾擦手（水杯喝水）。"

2. 接着说："这是宝宝的毛巾（水杯），宝宝也要用自己的毛巾擦手（水杯喝水）。"

3. 把这个游戏持续一段时间，很快，孩子就会养成使用自己毛巾（水杯）的习惯。

> ❀ **听听蒙台梭利怎么说：**
>
> 当大家的物品放在一起时，帮助和引导自己的孩子能认清自己的东西，这样可以有效避免在传染病流行期间孩子之间的交叉感染，减少患病的可能。家长在日常生活中尽量为孩子创造使用自己的物品的条件，让孩子通过使用自己的小毛巾、自己的小水杯或者是自己的小拖鞋等，帮助孩子初步树立自我的意识，进而逐步养成自己的东西自己用的好习惯。

## 孩子的正常发展来自于专注某项工作

现实生活中总是存在许多偏见和误解。比如，成人并不总是把孩子的性格缺陷看成是一件坏事，有些人甚至对这些缺陷评价很高。有的人认为那些消极被动、缺少活力的孩子是好孩子。那些吵吵闹闹、胡思乱想的孩子则被认为是天分过人，大有前途的人。

我们的社会可能会给孩子做出以下分类：

- 那些有缺陷的孩子需要进行改正。
- 那些守规矩的孩子是其他孩子学习的榜样。
- 那些吵闹的孩子比其他孩子出众。

后两种类型更为人们所认可。父母们非常喜爱这样的孩子，虽然对于最后这种类型的孩子而言，小伙伴们一点也不喜欢他们。

我一直强调这一点，并且一直要求大家注意这种分类，因为这种错误的认识已经延续了几百年。可是，在我所办的第一所学校以及其后的学校里，当孩子们被某项工作所吸引时，他们的这些特点都消失了。孩子身上的那些所谓的好的、坏的和高人一等的特性全都消失了，完全找不到了。

这种现象说明了什么呢？说明我们还不能正确区分孩子性格的好坏，以前习惯的想法是错误的。这使我想起了一句宗教格言，"真理掌握在上帝手里，我们看到的一切都是幻影。"通过对我们学校孩子的观察也发现，孩子非常想自己动手做一些事情，这是以前人们完全忽视的现象。事实上，孩子可以在心理的支配下忙于做一些能够使他们内心平和、快乐的事情。

在这些孩子身上还发生了一些令很多人吃惊的事情，这也是以前从未发生过的，即孩子不知不觉地具有了一定的纪律性。怎样培养孩子的纪律性而又不伤害他们的创造力呢？答案就在于，通过给予孩子自由来培养他们的纪律性。这些可以自由选择事情做的孩子会集中精力做某件事情，由此养成了他们的纪律性。近几十年来世界各国对孩子教育的研究，已经证明了这一点。事实表明，只要把孩子放到一个能够进行有序活动的环境里，他们就会养成一定的纪律性。这个法则在世界各国都可以适用，我们以前对这个问题还不了解，是由于我们没有真正认识到孩子的这一特点。

此外，这些发生在所有孩子身上的变化也不是逐渐出现的，而是突然出现的。对于有的孩子来说，他会专心致志地做某件事情，但这并不意味着我们应该强制某个懒惰的孩子去做事情。我们要做的是，为他们准备好环境，然后把他们放到这个环境之中，让他们自己去发现心理需要，从而有目的地做一些事情。当孩子专注于某件事情以后，他的所有缺陷就随之消失了，这些都不是通过说教所能做到的。在这种有准备的环境中，他们的内心好像突然被外界的事物所吸引，把自己全部的精力都投入到这些活动之中，不断重复地做着某件事情。

人是一个整体，这个整体是在现实生活中根据自然规律不断获取积极的经验而形成的。人出生之后一直到3岁，各个器官都是独立发展的。在3~6岁时，手开始可以在大脑的指令下进行工作。也就是在这一时期，这些器官成为一个整体，各个器官协同工作，共同发挥作用，为个体服务。

如果由于外界原因这种和谐工作的状态没有出现，人体内的某种力量仍然会促使体内的其他部分单独成长，结果就导致各个器官的发展不平衡，最终也无法相互协调完成任务。这时可能出现的景象就是：人的手在无目的地运动，大脑会去想象一些远离现实的问题，语言成了自娱自乐的活动，身体变得懒懒散散。所有这些不良后果的出现，都是因为各个器官的独立发展，无法满足自身的需要，导致个体不正常地成长，最终成为冲突和绝望的根源。

要纠正这些问题，只有在人的各种功能共同工作，为人这一个体进行服务的时候才可以解决。如果能出现一个新的环境，孩子能被其所吸引，有了进行创造型活动的动力，在这种情况下，所有的这些能力会被重新结合在一起，偏离的性格也回到了正常的轨道，孩子的性格才会趋于稳定。从这里可以看出，以上这些都可以归因于孩子真正的个性，只有孩子的个性才能让孩子正常地发展。

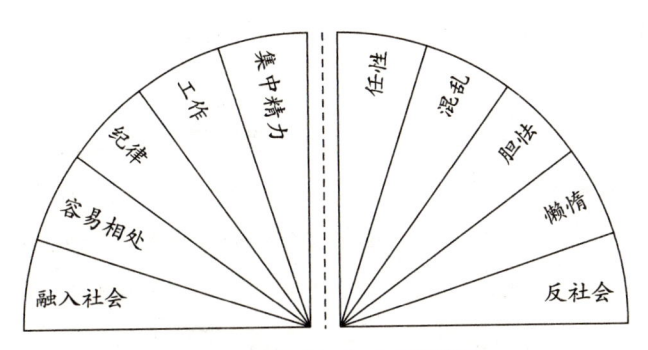

**孩子的正常特征和不正常特征**

  上图向我们展示了孩子的不同特性。这些不同的特性由通过扇面中心向外辐射的方式来表示。中间垂直的虚线表示孩子集中注意力做某件事情，这条线代表正常。一旦孩子开始集中注意力做某事，右面的线就会消失，只剩下左面的线。所以说，孩子缺陷的消失应该归功于孩子自身的发展，是孩子通过自己的人格努力，穿过了中间线，获得了正常的发展。

  这种个性的自我矫正现象，我在许多学校中都看到过，无论这些孩子属于哪个社会阶层、哪个种族、哪种文明。这就是我们所有研究工作得出的最重要的结论。

  孩子的这种转变主要通过集中注意力，并且亲自动手做事情来完成。这种心理现象还被心理分析学者用来针对成年人的治疗，用专业术语来表示就是"正常化"。

  许多年过去了，已经经过无数次的经验训练而得出的事实终于被大众所广泛接受了。《孩子门诊指南》就是应用了这一理论对"问题孩子"进行治疗。指南要求为孩子提供一个能够做各种事情的环境，他们在环境中可以根据自己的喜好选择自己要做的事情。他们的选择是自由的，不受老师或其他人的左右。这种疗法被称为"游戏疗法"，这种方法可以使孩子在许多玩具的模仿游戏中自由选择，在这种环境中选择的范围要比在家庭中选择的范围广得多。

  上述理论和其他心理学的发展促进了孩子家庭治疗的发展，也促进了孩子性格的发展。在治疗的过程中，需要形成一种类似于社会生活的氛围，孩子在其中和其他孩子一起玩耍。

实际上，经常还会出现这样的情况，治愈了的孩子再回到他原来的生活环境中，由于还是缺乏正常发展的动力和条件，他们又回到了原来的状态。此外，尽管一些国家的学校努力创造一种所谓的自由活动的气氛，但是他们对自由和活动的定义似乎就很不恰当，更别提他们在实践中存在的问题了。这些学校对自由的理解还处于低级水平。在他们看来，自由就是从束缚中解脱出来，不再受权威的约束等。这根本就不是自由，只能说是对压迫的一种反抗。如果以这种理解来开展活动，孩子的反应会是这样的：努力发泄自己不再受到控制的情绪，因为他们以前受成人的控制过多，这只是一种反抗压迫的行为而已。虽然说他们的原则也是"让孩子去做他们愿意做的事情"，但如果孩子还不具备自我控制的能力，就无法获得真正的自由。

许多事情都不是表面看来那么简单。孩子做事没有规律，是因为以前曾经有人随意地强制他们有规律地做事；孩子懒惰，是因为他们曾经被强制去工作；孩子不听话，是因为孩子以前被强制听话。由于受到了各种强制，孩子的发展也受到了限制。现在我们知道，自由才是发展的前提，也是发展的结果，孩子想要获得自由，要通过教育潜移默化的发展产生作用。发展是具有主动性的，它是一个可以通过努力和个人经验逐步建立人格的过程。一个孩子想要成熟就必须要经历这个漫长的过程。

即使我们可以对弱者进行压迫，使他们屈服，我们也不可能限制他们的发展和成长。同样，即使我们认为自由就是让孩子做任何想做的事情，不管是正确还是错误的，那么，孩子已经发生偏离的性格还会继续发展，变得更加不正常。

孩子的正常发展来自于专注某项工作。因此，我们必须有目的地向孩子提供一些工具，满足他们的需要，引起他们的兴趣，唤起他们的注意力。既然这些东西能够左右孩子的发展，我们就应该有目的地为他们设置，使这些东西适合孩子的心理规律。如果这些东西得到合适和准确的使用，孩子的运动协调能力就会得到提到。

集中注意力能够使孩子的心理得到发展，运动协调性得到提高，并最终使孩子的缺陷得到治疗。这里，我们强调的是"集中注意力"，而不是"做某件事情"。因为如果孩子漫无目的地做某件事情，不仅无法改掉他们的缺陷，反而会引发更多的缺陷。因此对我们来说，重要的是通过某种方式来激发孩子的兴趣，改善孩子的个性。

一般来说，对问题孩子的治疗需要经历一段时间，并不是只要进入我们的学校就能把缺陷治疗好。在这段时间里，他们受到新环境的影响，他们的"行为自由"得到巩固，个性得到发展，此时才可以说他们的缺陷已经治疗痊愈。也只有在环境的影响下，孩子才能在发展中展示自己的力量——自发的纪律性、不停地愉快工作、有社会良知、愿意帮助和怜悯他人等。当这些能力得到正常发展的时候，自由选择自己的行为就成了孩子生活有规律的一种方式。

要把握的原则很简单，就是让孩子做一些自主选择的、有意识的事情。做这些事情能够让孩子更加集中注意力，而感觉不到劳累。这些能提高孩子的精力和心理能力，使孩子成为自己的主人。

为了给孩子的发展真正提供帮助，我们不能随意为孩子选择使用的物品。孩子拥有选择物品的决定权，他可以按照自己的兴趣和个性爱好来选择。我们要做的就是，根据孩子心理发展的规律来选择教育方法。

在我们的学校里，孩子不但性格得到了发展，对知识的渴求也更加强烈了。对此，我们可以说，孩子正在进行精神上的锻炼，他们正在寻找一条自我完善和心灵净化的道路。

一本名为《吉塔》的印度书籍所依据的主要原则就是孩子的发展——"让孩子做应该做的事情是非常重要的。大脑需要不停地工作。只有不停地专注于一些事情，精神才会得到发展。懒惰的大脑容易受到一些不良东西的影响，一个懒惰的人不可能是精神上健康的人。"

这与我们的观点相同。

## 互动游戏

捞"鱼"

**游戏目的：**

帮助孩子提升手眼配合、做事情的专注度和耐心。

**道具：**

一个空盆子、一只漏勺、几个能漂浮在水面上的物品。

**游戏开始：**

1. 家长可以把所有物品都放在托盘里，让孩子自由取用：一大杯水、一些漂浮物（核桃、塑料玩具等）、一只漏勺、一只盛"鱼"的空盆，当然，还需要一块擦水用的毛巾。

2. 练习之初，最好是从比较大的"舀具"（比如大漏勺）和比较大的"鱼"（体积较大的漂浮物）开始。等到动作熟练之后，再换成小一点的漂浮物。

> **听听蒙台梭利怎么说：**
>
> 当孩子能够灵活支配自己的双手之后，就会主动练习一些让动作更准确的活动。"捞鱼"游戏可以让孩子借助各种"舀具"舀起漂浮在水面上的物品，非常符合孩子的练习要求。

## 最难得的是有意志力控制的服从

对性格培养的探讨总要涉及意志和服从两方面的问题。在很多人看来，这两个问题是相互对立的。因为他们认为，教育就是对孩子意志的扭曲和压制或者是用老师的意志代替孩子的意志，并且要求孩子无条件地服从。

有人认为，孩子天生就是不服管束的，并且还有暴力倾向。这种观点的依据是，孩子通常不愿意听大人的话，这就是他们意志的表现。但事实远非如此，因为这种行为并非孩子"有目的的行为"。就像成年人有的时候发怒并非是出于自愿，我们也不可能说这时候的发怒行为是一种理智的行为。但是我们平常说话就不同了，这些行为都是有一定的目的，有一些问题要解决。当我们发现自己的行为不符合主观意愿时，我们会产生一种有效控制自己意志的愿望。成人出于这样的目的，总是把自己的意志强加给孩子。

有人认为，人的主观意志会导致混乱和暴力，事实并非如此。因为混乱和暴力只是感情波动和痛苦的一种表现而已。正常的情况下，意志力控制下的行为对人是有益处的。大自然赋予了孩子成长的任务，因此孩子的意志一定会发展他们的各种潜能，促进孩子的成长。

如果孩子的意志与他所做的事情是一致的，说明他已经走上了有意识的发展轨道。孩子会选择他们想做的事情，并多次进行重复，表明他们对自己的行为有了一定的认识。这些行为最开始的时候只是一种本能的冲动，现在已经成为了有意识的行为。正像婴儿最开始的活动也是本能性的，在发展过程中开始能够有意识地进行活动，这说明他们的心理已经开始分化了。

孩子自己也感觉到了这种差别。有一个孩子对此做过精彩的表述，让我终身难忘。曾经有一位贵族小姐到我们学校参观，由于她还不了解学校的情况，就问一个小男孩说："请问，这就是规范你们行为的学校吗？"小男孩的回答出乎这位小姐的预料，他答道："不，女士，它不规范我们的行为，我们做我们喜欢做的事情。"可见，这个孩子已经意识到了这两者的区别。因为人一旦决定做某件事情，这件事情就应该能够给予他快乐。

有一点我们应该明确，有意识的意志是一种通过使用和行为才能够得到发展的能力。我们应该努力开发孩子的这种能力，而不是去压制它，因为这种意志非常难得，需要以特定环境中的持续行为为基础缓慢发展而来，而毁掉它却是一瞬间的事情。就像我们所熟知的，爆炸或地震摧毁一个建筑物只需要几秒钟的时间，但要建造一个建筑物却极为不易，需要设计、材料等多方面的筹备。

试想一下，建造一个没有生命的东西尚如此困难，那塑造一个人的心理将是多么艰难，因为人类心理的塑造过程我们是无法看到的。孩子心理的塑造者既不是母亲也不是老师，当然更不会是建筑师。母亲和老师们在创造过程中只能做一些帮助性的工作，当然这些工作是必不可少的，因为他们可能会在不经意间破坏和摧毁孩子的意志。真正在孩子心理塑造过程中发挥主导作用的是孩子自身。当前在这一问题上还存在着各种各样的偏见，我们有责任进行澄清。

一个最为普遍的偏见就是，一些教育工作者认为，任何事情都可以通过说教和树立榜样来解决。然而，事实是孩子的个性只能通过运用自己的能力的方式获得发展。目前还存在的一种观点就是，孩子是被动的接收者，而不是主动的学习者。为此，人们通常通过讲述神话故事来激发孩子的想象力。但事实上，孩子仅仅是听到了一些东西而已，他们的想象力并没有得到发展。这种错误的观点反映在意志力上更为严重，因为一般学校都没有想到要训练孩子的意志力，他们会直接告诉学生该做什么、不该做什么。在这种情况下，孩子的任何反抗行为都被认为具有反叛性质。毫不夸张地说，一些教育工作者在无意识地摧毁孩子的意志力方面可谓是不遗余力。

同样，通过树立榜样来教育孩子也成为一条公认的教育原则。在这种情况下，老师自觉不自觉地会将自己当作榜样让孩子来学习。在这里，想象力和意志力连一席之地都没有了，学生们沦落到了只能看和听的地步。

我们必须摒弃这些偏见，勇敢地面对现实。

传统教育中教师总结了一句看似很有道理的话："教育孩子，我必须先做好。如果孩子模仿我，服从我，那就什么都好办了。"服从成了教育最基本的原则，甚至有一位著名的教育家也曾经说过："孩子有很多美德，最重要的就是服从。"

就这样，教育变得简单起来，教师也变得傲慢起来。他可能会这样想："我的学生一无所知，我要对他们进行教育，把他们教育得像我一样。"于是，这个教师开始了他的教育工作。就像《圣经》中所说的那样，上帝按照自己的形象来造人。于是成人很自然地把自己放到了上帝的位置。他们忘记了《圣经》中所说的魔鬼是如何变成魔鬼的，魔鬼妄图取代上帝的位置，结果堕落成了魔鬼。因此教师务必要认清自己的工作，认清工作的对象。

孩子的内心正在进行着创造性的工作，这种工作比老师、父母的工作要重要得多。当然，这种工作也要得到他们的理解和支持。过去，教师用教鞭将自己的意愿强加给孩子。当人类进入了文明社会以后，教师们不得不放弃教鞭，他们当然不愿意，还曾经进行过抗议，他们说："如果要我们放弃使用鞭子，我们就不能教书。"我们可以用这样的话进行总结：听话的就是好孩子，不听话的就是坏孩子。

好在这种教育方式现在已经行不通了，现代民主、自由理论的发展，使得如果教师还以这种方式进行教育，就会被认为是独裁者。谁还愿意接受这样的教育呢，除非这些教师能够做出一些改变，在教育过程中加入一些想象和自由。可是还有一些老式学校的教师们死守着这种错误观点，抱着传统不放。独裁者的暴力与教师的暴力有所不同，独裁者通过暴力进行建设，而教师通过暴力进行毁灭。

这种观点的主要错误之处在于，它认为要使人服从必须摧毁他的意志，也就是说教师在教授一个人知识之前就已经把他的思想毁掉了，这是多么可怕的一件事情啊！

但是，事实上，如果人的意志力能够得到正常的发展，它并不会拒绝服从，反而会自由选择应该服从的东西。这种服从不是专制下的屈服，而是一种尊敬，一种对权威的认可。在这种情况下，教师和孩子双方都能得到满足。

也就是说，意志力和服从意识可以相辅相成、并肩前进了。意志力是发展的前提和基础，服从则是在这个基础上产生的。这时，"服从"一词有了新的含义，它变成了个人意志的一种升华。

实际上，我们很容易发现，服从是人类的一种自然现象，是人类的一种自然特征。孩子的服从意识是在人的成熟过程接近结束时自然而然地、以一种不期而至的方式出现的。如果人类的心理不具备"服从"这种品质，如果人类在发展过程中没有形成这种品质，那么简直无法想象会有现在的人类生活。生活中很多事情都表明，人类已经习惯于服从。可是这种不受控制的盲目服从却可能导致人类走向毁灭。人类并不缺少服从，真正缺少的是有意志力控制的服从。

下面，我们来讨论一下服从对于一个人来说到底意味着什么。过去服从意味着：教师和家长要孩子做某件事，孩子顺从了他们的命令去做了这件事情。但是，我们对服从意识自然发展的过程进行研究后发现，服从并非如此简单，它要经历3个阶段。

**最初，孩子看起来有些反复无常，有时候听话，有时候不听话。**

服从不仅仅依赖于我们所说的"好的愿望"，相反，孩子在第一阶段的行为是受"有目的的行动"控制的，这种情况会一直持续到孩子1岁的时候，并且所有的孩子都是如此。从1岁到6岁，这种情况就很少出现了，孩子逐渐有了自己独立的意识，有了自我控制的能力。在一个时期内，孩子的服从意识与其自身能力的发展有着密切的联系。这是因为要执行一个指令需要孩子相应的能力。比如，命令一个人用鼻子走路显然是荒谬的，因为这是完全不可能的。同样，让一个不会写字的人去写信同样也是无法实现的。所以说，我们必须要了解孩子的发展水平才能看他是否可以服从命令做某事。

对于3岁以下的孩子来说，除非命令符合他们内心的需求，否则他们是不会服从的。孩子的心理发展尚未定型，处于在潜意识状态下建立性格所需的各种机制的状态，并且这种机制还没有成熟到受他自身意识和愿望控制的程度。这些孩子目前还不太听话，除非他的心理发展成熟了。这时候，成年人期望一个2岁的孩子能够服从他是不太可能实现的。如果想让这一年龄的孩子不要做某件事情，则必须对他们下达强制性的命令。

然而，服从并不总是带有否定性。服从首先也包括对他人意愿的满足。3岁以后的孩子已经不像0~3岁的孩子那样处于一种准备阶段了。对于一个3岁的孩子来说，他已经具有了一定的能力来服从命令。对于孩子来说，他正处于某种成长过程中，这一过程也要经历几个阶段。在这一成长成型的过程中，孩子会逐渐地了解做某件事情的原因，学会服从他人的意志，根据他人的要求做某件事情，但是由于孩子的这种能力是刚刚形成的，因此如果想要孩子能够反复使用这种能力，还需要一段时间来巩固。

这种情况在孩子首先获得运动能力时就有所体现。孩子长到1岁左右的时候，就开始学习走路，他会尝试站起来，扶着东西走路，到完全自己走路。在这个过程中他可能会不停地摔倒，但他仍然会不停地尝试，一段时间以后，孩子可能就具备了走路这种能力，他就可以随时随地地使用这种能力了。

还有一点非常重要，孩子在这一阶段的服从意识取决于他所具备的能力。现实中可能出现这样的情况，同样的命令，孩子第一次服从了，第二次又不服从了。不明真相的老师会认为孩子这样做是故意的，因此总是对他们进行责骂，这种责骂很容易阻碍他们的发展。这里还有一个非常有趣的例子。瑞士著名教育家裴斯泰洛奇是位很有影响的教育家，他首先提出了父爱教育理论，他认为教育工作者应该对孩子面临的困难表示同情，对他们的错误行为进行谅解和宽恕。但是他说自己不能忍受孩子的反复无常，如果孩子第一次接受并完成了他的要求，他就认为孩子有能力做这件事情，就应该一直如此。他无法接受孩子一会儿这样，一会儿那样，他的所谓父爱在这里变得无影无踪了。试想，裴斯泰洛奇这样的人尚无法忍受，更何况其他教师了。

没有什么比在某种能力的形成时期打击孩子的积极性更为有害的了。如果孩子还没有完全掌握自己的行为，如果他连自己的意志都无法满足，他怎么会去服从他人的意志呢？正因为孩子的能力尚未发育完善，所以他会表现出时而服从，时而不服从。其实这种事情不只发生在孩子身上。一位乐手可能有些场次弹奏得非常好，有些场次表现得就非常差。这不是他个人意志的原因，而是他还没有完全准确、熟练地掌握弹琴的技巧。因此说，服从意识发展的第一阶段的特征就是，孩子有时服从，有时不服从，服从和不服从相伴而生。

**第二阶段是孩子可以随时服从命令，在控制自己的能力方面得到了加强和巩固，这时他不但可以听从自己的意志，而且也能服从他人的意志。**这是服从意识发展历程上的一次巨大进步。这时候，孩子已经能够领会他人的意图，并用自己的行为表达出来。这就是当前教育所希望得到的最高的服从水平，一般老师都希望看到这些。

但是，孩子在自然规律指引下的发展进程还远远没有结束，他们所发展的程度远比我们期待的要高，孩子的服从意识还将进入第三个发展阶段。孩子已经能够自如地使用他们已经获得的这些能力，但他们的发展还在继续，还会向着更高的层次发展。孩子认识到，他还没有能力做和老师一样的事情，于是他对自己说："这个人的能力比我强，他会影响我大脑的发展，把我变得与他一样聪明！"这种可以从他人身上学到东西的发现激起了孩子巨大的学习热情，孩子热切地等待教师给他命令，用期盼的眼神望着他，然后去执行他的命令。

曾经有这样一个有趣的例子。有一位执教10年的女教师把她的班级管理得非常好，也习惯于给班里的同学提一些个人建议。有一天，她对学生说："把你们的东西收拾好，在傍晚回家之前。"她的话只说了一半，所有的孩子就开始收拾起来，直到她把后半句说出来，孩子们才停下来。孩子的服从意识反应得如此迅速，以至于老师不得不思考自己说话的语序。实际上，老师应该这样说："在傍晚回家之前把东西收拾好。"这位教师告诉我，这种情况经常发生。通常人们认为，教师可以随意地向学生发布命令。但是这位教师却认为，**孩子的这种反应促使她在说话之前慎重思考，她觉得这是她的责任，而且教师的这种权威地位给了她一种无形的压力，促使她不断地反思自己的行为。**有一次，教室里孩子非常吵闹，她就想在黑板上写"肃静"这个词，她刚刚把第一个字母写完，整个班级已经变得悄无声息了。在这里，服从包含着多个层次的意思，孩子所表现出来的一致性，表明一种整体的认同感。

对此，我引入了"肃静游戏"。在这个过程中，非常安静的状态只有在场的所有人都保持安静才能获得，如果有一个人出声就会打破这种安静状态，群体意识就是这样产生的。我们发现，随着游戏的不断重复进行，这种群体意识感也不断地增加，孩子保持肃静的时间也越来越长。于是，我们又在游戏中增加了点名的环节。当我们轻声点到某个同学的名字的时候，那个同学就一声不响地站起来，其他同学则保持姿势不动。可以想象，最后一个站起来的孩子同一姿势要保持多长时间。从这里可以看出，孩子们的意志力已经发展到了很高的程度。进行此项游戏的目的就是加强孩子对自己行为和冲动的控制，从而锻炼他们的意志力。通过游戏的锻炼，这些孩子的服从意识和群体意识都得到了提高。

**在意志力发展的最后节点，孩子具有了服从能力，这种服从能力又形成了服从意识。**我们学校的孩子服从意识已经达到了很高的水平，不管教师的命令是什么，他们都可以立即履行。正因为如此，就像上面提到的那位女老师一样，我们学校的老师们都认为自己应该多加注意，不要使孩子受到自己个人意志的影响。也就是说，我们教师更要具备一种责任感，在下达指令或要求时要十分谨慎，以免给孩子意志力的发展带来负面影响。只有这样，才能促进孩子的发展。

—— ✕ ——

## 互动游戏

### 请安静下来

**游戏目的：**

孩子可以随时服从命令，在控制自己的能力方面得到加强和巩固。

**道具：**

　　无

**游戏开始：**

　　1. 游戏开始，家长需要告诉孩子从现在开始要一起安静下来了，不能动、不能说话也不能发出任何声音。但做到这点并不容易。

　　2. 家长和孩子面对面坐，然后闭上眼睛，保持静默 30 秒，以便孩子理解游戏规则。

　　3. 当孩子成功进入安静状态之后，家长可以提议他听一听周围的声音。听，远处有一辆汽车开过来了，有鸟叫，有铃声，还有脚步声……和孩子一起分享我们的感受，有助于培养他们的专注力。

> **听听蒙台梭利怎么说：**
>
> 　　学习静默是儿童的一门必修课。小孩子需要安静的休息时间，然而他们却很难控制自己，主动让自己安静下来，这个游戏就是专门针对这一问题设计的。

## 自由是发展的前提

　　许多人都认为，我们应该在原来的幼儿教育的基础上继续开展实验，以便于对 7 岁以上的孩子继续我们的教育。实际上，人们不确定我们提出的法则是否适用于更大年龄的孩子。据了解，他们的异议主要在孩子的道德规范方面。他们认为这个年龄的孩子应该懂得了尊重别人的意愿，应该要主动去完成一项任务，应该具有自我牺牲的精神。另外一些人认为，是时候对孩子进行智力训练了，为此他们还为孩子设计了各种各样的课程。显然，以上这些不同的争论都是围绕对"自由"一词的理解，而自由是我所倡导的教育体系中最重要的基础，所以我认为要向大家解释清楚。

要知道给那些有异议的人一个令人信服的回答，并不是那么容易，因为我们知道哪怕是一些人们坚信不移的问题，也会产生许多争议，更何况"自由"并不是一个简单的概念。举一些类似的例子或许能更清楚地表达我的观点。在照料婴儿方面，我们以前是怎样做的呢？也许有的人对以前那些做法还记忆犹新，比如，要将婴儿的手脚捆绑起来，要不然他的手会抓破自己的脸，他的腿就会长成罗圈腿；要时刻给应婴儿戴好帽子，否则他的头就会受凉；要认真摆放婴儿躺着的姿势，否则他的颅骨就会变形，头就会长偏。好笑的是，有的母亲还会经常把婴儿的鼻子捏得红彤彤的，以为这样孩子就能有一个又大又挺的鼻子；还有的母亲在婴儿出生后不久，将小的耳环穿入他们的耳垂，据说可以改善孩子的视力。科学的发现已经摒弃了这些做法，让人们认识到正确的育儿方法。

再举一个例子，我们都曾扶着幼儿教他们学习走路，有些母亲希望自己的孩子能快点学会走路，甚至在婴儿刚刚学会坐着的时候，就开始教他学走路，或者把他放在学步车里让他到处移动，这时有的母亲竟然认为孩子已经有足够的能力学习走路了。实际上，这个时候婴儿的神经系统尚未发育完成，腿部还没有足够的力量支撑身体的重量，他们的动作也不可能协调，他们在学步车里的到处移动是依靠身体的力量实现的，而不是腿部的动作。这时候将孩子的身体提起来，牵引着他向前走，是非常不合适的。

当我们把正确的方法引入到教育孩子的领域时，会给这个社会带来什么变化呢？首先要说明的是，它不是要教你如何使婴儿的鼻子挺起来或者保持完美的大脑轮廓，也不会教你如何让孩子立即学会走路的方法。它告诉我们的是，让孩子遵循自然法则自由地发展、自由地成长。你无须捆绑住婴儿的腿，它会自然长直，走路也会在孩子发育成熟后自然产生，大人们最好不要人为地干涉孩子成长的进程。

我们要尽可能地遵循这样的原则：把一切事情交给大自然去做，孩子如果能得到自由的发展，他就能够形成协调的身体比例，造就健全的身体机能。因此，我们应该拿掉孩子身上的各种束缚，让婴儿在恬静的状态下保持最大限度的自由。婴儿的双腿可以完全放松，这样他躺着的时候就可以全身心地舒展。在时机未成熟之前，不要强迫婴儿走路，因为只要到了一定的年龄，他就能自己站立起来，自然地学会行走。

值得庆幸的是，现在大多数母亲已经接受了这些观念。而事实是大家有目共睹的，孩子们的双腿长得比以前更直了，他们走路的姿态也比以前更优美。这是一个令人欣慰的事实。由于过去我们一直认为孩子的双腿、鼻子、耳朵甚至是脑袋的形状都是大人照料的结果，我们为此小心翼翼，生怕哪一点没有做好，孩子的发育就受到了影响。很多年轻的父母都觉得身上的担子是如此沉重，以至于许多人觉得自己难以胜任，只好求助于自己的父母。有了这些新的认识以后，现在我们可以说，孩子的成长遵循自然的法则，我们只需要提供孩子成长所必需的，给予孩子自由，在一旁观察他的成长就好了。孩子的成长是生命的奇迹，就让我们一起充当奇迹的见证者吧！

同样，在孩子的心理发展方面，我们也有过类似的经历，那就是我们会想方设法帮助孩子形成特定的性格，开发他的智力，让他们学会表达情感。我们也曾经为此而忧虑，并经常思考应该怎样帮助孩子。我们能像母亲捏孩子的鼻子那样，用这些特殊的方法来束缚孩子吗？人的性格、智力以及情感的发展是与身体的成长同步进行的，我们必须认识到这一点。同时要明确的还有，我们既不是世界上物质的创造者，也不是人类精神的缔造者，大自然有它固有的法则。我们要确信这一点，认识到**"不在孩子成长的道路上设置障碍"**这条基本的原则。万事万物都有其自身的法则，有着内在的联系，我们不要单方面考虑什么因素会有助于个性、智力或情感的发展。事实上，只要解决了一个问题，找出教育的本质，以上这些问题都可以迎刃而解了。这个问题就是：我们怎样做，孩子才自由？

自由原则是我们在看待孩子发展问题时首要考虑的原则。遵守了自由原则，就可以为孩子设计出一套科学的、能促进健康成长的方案。也只有在自由的环境中，孩子的发育才能达到最完美的状态。只有自由，才能使孩子的性格、智力和情感得到充分地发展。我们对孩子的发展当然负有责任，但这种责任只是为孩子的成长提供最大的帮助。

当我们知道那些将我们压得喘不过气来的责任实际并不存在的时候，我们要做的不是继续自欺欺人地完善他们，而是要放手给予孩子自由，因为他们是可以自我完善的。有的时候我们这些成年人会有点执迷不悟，即使别人已经告诉了我们这个道理，我们还是不肯就此罢休，在抱怨过自己的愚蠢后仍然苦苦地追寻着答案：我们真正的责任和使命是什么？什么是我们应该追求的真理？

这些可以在婴儿身体自然发展的过程中得到启发。从这方面看，目前人们已经对身体的构造以及发育的顺序和规律有了一定的了解。目前大家都已确信，婴儿的幸福与体形的完美与否没有什么直接关系，真正值得我们关注的是婴儿最初几个月的生存状况。

以前，人们普遍缺乏这种意识，对婴儿的照管不够科学卫生。目前，生理卫生科学的理论已经为我们制定出了一些简单的规则，它要求人们尽可能关注婴儿的早期卫生保健工作，这些规则简单明了，可以让普通的家长们很快接受。如让婴儿养成有规律的进食习惯，不要不停地给婴儿喂食，应该等待他消化完上次吃的食物。应该根据婴儿年龄阶段的不同和生理功能的发展情况来安排他的食谱，**不要给某个年龄阶段的孩子吃他们消化不了的东西。**

对于年轻的母亲来说，最棘手的问题就是：**孩子哭闹不止时，我们应该怎么办？**在回答这个问题之前，我们应该首先找出孩子哭闹的原因。哭闹包含着孩子想要传递给看护者的信息，如饿了、渴了、困了、尿了、无聊了等。只要满足了孩子的这些基本的需求，不用再做其他任何努力，孩子的哭声就会减弱下去直至完全停止。目前科学的发展也为婴儿提供更为舒适的环境，如我们可以根据婴儿的需要为他们创建保育室、摇篮以及柔软舒适的衣服，我们可以为孩子提供更多卫生又营养的食物。婴儿的世界已经有了很大的变化，这个世界充满智慧和欢乐，并且孩子成为了自己生存权利的主人，这一切都促进了孩子的成长。

这一切也让我们明白，如果允许孩子有精神上的自由，那么自然的创造力就会比我们更能塑造他的精神。当然，这并不意味着我们要放任孩子自己发展，而是我们要担负起为他们发展提供帮助的职责，给予孩子适当的关心。自由绝非放任，而是在孩子身边给予积极有效的照顾和关怀。

## 互动游戏

### 穿哪件衣服呢？

**游戏目的：**

自由原则，同时让孩子在与父母的交流和互动中增加词汇量，知道什么是衬衣、秋裤、毛衣、外裤、袜子等。

**道具：**

一把椅子或者一个干净的垫子，衬衣、秋裤、毛衣、外裤、袜子等。

**游戏开始：**

1. 为孩子准备一把椅子或者一个干净的垫子，以便孩子把选好的衣服按上下顺序摆放在上面，观察整体效果。

2. 在这个过程中，妈妈可以引导孩子："裤子应该放在什么位置？""袜子呢，放在哪里？"

> **🌸 听听蒙台梭利怎么说：**
>
> 　　家长们如果已经和孩子一起开始了这个游戏，那么最好连续做一段时间，让这个游戏成为日常生活习惯的一部分。这样，等孩子 4 岁左右时，就能独立地为自己准备第二天的衣服了，当然他也一定会因为能够自己照顾自己而满心欢喜。

## 将孩子从想要占有的事物本身转移到事物所包含的知识上

　　在我们的学校里，我们会对孩子的发展情况进行研究，并给出我们的解释。孩子在每一年龄阶段所表现出来的特点都为我们的研究提供了依据。在他们的行为中，我们可以看出许多与人类发展的最高特征的相同之处。

　　在孩子的发展过程中，一个建设性的过程正在进行。这让我想到了毛毛虫生长到一定阶段出现的现象。毛毛虫生长到一定阶段之后，就会从树叶上爬开，来到两个茎秆之间开始它的一项神秘工作，它会先慢慢地吐出一条细小而透明的线，这就意味着毛毛虫开始结茧了。对于孩子来说，首先引起我注意的是孩子能够专注于某件事情。我在学校里看见一个 3 岁半的小女孩，她注意力集中的程度令我们吃惊。虽然她身边还有很多好玩的事物，但是她只专注于自己的工作，丝毫没有受到外界环境的影响。这种专注程度在我们成年人中也是很少见的，我们常常会认为这是天才的特征。对于年龄小的孩子来说，为了不给他的成长带来阻碍，我们不会称其为天才。但是我们知道孩子专注于某件事情对他们的成长来说是很重要的。如果这种情况发生在许多孩子的身上，我们会为此感到欣喜不已，毕竟这种情况是不常见的。当然我们并不是说孩子必须以同样的方式集中注意力或专注于一件事情，但是如果孩子不能专心做某事，不能集中注意力，他就很容易被周围的事物所左右，他的成长就会受到限制。一旦孩子集中自己的注意力，他就会沉下心来，安排自己的世界了。

就像一个成年人不停地变换工作，他就永远也找不到适合自己的工作，所谓"事事通，样样松"。但如果一个人目标很明确，并且懂得如何安排自己的工作，并为之而不断努力，那么他就一定会取得成功。我们认为这一问题很重要，甚至许多人都会告诫现在的大学生要有专注钻研的精神。但是建议毕竟只是建议，我们不能强迫成年人去集中精力，更何况是孩子了。但是有一点是不同的，孩子们并不是有意识地去集中自己的注意力的，他本身并没有目的性。

孩子会专注于某件事情这一情况给孩子心理学的研究带来了新的内容，它向我们展示了大自然如何让孩子对某一事物产生特定的兴趣，并促使孩子完成一些创造性的工作，从而完成一个人的性格塑造的。当孩子具有了这种能力以后，也就具备了人类性格的又一特点，即持久性。我已经说过，孩子经常没有任何外在目的地、持续不断地重复着一些活动，显然这里有一种内在的目的在驱使孩子主动去做。孩子主动去做这些事情，这种行为标志着人类性格形成的另一个阶段开始了。在这里起作用的不是孩子的意愿而是自然的意愿，大自然通过这种方法帮助人类完成自己的事业。

事实上，孩子不停地重复某项活动还有另外一层含义，那就是孩子已经具备完成他们所要做的事情的能力。我们学校的孩子可以自由选择要做的事情，就是表达了这种能力，他会日复一日不停地做下去。我们一般认为，如果一个人不仅知道自己需要什么，而且知道自己要做什么，并能坚持下去，我们就会说这个人具有很明确的目标，很强的意志力，很有能力。

与成人的行为受其思想的影响不同，孩子的行为受到自然规律的影响。也就是说，孩子选择要锻炼某种能力，是由其内在力量决定的，他显然不会时时刻刻按照别人的要求行事。但是如果这种内在力量的作用不能得到发挥，孩子意志力和专注力的发展就会受到限制。因此，如果我们想让孩子获得这些能力，就必须保护他们不受外界环境尤其是周围成年人的影响。对孩子的这些能力的研究也发现，孩子的发展受到自然规律的影响，他们会遵循自然为他们定好的发展道路而不断成长。在形成自身性格、完善自我的过程中必须要遵循这一规律。

有些人认为，只有心理各个层面成型才能促进孩子的成长。我们的观察发现，这一过程不是教育的结果，而是自然规律支配的结果。这不是人类自己的贡献，而是自然界的贡献。这不是教育工作而是一项创造性工作。此外，还有一个显著的变化更能说明这一点。那些受到阻碍没有完全发展的孩子在经过逐步努力走向正常化发展之后，那些消失了的性格特点又会重新显现出来。

很典型的一个例证就是孩子的占有心理。一个正常的孩子可以自由地选择自己喜欢的事情，他将注意力集中在事物所包含的知识上，而不是事物本身。在这个过程中我们会看到他的占有欲的变化过程，**他想要占有的从事物本身转移到了事物所包含的知识上**。在现实生活中，我们有时会奇怪地发现，有的孩子在得到了他们渴望得到的东西之后，就会丢掉或打坏这些东西，似乎孩子的占有欲和破坏欲是相伴而生的。其实这并不难理解，因为没有东西能够永远引起人们的兴趣。以手表为例。手表的价值是为我们指示时间，但对于那些不知道时间意味着什么的孩子来说，在他拿到手表时很可能把手表摔坏。大一点的孩子可能知道手表是用来做什么的，在他拿到手表之后，他可能会努力想知道手表是如何做到指示时间的，他会运用各种工具把手表的后盖打开，看一看齿轮和指针是如何工作的。但这也同时说明，他对手表本身已不再感兴趣，他的兴趣点已经集中在手表的工作原理上，这时孩子需要的不再是物体而是对物体的更深入的了解。

努力了解物体的工作方式就是孩子占有心理的第二种类型，在这种类型中又有很多的表现形式。孩子摘花是为了在摘到之后把花扔掉或弄碎，这时占有欲与破坏欲是同时存在的。但如果孩子对花已经很了解，知道花的组成部分、成长过程，他就不会故意去摘花，也不会去想要破坏它，这时他更多的会想要深入地研究花。他的占有心理已经发生了变化，他想占有的是知识。同样，如果孩子的兴趣集中在蝴蝶本身，他就想要抓住它并破坏它，如果他的兴趣集中在昆虫的习性等方面，他就会对蝴蝶进行细致入微的观察，而不再想要去抓住它或弄死它。这种对事物所蕴含的知识的占有欲集中表现为孩子被周围环境中出现的事物所深深吸引，并产生了探究的欲望，这使得孩子会非常小心、仔细地做每一件事情。

如果孩子这种占有的心理是为了获取知识，那么它就会引领孩子走向通往知识的大门。同样，好奇心也会激发科学探究，是科学研究的动力。如果孩子对某一事物有好奇心，这种好奇心和求知欲也会发展到其他事物上面。通过对我们学校孩子的观察发现，这种好奇心和对知识的占有心理逐渐转变成一种珍惜知识、爱护环境的心理。孩子所用的练习本上从来都是干干净净的，孩子们自己收拾的小橱子总是整整齐齐的，孩子看护的花圃总是鲜花盛开的。这一切都是由这种心理的变化所带来的。

那些有成就的人一般都具有追求美好的本性。他们通过各种方式来理解生命的意义，进而学会保护和发展生命，最后通过他们的努力为生命提供帮助。就像农民们在照看着他们的农作物和精心喂养着家禽，科学家们在夜以继日地进行科学探究和发现。人性以占有的毁坏开始，以爱和服务他人结束，这是多么了不起的一件事情！生活中我们会看到，以前总是破坏花园里植物的孩子现在已经开始主动为这些植物浇水、除草，并细心地观察记录着这些植物的成长了。他们也不再把这些植物看作是"我的"，而把它们称为"这个"，这种升华的爱源于他们心理的变化，源于在他们心中出现的一种新的意识。

我们不提倡通过说教来防止孩子弄坏东西，因为这种方式成效不大。但是如果一个孩子想要得到一件东西只是为了不让别人得到，我们认为就有必要对他们进行说教。但是我们知道说教的有效性不会持续很长时间，**要想让他真正改变就必须挖掘其内心的力量**。只有集中注意力和专注于某件事，才会给孩子带来知识和爱，才能把潜藏于孩子内心的美好东西挖掘出来。孩子是人类精神的真正创造者，是大自然规律的传递者，因此，对于孩子来说，最重要的不是那些知识，而是要不断完善孩子的意志和精神，真正地为孩子的发展服务。

## 互动游戏

### 这是我的剪刀

**游戏目的：**

把孩子想要占有的从事物本身转移到事物所包含的知识上。

**道具：**

儿童剪刀。

**游戏开始：**

1. 第一阶段：学习握剪刀和开合剪刀。这个阶段暂时不要剪东西，因为仅仅抓握和开合剪刀的动作就已经需要很高的专注度了。家长需要准备两把一模一样的剪刀，一把用来做示范，一把交给孩子练习。

2. 家长把剪刀放在面前，反复为孩子演示如何将手指伸进剪刀的握柄，然后将它握起。等拿剪刀的动作掌握熟练之后再进一步教给孩子如何开合剪刀。练习初期难免会有困难，但这并不能阻挡孩子模仿的热情，如果有爸爸妈妈的支持和鼓励，孩子一定可以做到。

3. 第二阶段：剪纸条。为孩子准备一只托盘，托盘里摆好一把剪刀、几个纸条和一只用来盛碎纸的碗。之所以使用纸条来练习，是因为纸条的宽窄正好适合一刀剪下。初练时，家长可以帮助孩子拿稳纸条。孩子做不到一次成功很正常，家长一定要有耐心。孩子很快就会顺利将纸条剪断，并且提出自己拿纸条的要求。

4. 第三阶段：沿线剪纸。当剪纸条对于孩子来说已经不成问题之后，便可以开始练习沿着纸上画出的线条将纸剪开了。不要小看这个练习，它对动作精准性以及肌肉控制的要求可是相当高的。

> ✿ 听听蒙台梭利怎么说：
>
> 从2岁甚至更小一点开始，剪刀便会成为孩子的兴趣点之一。学习使用剪刀的时候，我们可以帮助孩子划分出几个学习的阶段，逐一攻克难点。

# THE CHILDHOOD
# EDUCATION OF
# MARIA MONTESSORI

## 03

## 敏感期的活力与激情

在育儿的过程中，很多父母遇到这样一些情况，很是疑惑：妈妈穿了某件衣服，孩子开始大哭，不知所措的成人会用各种方式哄孩子，孩子哭着说：不是……不是，这是为什么呢？孩子2岁的时候必须把玩具放到原位，必须把毯子铺好，必须把灯关了，然后再讲一个故事才肯睡觉，否则他会一直纠缠下去。这是为什么呢？他为什么爱吃手？还对非常微小的东西感兴趣？他为什么不断扔掉手里的东西，你捡起来递给他，他会再扔掉？让他听磁带，他的兴趣为什么不在听上，而是在来回装卸磁带上……

## 什么是孩子的敏感期

孩子是一颗种子，孩子的生命承担着发展的任务，而成人的生命承担着养育和建造的任务。作为父母总是尽可能地给予孩子丰富的营养和爱护，创造一个安全、美好的环境，为了孩子的成长，家长可谓是费尽了心思。但是为什么很多时候得不到应有的结果呢？

这一切都源于孩子生命过程中的一个秘密——敏感期。

"敏感期"本来是生物学术语，在教育学及心理学中原本没有这个名词。我是受到了荷兰生物学家狄佛利的启发，他在研究动物成长时，发现所有生物发展过程中，具有一些与环境中某些因素息息相关的特殊敏感性，这些敏感性驱使生物从事明确的活动。敏感期相当短暂，主要目的是帮助生物获得某些技能和特性。

后来我通过多年来对孩子的研究发现，不仅动物具有敏感期，人也具有敏感期。每个孩子在成长过程中各种能力的获得都有一个最佳阶段，在这个阶段里孩子可以轻松地获得各种能力，这个阶段称为"敏感期"，通常我们也把它叫做"关键期"。在这个时期，孩子对外界的刺激特别敏感，容易接受外界信息，孩子的内心会有一股无法抑制的力量，驱使孩子对他所感兴趣的事物，产生尝试或学习的狂热。

敏感期的发展在0~12岁，但基本集中在0~6岁，人类一生所具备的十大能力：知识积累与学习能力、语言表达能力、良好的生活习惯、社会交往能力、求知欲与探索能力、大运动与精细动作、触觉感知、情绪能力、良好个性与人格能力、审美能力都可以在敏感期找到种子。经历敏感期的小孩，其身体正受到一种神圣命令的指挥，其小小心灵也受到鼓舞。敏感期得到充分发展的孩子，头脑清楚、思维开阔、安全感强，能深入理解事物的特性和本质。

敏感期是在一定的外界环境中出现的，环境提供了心理发展的必要条件。当环境与孩子的内部需要协调一致时，一切都会顺其自然地实现。如果孩子不能在敏感期从事协调的活动，或者说缺乏适宜的环境，孩子将可能永远失去这个自然取胜的机会。孩子敏感期具有弹性，0~6岁的孩子，如果敏感期没有得到良好发展，到了6~12岁还会有弥补的机会，但是有个前提，那就是6~12岁期间，孩子必须有一个充满爱和自由的成长环境。但现实是，在学习压力下，这个年龄段的很多孩子，既得不到6岁以前来自父母的宽容和疼爱，又得不到长大后成人给予的尊重。在这些孩子身上，我们看不到敏感期的种种表现。这样我们就不难理解，为什么这个黄金般贵重的概念始终没有进入更多家长的视野。因此，成人应尊重自然赋予孩子的行为与动作，并提供必要的帮助，以免错失一生仅有一次的特别生命力。

根据我长期对婴幼儿敏感期的观察与研究，孩子的敏感期可以归纳出下列九种：

- 秩序敏感期（2~4岁）
- 感官敏感期（0~6岁）
- 语言敏感期（0~6岁）
- 细节敏感期（1.5~4岁）
- 书写敏感期（3.5~4.5岁）
- 阅读敏感期（4.5~5.5岁）
- 动作敏感期（0~6岁）
- 社会规范敏感期（2.5~6岁）
- 文化敏感期（6~9岁）

每一种敏感期出现在特定的期间，过了这个时期特殊的感受便会消失，常被其他不同的敏感期所取代。就像生物学家狄佛利在对动物的研究中，引用的一个毛毛虫的例子：

蝴蝶产卵会选择风雨侵袭不到的安全位置，那就是枝与干的分叉处。在这里卵孵化成毛毛虫。但是小毛毛虫吃不下它周围的大叶子。因为刚出生的毛毛虫颚不够硬，只能咬树枝尖端刚冒出来的新芽与嫩叶。那么毛毛虫怎样找到长在树枝尖端能吃的叶子呢？在这个时期毛毛虫对光线非常敏感，会朝向光亮的地方爬去。它被光亮吸引着爬到了树枝末端，正是它可以吃到嫩叶之处。这样小毛毛虫就能享受到新芽嫩叶，充分地成长。到了它能吃粗硬的叶子的时候，对光线的敏感性就消失了。它不是到此时变得盲目，而是对光线变得迟钝，于是悠游于树枝树干间。

了解了孩子的成长规律和敏感期的作用，我们就能回答本章开头提出来的那些疑问，家长费尽心思让孩子学这学那，却没有效果，归根结底是由于我们的家长没有在了解孩子的基础上去爱孩子，不了解孩子智力发展的敏感期以及对敏感期的忽视。孩子在某一年龄段，特别容易建立和发展某一意识或行为，而不是所有的意识或行为。孩子有一种特殊的内在活力，它能使孩子以惊人的方式自然地征服对象；但如果孩子在他的敏感期里遇到障碍而不能工作，他的心理就会紊乱，甚至变得乖戾。成人如果不了解孩子，不顾孩子的需要与发展特点，只是一味地按自己的计划来教育孩子，那么，不管成人费多大的劲，花多少钱也不见得是有效果的。

认识到敏感期对孩子发展的重要性是一件好事，但有些父母在重视敏感期的同时，又将它"神圣化"了，不免会实施一些不恰当的举措。例如，语言发展敏感期内，孩子的语言学习显得轻松、快捷，但这绝不意味着灌输得越多越好，或者说是无限量地给孩子施加压力。有些家长认为反正孩子接受能力强，就同时给孩子灌输几门外语，这样很有可能造成不良后果。曾经有这样一个事例：

爸爸对孩子讲英语，妈妈对孩子讲日语，爷爷奶奶则与孩子讲汉语，可谓"三管齐下"。结果孩子把英语、日语和汉语混在一起，受到斥责后，索性从此不再开口讲话。

有的家长认识不到孩子的发展是有个别差异的，认为在语言敏感期对孩子进行灌输就会一下子"出口成章"。其实，就像动作、认知、身高、体重存在差别一样，语言发展也有着各自独特的轨道，许多完全正常的孩子可能到3岁才开口说话。开口晚的孩子尽管没有讲话，但是他们一直在倾听、观察、理解语言，而这些孩子一旦开口，语言发展速度会比其他孩子快。当然，如果孩子到了四五岁还不会说话，父母就不能掉以轻心，要带孩子进行必要的检查。更有父母因孩子在敏感期内某种技能或语言发展不良，就一下给孩子的语言发展判了"死刑"。的确，敏感期内孩子更容易学习一定的技能，但错过这个时期，并非完全不能再进行相关的学习，只是需要加倍的努力。父母决不应该轻易给孩子的语言发展"判死刑"，而应当尽快采取措施补救。

孩子具有创造的本能、发展的潜力，但是这种本能、潜力要依靠他周围的环境才能得到发展。为了孩子幸福快乐地成长，我们有必要了解孩子生长发育过程的每一个敏感期，为他们提供发展应有的环境，让每个孩子都得到最大可能的发展。如何帮助孩子更完美地成长，正是父母的职责。以下几点建议，可以帮助父母及时把握孩子的敏感期：

### 尊重孩子是有能力的个体

孩子是具有能力的天生学习者。他们会循着自然的成长法则，不断使自己成长为"更有能力"的个体，这是成人需要改变的观念。我们在教学中发现孩子有强烈的探索环境与周围一切的本能。这种生命的行动促使孩子从日常生活当中学习并发展自我。基于这些发现，深信孩子能够接受个别的帮助，通过自己的力量发展，获得知识，变得更独立。

### 细心观察敏感期的出现

每个孩子的敏感期出现时间并不相同，因此成人必须以客观的态度，细心观察孩子的内在需求和个别特质。忙碌的大人常会忽略周边环境中的细小事物，但是孩子却常能捕捉到个中奥秘。因此，如果孩子对泥土里的小昆虫或衣服上的细小图案产生兴趣时，正是父母培养孩子巨细靡遗、综理密微习性的好时机。

### 布置丰富的学习环境

当成人观察到孩子的某项敏感期出现时，应尽力为孩子准备一个满足他成长需求的环境。孩子需要一个有秩序的环境来帮助他认识事物、熟悉环境。如果成人未能提供一个有序的环境，孩子便没有一个基础以建立起对各种关系的知觉。当孩子从环境里逐步建立起相关规律时，智能也因此逐步得以建构。

### 鼓励孩子自由探索、努力尝试

当孩子获得了尊重与信赖后，就会在环境中自由探索、尝试。蒙台梭利教学有丰富的教具，这些教具并非是教师用来教学的工具，而是孩子工作的材料，孩子透过这些工作，从自我重复操作练习中，建构完善的人格。

### 适时协助而不干预

当孩子热衷于感兴趣的事物时，大人应放手让孩子自己做，避免干预。不过，并非要丢下孩子完全不管，而是适时予以协助、指导。例如：棕色梯的积木搭建工作，幼儿自己想办法搬椅子完成工作，教师在一旁观察，关注幼儿的操作情况并予以适时的帮助，这是在教师安全的监督下独立完成工作。

## 秩序敏感期（2~4岁）

在敏感期，大自然赋予孩子的第一个本能是与秩序有关的，这就如同大自然给予人类指南针，让他们去适应世界；如同一位教师给了学生一张教室平面图，从而教给他们第一个与地理有关的概念。

秩序感的出现，是孩子很重要和神秘的一个时期。孩子具有两重秩序感。

首先是内部的秩序感，即幼儿对自己身体不同部分和相对位置等的感知与理解。在幼儿尚不能自由走动之前，就已经存在对他自己身体姿势和位置有关的敏感性。这种秩序感从外在行为上不容易被察觉。因为这是在肌肉中存在的一种感觉，它能使每个人意识到自己身体的不同部分所在的不同位置。这要求有一种特殊的记忆，即"肌肉记忆"。

但这种解释是机械的，它建立在有意识地进行活动并积累了经验的基础上。例如，这种解释主张，如果一个人移动手掌去拿东西，那么这个动作就会被感知并保存在记忆里，因而可以再次重复这个动作。一个人之所以可以选择移动他的右臂或左臂，朝着这个方向或那个方向转动，是因为他已经有了理性的和意志所控制的经验。

不过孩子的行为表明，远在能自由运动和具有那些经验之前，他就已经具有了对身体各种姿势的高度敏感。例如，将婴儿的体位由一种状态（仰卧位）突然转变为另一种状态（立位），可能会给婴儿带来惊吓，致使婴儿大哭。大自然已经给孩子提供了一种特殊的敏感性，这一特性能使他感受到身体的各种姿势和位置。一个有趣的例子也可以说明这个问题。

一位英国的保姆请假离开一段时间，她找了个能干的保姆顶替她干几天。但是这个新保姆在给小孩洗澡的时候遇到了很大的困难。不论在什么时候，小孩一洗澡就会变得狂躁不安。他不仅仅是哭泣，还在保姆怀里挣扎，试图推开她逃跑。这位保姆为孩子做了她能想到的一切事情，但小孩子还是厌恶她。当原来的保姆回来后，这个孩子便恢复了平静，并明显地喜欢洗澡了。

这位英国保姆曾在"儿童之家"受到训练，并对孩子产生厌恶情绪的心理因素感兴趣，她开始耐心地观察婴儿的这种表现，她发现，这个小孩把第二个保姆当成了坏人。为什么呢？因为她是用相反的动作给小孩洗澡：第一个保姆是右手靠近他的头，左手靠近他的脚；第二个保姆恰好相反。

其次是外部的秩序感，这是幼儿对外部世界存在的规律与关系的感知与理解。从2岁开始，幼儿就表现出对"秩序的要求"，在3岁之后，其表现更为突出。这一阶段的幼儿有强烈的追求外在事物秩序化的欲望，如他们玩过家家的游戏时，可能会把大茶杯放在大茶托上，会给大娃娃用大杯子等，相对的，小娃娃只能用小杯子；在建构区里，可能会把大汽车都停放在一起。他们已经开始理解物体之间的联系，开始能够按大小对熟悉的物品进行分类。这些都表明，幼儿已经开始关注和认识外在的秩序。孩子需要一个有秩序的环境来帮助他认识事物，熟悉环境。一旦他所熟悉的环境消失，就会令他无所适从。

在许多情况下，孩子发脾气很可能都是由于这种敏感。有这样一个例子：

一天，一个出生大约6个月的小女孩呆在一个房间里，碰巧一位妇女走了进去，并把遮阳伞放在了桌子上，于是，这个孩子变得不安起来。她之所以如此，并不是因为那位妇女，而是由于那把伞的缘故，小女孩对着那把伞看了好一会儿，然后开始哭了起来。那位妇女以为她要那把伞，就拿起它，微笑着送到她的面前。但小女孩把伞推到了一边并继续哭喊，那位妇女安抚她，但毫无用处，反而让她更加焦躁不安。怎样才能使她不再哭闹呢？正当小孩不安时，她那富有心理洞察力的母亲把伞从桌子上拿走，并把伞放在了另一间屋子里，小女孩立刻就安静下来了。使她不安的原因是那位妇女把伞放在了桌子上。一件东西放错了地方，就严重打乱了这个小孩物体安放须有序的记忆方式。

这个例子表明孩子对秩序的敏感。在"儿童之家"里可以看到一些有趣的现象：当一件物品放在了不恰当的地方，往往是孩子先发现了它，并把它放到正确的地方。例如，一块肥皂被放在脸盆架上而没有放在肥皂盒里，一把椅子被放在不恰当的地方，一个2岁的孩子会突然注意到它，并将它放到原处。甚至那些3~4岁的孩子，在做完练习之后，也会把那些东西放回到过去习惯安置的地方。这是他们所执行的一个令人高兴和自发的任务。

幼儿对秩序的热爱与成人对秩序的热爱是完全不同的。幼儿对秩序的要求，是在于认识每样物品在环境中的位置，记住每件东西应该放在哪里。这意味着一个人能够适应环境，能在细节方面支配它。环境中所有物体是否放在平常习惯位置的地方？一天的各种活动是否按照自己已经熟悉和习惯的顺序进行？对于处于这一时期的幼儿来说，这些问题都是非常重要的，他们最快乐的事是将物品整齐地放回原位，如果幼儿发现桌椅搬离了通常放置的地方、柜子的门被打开，就会变得焦躁不安或发脾气。

秩序的敏感期在"儿童之家"的管理中有着非常重要的意义。为了适应幼儿对秩序的敏感性，"儿童之家"的每件物品都有固定的位置。"儿童之家"的几十名孩子能自由活动，而不发生混乱，很重要的一个原因就是所有物品的位置都已确定，从而使幼儿感到稳定和安宁。

在幼儿的发展中，秩序的敏感期对于幼儿人格的形成，同样具有非常重要的意义。这个时期，孩子需要一个有秩序的环境来帮助她认识事物，熟悉环境和适应环境。一旦他所熟悉的环境消失，就会令他无所适从，不是害怕、哭泣，就是大发脾气。

如果成人未能提供一个有序的环境，孩子便没有一个基础以建立起对各种关系的知觉。当孩子从环境中逐步建立起内在的秩序时，智能也随之逐步建构。所以父母应该给孩子一种有秩序的生活，能稳定孩子的情绪，并建立良好的生活规律。以下几点意见可以作为参考：

### 1. 为幼儿营造安全、有秩序的物质环境

家长应注意规划好室内空间，在固定位置放置物品，并提醒幼儿用完物品后放回原位，同时家长也要严格要求自己，以身作则，由此为幼儿营造一个井然有序的物质环境。在熟悉和利用这个环境的过程中，幼儿可以形成良好的生活习惯，建立秩序感，并产生对环境和人的信任感。

### 2. 为幼儿的一日生活制定合理的作息制度

作息安排是对幼儿一日生活内容的时间长短与顺序的规定，如几时起床、几点到几点去户外散步等。合理的作息安排不仅能够保证幼儿获得学习经验和生活体验，而且能够帮助幼儿形成一种预期，使得他们感到熟悉和了解接下来的活动，从而形成秩序感和安全感。

### 3. 建立必要的、合理的规则

家长应为幼儿的生活建立规则，从而使幼儿养成良好的习惯，并建立良

好的生活秩序。但是，应注意所建立的规则是必要的、合理的，同时家庭中所有成员都应熟悉这些规则，并按统一的要求来对待幼儿。为幼儿提供可以建立"秩序"的机会，当幼儿逐步建立内在秩序以后，他就能将感觉分门别类，形成概念，理解自己周围的生活，并逐步发展智力。家长要顺应幼儿的秩序敏感性，还要为他们提供建立"秩序"的机会。比如，告诉幼儿玩具的摆放位置，留出足够的时间，让幼儿将自己所玩的玩具整理好，按照秩序放回原来的地方，而不是家长"越俎代庖"。

**4. 引导幼儿观察周围世界，帮助幼儿获得对秩序和关系的理解**

家长不仅要在口头上接纳幼儿的敏感，最好有意识地引导幼儿观察周围的世界，发现事物之间存在的联系，帮助幼儿获得对秩序和关系的理解与应用。比如，用筷子吃饭时，要取一样长的筷子，如果不一样长，怎么办，为什么；做操时站在自己左右和前后的小朋友是谁；折纸的时候要把边对齐，没有对齐会怎样等。

---

## 互动游戏

### 观察台

**游戏目的：**

引导孩子观察周围的世界，帮助孩子获得对秩序和关系的理解。

**道具：**

一个干净的小台子、一只小玻璃箱。

**游戏开始：**

1. 家长带孩子外出散步时，鼓励孩子去观察周围，并在沿途收集"宝贝"：一片落叶、一片羽毛、一块石子、一颗栗子、一片花瓣……

2. 在家里，找个合适的位置开辟为"自然观察台"，把路上捡回的宝贝摆放在上面仔细观察。

3.如果还能找来一只玻璃箱那就更完美了,它既可以用来装蜗牛、小昆虫,也可以注上水扔进一朵风信子或者养几只小鱼,鲜活的观察物总是能够引起孩子更大的兴趣。

4.让孩子按照自己的想法去归置他的观察台,把动物模型一并摆在台子上,可以排一出情景剧。

> ❀ **听听蒙台梭利怎么说:**
>
> 　　观察台上的物品可随着季节的交替而更换,它就是生活和自然的一面镜子。
>
> 　　等到孩子再大些,家长还可以交给他一只放大镜。放大镜下叶子的纹理、树皮的组织结构会变得更加清晰。小小自然观察台的用途可不止一项,除了充当"自然博物馆",还可以成为孩子绘画的素材。

## 感官敏感期(0~6岁)

　　感官是孩子认识和理解周围世界、建构自我世界的重要通道。许多研究表明,孩子自胎儿时期就已开始借助听觉、视觉、触觉、味觉、运动觉等感知觉,来熟悉和适应环境。出生之后,感知觉是孩子心理之中较早发展的领域。在感知觉发展的基础上,记忆、表征、思维等高级心理机能才得以发展起来。因此，感知觉的发展对于孩子个体的发展具有非常重要的意义，它是孩子身心发展的基础。

孩子自出生之日起，他的感官就在不断地发育成长，功能逐渐完善成熟。他们从只能看清距离自己 20 厘米以内的物件，到能够追随移动的物品并看清远距离的物品；从只能听到近距离的声音，到能够对远处的声响做出反应，再到能够区分不同的声音。再大一点，他们会不停地用嘴去探索去寻找，不自觉地去咬或舔食偶然碰到的每样东西，如被褥一角或自己的手指。这些都是孩子感官敏感期的表现。根据专家的研究观察，有些敏感期因孩子年龄的增长而不再出现，但口腔敏感期却在一直延续。口腔敏感期滞后的表现是两岁以后出现非病态的异食癖，甚至会延续到成年。一岁以内的婴儿获得各种欲望满足的主要途径是口部（即吸吮、吃喝、吃手等），所以把宝宝一岁以内通过口部满足欲望的这个时期叫"口欲期"。它是宝宝正常的一种生理表现，如果不能满足其欲望将会带给宝宝一些终生的影响。比如长大后喜欢啃笔头、吃书、咬指甲、贪吃、抽烟、喝酒、饶舌、唠叨等一些难改的坏习惯都和一岁以内没能很好地度过口欲期有关。口欲期也是婴儿与母亲之间最早发生的关系之一，这段时期所维持的时间长短，依照不同的社会文化而有差异。

为了培养幼儿的感官敏感期，父母可以参考以下几条意见：

第一，父母要从观念上接受孩子是具有能力的天生学习者，必须以客观的态度，细心观察孩子的内在需求和个别特质。当婴儿吸吮自己的手指时，家长不要一味制止，因为这种动作表明婴儿已经进入新的成长阶段，已经有能力将东西送进嘴里了。当孩子喜欢用手去碰触和翻动物品时，孩子表现出的是强烈的探究动机和求知欲望。如果家长强制干预，孩子将会变得非常消极，无法建立自信心。父母一方面要给孩子制定合理的规矩要求，一方面还要给孩子提供机会运用他们的感官去探索。只有当孩子所做的事具有危险性，或对孩子性格的形成会有极不良的影响时，才能不失时机地进行干预。

第二，成人还应注意环境的创设，从而给孩子提供大量的不同性质的刺激来促进其感知觉的发展。例如，可以提供不同颜色、大小、形状的玩具供孩子观察，播放不同风格的音乐让孩子倾听等。

第三，从添加辅食开始，就应注意让孩子接触到用不同材料以不同风格烹制的不同食品，以刺激孩子味觉的敏感性，锻炼其口腔各器官的运动能力。即使在刚开始时，孩子拒绝进食某种特殊食物，父母也不应该就此放弃，应该采用少量多次的方法继续尝试。

第四，与孩子一起开展专门的游戏活动锻炼孩子的感知觉。如父母可以用自己的手、毛巾、丝绸、羽毛等抚摸孩子脸、手、背、脚等部位的皮肤；怀抱孩子或者让孩子仰卧在吊床，或者让孩子荡秋千、坐跷跷板，然后有节奏地摇摆或旋转；可以与孩子一起玩猜物游戏，将不同的物品放在箱子或口袋等孩子无法看到里面内容的容器中，让孩子伸手去摸一摸，说出自己摸到了什么；还可以和孩子一起玩听猜游戏，成人躲起来发出声音，让孩子根据声音来寻找成人，或者让孩子闭上眼睛，成人模拟某种声音，让孩子听辨是什么的声音。

## 互动游戏

### 猜猜这是什么气味

**游戏目的：**

加深孩子对气味的体验，培养孩子良好的嗅觉记忆力。

**道具：**

香油、白醋、眼罩。

**游戏开始：**

1. 妈妈和孩子坐在桌子边。桌子上摆放着白醋和香油。

2. 妈妈将孩子的眼睛用眼罩蒙住，拿起白醋对孩子说："这是白醋，来闻闻这个。"孩子动了动鼻子，使劲闻起来。

3. 妈妈拿起香油对孩子说："这是香油，来闻闻这个。"孩子动了动鼻子，使劲闻起来。

4.几分钟后，妈妈再一次拿起来白醋让孩子闻闻，说："这是什么？"孩子回答说："这是白醋。"

5.如果孩子说不出来，可以多让他闻闻。请注意，只能让孩子闻味道，不能让孩子看到物品。

**听听蒙台梭利怎么说：**

刚开始，准备的食物味道差异最好大一些，比如果酱、酸奶、果泥，然后慢慢更换为味道相近的食物，比如柠檬、橘子、柚子。还可以邀请孩子一起闻一闻厨房里其他的食物：橄榄油、老陈醋、胡椒、咖喱、苹果、橘子、白菜、面包等。

请记住，这个游戏的目的是分享而不是说教，家长要和孩子一起在参与和体验的过程中发现生活的乐趣。

## 语言敏感期（0~6岁）

0~6岁是孩子语言发展的敏感期，孩子从不会发音到学会了怎样说话。一些心理学家发现，两岁半的孩子只认得两三百个词汇，6岁时便知道了上千个。这些词都不是教师教的，而是他们自学的。幼儿学习语言的心理机制始于无意识，并在无意识中发展、成型，然后才表现出来。学习语言对成人来说，是件困难的大工程，但幼儿却能轻松学母语，这正是来源于幼儿的语言敏感力。幼儿获得的语言是他周围环境中听到的。他的记忆力使他能记住以前所听到的词汇，但是他会根据某个时刻的特殊需要来自己运用这些词汇表达。在这一时期，如果孩子处于良好的语言环境中，便可事半功倍地掌握某种语言。但语言的敏感期具有阶段性，一旦错过便无法弥补，所以一定要好好利用。

3岁以前，幼儿语言发展可分为前语言期（0~1岁）和语言期（1~3岁）这两个时期：

## 前语言期（0~1岁）

**出生后的两个月**，婴儿会使用不同的哭声，来告诉我们其需求，也会以不同的呼吸时距，来表达其感觉。所以父母最重要的任务是观察记录他的声音，并做出正确的回应，在回应时以适当的语言和他沟通。

**2~3个月**，在这个时期，婴儿获得改变声调的能力。婴儿很喜欢和照顾者聊天，尽管他只能发出喃语声，但大人模仿他的声音能给他很大的肯定，可以激发他练习发音。在这段时间，成人应在模仿他的声音后，回应不同声调的语言，如此可以经由耳膜的共鸣，记忆在大脑的语言中枢里，有助于日后发音中枢的发展。

**3~4个月**，这个时期婴儿对母音很敏感，是发出清楚母音的时期，也会跟着模仿，而心情好的时候，会自发地、愉快地自言自语。此外，孩子的视力已发展到可以看清楚照顾者的轮廓，所以，每天抽时间和他四目相对地聊天，或念一些押韵的儿歌给孩子听是非常重要的。

**5~6个月**，幼儿可以发出"d-m-n"等音，所以有些敏感的父母听到孩子重复这些音时，认为是在叫"妈妈"，其实孩子也会因为父母如此的解释而肯定自己发音的能力，并且制造更多不同的声音。

**7~8个月**，婴儿已可以依大人的指令做出拍手、挥手、握手、拜托等手势，也了解"不"的意思，有些口语智慧较强的孩子已能用单字沟通。这段时期最重要的是，当成人为婴儿做每一件事时，都应该用正确的语言说出来，比如帮孩子穿衣服时可以说："妈妈帮宝宝穿衣服了，先穿左手，再穿右手，接着帮宝宝扣纽扣，一个扣子、两个扣子、三个扣子，好，穿好了！"

**1岁**的孩子能用一个字或片语来表达许多不同的情况，或用不同的字表示相同的意思。比如孩子说："妈妈，走。"其中有"妈妈，离开这里""妈妈回家"或"妈妈，去散步"等不同的意思，需依情况而定。再比如孩子说："妈妈，吃。"其实孩子想表达的意思是："妈妈，我要吃××。"这时妈妈可以回应："宝宝要吃苹果。"如此以后，孩子就会很清楚地说："宝宝要吃苹果。"因此，妈妈适当地解码，以完整的语句说出，并蹲下来让孩子看到说话的嘴形，是帮助这个时期幼儿语言发展很重要的态度。

## 语言期（1~3岁）

1岁半至2岁，这是幼儿学习名词的关键期，幼儿将感受到万物皆有名，而且常常会指着周遭的事物问"这是什么"。在幼儿的世界里，没有所谓难与易之分，虽然有些名词在发音或字数上会让成人觉得较难，但只要一再为幼儿重复，他将记在脑海中。当幼儿的发音器官发育成熟后，孩子会像连珠炮一般说个不停呢！

幼儿的进步并不是渐变的，而是跳跃性的。语言的发展也不是逐字、均衡的发展，而是存在着爆发现象。婴儿说话的最初努力标准为呼喊、惊叹等，接着是发出双音节的阶段，然后是三个音节，再是单词。先是各种名词，然后是双语词语，这些短语表达整句的意思，每个字表示许多含意。紧接着是巨大的爆发时期。在这个阶段，孩子使用的新字爆发性地增加，这是第一阶段的爆发。2岁一过，便马上进入第二个阶段，将词语有次序地分组，这是字词到句子的爆发性阶段。

为了能够在幼儿语言敏感期出现时提供丰富的语言环境，促进幼儿语言的发展，父母应该做到以下几点：

### 1. 给予孩子积极的回应

对于孩子张嘴发出的任何声音，成人都应通过微笑、抚摸等方式及时给予回应和鼓励，让孩子明白成人喜欢他们这样做。一旦孩子开始学说话，家长要认真听听他究竟想说什么，要有意识地根据当时的活动情境扩展孩子的句子，帮助他学习更多的词汇。例如，孩子想要妈妈帮他拿柜子上的布娃娃，孩子说："妈妈，娃娃。"妈妈就可以对孩子说："哦，你想要那个漂亮的布娃娃，对吗？"通过这种扩充句子的方式与孩子交流，孩子就会慢慢学会如何更好地表达自己的需求。

### 2. 给予孩子足够的语言刺激

孩子的语言宝库需要源源不断注入新的资源，父母应提供大量的语言信息，要注意语言信息应符合孩子各个阶段不同的要求。从孩子出生的那一刻起，就利用一切和孩子接触的机会尽可能多地和孩子谈话。当成人为孩子做每一件事时，都应该用正确的语言说出来，比如帮孩子穿衣服时可以说："妈妈帮宝宝穿衣服了，先穿左手，再穿右手，接着帮宝宝扣纽扣，一个扣子，两个扣子，三个扣子，好，穿好了！"每次穿有三个扣子的衣服时，妈妈都这么做，孩子就会把语言和动作串联在一起，并获得正确的左右手认知。这些唠叨看起来似乎毫无意义，孩子也常常对成人的这些唠叨没有感觉，但是他热切看着妈妈的眼神表明了他是多么渴望妈妈和他之间的这种沟通。这些积累是无形的，它会在某一时刻爆发出来，让你惊喜地发现，原来你的一切努力都没有白费。

### 3. 注重亲子共同阅读

要经常和孩子一起阅读图画书。当孩子要求家长讲解时，家长应当兴致勃勃地和他们一起看，并根据图书内容和孩子交谈，使词和图像联系起来，训练孩子的语言理解力。最后在成人讲述之后，要求孩子复述一遍，在复述故事时，孩子有可能记不真切，家长可适当提醒，鼓励其用自己的语言把故事说完，从而进一步提高幼儿阅读的信心和兴趣。

## 互动游戏

### 做个爱说话的孩子

**游戏目的：**

3~4岁是孩子语音发展的关键期。虽然他们有些音发得还不够准确和清晰，但这时的他们已经能向别人表达自己的简单想法了。如果孩子喜欢和别人交谈，而且讲话时自然而有礼貌，会促进他们语言和社会交往能力的发展。

**道具：**

卡片、图书。

**游戏开始：**

1. 妈妈把图书拿出来，问孩子："图上的小朋友将香蕉皮随便乱扔，对不对？"

2. 孩子回答说："不对。"妈妈问："那应该怎么做呢？"

3. 孩子回答说："扔到垃圾桶里。"

4. 如果孩子愿意可以继续，比如睡觉前要不要刷牙，早上能不能睡懒觉，别人午睡的时候能不能大声叫喊……引导孩子回答出正确的答案。当孩子不知道正确答案，或者回答错了的时候，一定要将正确答案告诉他。

> **听听蒙台梭利怎么说：**
>
> 在幼儿园里老师会利用各种活动让孩子们想说话、爱说话、会说话，给每一个孩子创造表达自己的机会。在家里，也需要家长鼓励孩子愿意用语言和别人进行交流，能对他人的问话进行积极的应答，做个爱说话的孩子。

## 细节敏感期（1.5~4岁）

孩子从1岁左右开始就不再为一些色彩鲜艳或新异的物品欣喜若狂，转而对成人不注意的小物体，甚至是在成人看来最不起眼的小东西感兴趣了。这正是孩子的细节敏感期出现了。该时期一般会出现在1~4岁的幼儿身上，在两岁左右的时候表现最为突出。这一时期的幼儿对细小的物体特别感兴趣，并且能够发现事物细小的差异，例如图画书中同一个角色在不同页面上的差别。从幼儿对细节的敏感，可以看到他们精神生活的存在，孩子的心理个性跟成人是截然不同的，这是一种性质上的差异，而不仅仅是程度上的差异。成人的心理过程往往是综合的，而孩子喜欢搜集细节，因此，孩子和成人具有两种不同的视野。

有一次，一个1岁多的小男孩玩着很多色彩艳丽的明信片。这个小孩对这些收藏品似乎很感兴趣，并拿给阿姨看。他用孩子的语言对阿姨说："叭叭。"（即"汽车"）于是，阿姨知道他要看汽车的图片。

但这些明信片上并没有汽车的图画，而是蜜蜂、狮子、长颈鹿和猴子等动物的图画。阿姨对这个孩子说："我没有看到汽车。"他当时看着阿姨，挑出一张明信片并洋洋得意地说："这里！"仔细一看，这幅画的中央，可以看到一只美丽的猎狗，远处有一个猎人，肩上扛了一把枪。在一个角落里，可以看到一座小屋和弯弯曲曲的一条线，那应该是一条路，在这条线上还可以看到一个黑点。这个小孩用手指着这黑点说"叭叭"。事实上，虽然它极小以至于几乎看不到，但可以看出这个小黑点确实表示一辆汽车，一辆汽车按如此小的比例描绘出来，大人很难发现它，这个小孩却发现了它，并产生了兴趣！

在一个 15 个月大的小女孩身上，也体现出了这种敏感性。这是发生在"儿童之家"的一件小事情：

当时这个小女孩在花园里捧腹大笑，这笑声对于这么一个小女孩来说，很不寻常，于是一名教师来到她身边。只见小女孩坐在平台的砖块上聚精会神地看着什么。附近的一块种着天竺葵的美丽花坛在骄阳下显得十分艳丽，但这个小孩并没有看它们，而是紧盯着地上，用郑重其事的口气对老师说："那里有一只小东西在奔跑。"经她的指点，老师看到了一只实际上跟砖块颜色一样，微小得几乎看不出的昆虫正在迅速跑动着。原来，激发起这个孩子想象力的是一个小生物，它会动，甚至会奔跑！好奇心正是从这快乐的叫喊声中迸发出来的，叫嚷声远远高过小孩们寻常的声音，这种欢乐并不是来自太阳，也不是来自花朵或它周围艳丽的色彩，而是来自一只难以察觉的昆虫。

成人总以为幼儿仅对绚丽的东西、鲜明的色彩和震耳的声音感兴趣，于是就用这些东西来吸引幼儿。我们都能注意到幼儿如何被歌曲、钟声、旗帜、明亮的灯光所吸引，但这些强烈的吸引力是外在的和瞬息即逝的，它可能使幼儿分心而得益甚少。

对于处在细节敏感期的孩子来说，孩子往往能在成人们所忽略的周围环境中，捕捉到细小的事物。当一个孩子对泥土里的小昆虫或衣物上的小图案产生兴趣时，正是培养孩子细节观察能力的好时机。为此父母应该注意从以下几个方面促进幼儿细节敏感期的发展：

**1. 细心观察，把握幼儿的细节敏感期**

细节敏感期能唤起幼儿内在意志对注意力的控制，培养其敏锐观察力和高度专注的品质，这也正是幼儿高级智力活动和思维发展的基础。但是细节敏感期相对较短暂，并且每个幼儿的敏感期出现的时间并不相同。因此，家长必须细心观察幼儿的行为表现，这样才能及时抓住这一重要契机。如果发现幼儿正处于对细节的敏感期，家长一定要注意尊重幼儿的兴趣点，不要过多干预，不能轻易打断幼儿的认知过程，如幼儿趴在地面上观察东西，不能想当然地认为不卫生，就强行把他挪开，或者幼儿正在摆弄粘在手上的细微物品（一根毛、一丝线或头发等），也不能强制他把手中的东西丢掉。家长需要多给幼儿独立的时间和空间，让他们在自然发展的过程中成长，这样反而会让你看见意想不到的结果。

### 2. 创设环境，鼓励幼儿自由探索

幼儿处于细节敏感期时，因为对细小事物的专注使其亲近零碎的东西、微弱的声音以及隐蔽的角落，这些可以丰富他们对外界的感知经验。而如果家长及时为幼儿提供一个刺激丰富的环境，那么幼儿就有更多的机会获得更丰富而细致的感官经验，这也会丰富幼儿的心灵世界。室内环境的创设，如提供较小的彩色串珠玩具，引导幼儿创意串法（由于零件小，幼儿应在父母监护下使用）；提供食用类植物种子（保证安全卫生）启发幼儿观察；穿带有细小图案的衣服，等等。同时，注意保证幼儿在户外环境中的自由体验。在户外时，可以鼓励幼儿到草地上和石缝里观察小昆虫、小叶片等，甚至家长也可以和幼儿一起参与其中。家长对幼儿的尊重与信赖会使幼儿更积极和大胆地在环境中自由探索与不断尝试。

### 3. 协助引导，分享孩子的细微发现

在幼儿自由探索和观察发现的过程中，家长应作为其支持者适时给予协助和引导，如对幼儿在观察中发现的问题给予及时反馈，或者引导幼儿更加细微地发现事物之间的差异。同时，家长应由衷地赞赏幼儿这种特有的细致入微的观察能力，并和他们分享对世界的发现。因为幼儿在发现了成人并未发现的事物或者有一些新鲜的体验时总是希望与成人分享，此时家长应耐心倾听幼儿的讲述，这样可以保护幼儿对他所关注的细微事物的兴趣和观察的积极性。在这样的分享中，幼儿会体会到更多的乐趣，这些丰富的感觉经验也会转化为幼儿的语言，成为整理他们经验的美好过程。

## 互动游戏

### 小侦探

**游戏目的：**

帮助孩子养成认真观察事物的习惯。

**道具：**

几种形状简单并且易于辨认的小物件。

**游戏开始：**

1. 从房间里找出几种形状简单并且易于辨认的小物件，例如锤子、直尺、圆盒、筷子、小勺子等等。

2. 把它们放在一张硬纸板上，用黑色记号笔分别描出轮廓。

3. 然后把这些物品放入收纳篮中，请孩子根据纸板上的轮廓到篮子中找出相对应的物品，并将物品依照画出的轮廓摆好，以验证答案是否正确。

> **听听蒙台梭利怎么说：**
>
> 这是一个玩起来非常方便的游戏，难易程度可以根据孩子的能力大小随时调整。对于初玩这个游戏的孩子来说，实心的形状更容易辨认，所以家长可以把所画的轮廓填充上颜色。这个游戏还可以扩展到对应图片与真实物品，比如动物、花草、树木等。

## 书写敏感期（3.5~4.5岁）

幼儿书写的敏感期一般出现在3岁半至4岁半之间，也就是幼儿园的中班阶段，而不是很多人认为的是在进入大班后才开始的。在这一敏感期的开始，孩子也许不能用正确的姿势握笔，这主要是因为小肌肉的发展程度还不够高，他们还没有能力将笔用正确的姿势握好。还有许多孩子不能按正确的书写笔顺写字，这是因为在书写敏感期的初期，孩子的思维水平还处在具体形象思维阶段，书写的秩序感还没有建立，所以只能模仿字符的具体形象来进行书写。但随着年龄的增长以及孩子思维水平的发展，在成人正确的指导下，孩子能慢慢掌握正确的笔画顺序。当孩子处于书写敏感期的时候，学习新内容的速度会明显地加快，家长会发现教孩子写字时，他们能很快记住字符的形状、笔画，而且不容易忘记。

在"儿童之家"，一般是4岁的孩子就对书写产生了强烈兴趣，不过也有三岁半的孩子就开始书写的。从第一次准备练习到第一次写字之间的平均时间，4岁大的孩子是一个月到一个半月，5岁的孩子是大约一个月。但只有一个孩子只用了2天就学会在书写中应用全部字母。4岁的孩子在他们入学两个半月后，就能听写出任何词，并能用钢笔在练习本上书写。"儿童之家"的孩子一般经过3个月后，就能熟练地书写，6个月后，可以和小学三年级学生相比。无疑，书写是一种孩子最容易和最喜欢掌握的本事了。

父母可以为孩子提供相应的练习工具，让孩子进行如下活动，培养其书写能力：描绘几何图形嵌板、描摹砂字母板，制作砂字字母、在沙盘里写字、在黑板上写字，打洞粘贴字母、在字母线上摆字母、缝字母、制作拼音字母表、描画字母凹槽板、连虚线画图案、描摹姓名、涂色游戏、制作立体文字、记录菜单、抄写、制作海报、制作邀请卡、写信、写日记等。

除了给孩子提供书写练习的工具之外，从一开始就养成良好的书写习惯，对孩子日后的发展有着非常重要的意义。对于进入书写敏感期的幼儿的教育措施，主要有以下几点：

**1. 创造良好的书写环境**

幼儿书写敏感期出现得早与晚，和家庭或教师提供的书写与阅读的环境有着密不可分的关系。孩子的书写与阅读能力虽然发展较迟，但如果孩子在语言、感官、动作等敏感期内，得到了充足的学习，其书写、阅读能力便会自然产生。因此，父母或教师在对孩子进行书写预备的时候，首先需要准备一个书香的环境，让幼儿感受到阅读的氛围，通过阅读来培养幼儿对于图画、线条及文字的兴趣，并准备出相应的空间和材料，可以让幼儿自由地进行绘画和书写的练习，让他们从中体验到满足感，从而激发起幼儿对于书写的兴趣。

**2. 提供丰富的书写材料**

孩子对于同样事物的专注时间比成年人要少很多，当幼儿反复进行同样的书写工作一定时间后，必然会产生厌烦情绪。因此，作为教育者应该不断更新书写材料，让孩子在进行同样的练习过程中体验到不同的刺激，在不知不觉中达到训练的目的。孩子可以在教师或家长提供的丰富的材料中不断进行新的尝试，不断满足自己的书写欲望，将书写敏感期的时间延长，从而更好地建立书写习惯。

**3. 鼓励孩子大胆创造自己的标记与符号**

幼儿对符号的理解与掌握，经历了创造自己的标记与符号到理解和掌握社会约定的符号的过程。因此，家长应鼓励孩子大胆地创造自己的标记与符号，鼓励孩子的生成性书写。例如，鼓励孩子给生病的亲戚或小朋友写信；或者在出发去超市买东西之前，让孩子帮忙记录下需要购买哪些物品等。这些活动不仅可以鼓励幼儿的想象和创造，还能帮助孩子们理解标记与符号的概括与记录功能，激发孩子对书写的兴趣。

不管家长还是教师，若可以在幼儿出现敏感期时及时施教，往往会出现最佳的教育效果。但孩子的敏感期稍纵即逝，即使是有经验的教育工作者也会错过，因此当家长发现错过孩子的敏感期时，也不必气馁和绝望。在以后的日子里，按照正确的方式方法对孩子进行教育便是。教育本身就是终身行为，即使错过了最佳教育时间，也不是不可以补救。就拿书写敏感期为例，若当家长在幼儿6岁时才发现练习书写的重要性，此时便须让幼儿进行与身心发展程度相符的书写练习，并逐渐加大强度，持之以恒，终会达到正常的书写水平。当然，幼儿与家长的付出势必会大大多于在敏感期时进行相同辅导的幼儿与家长。

## 阅读敏感期（4.5~5.5岁）

阅读敏感期通常出现在4岁半至5岁半时期，孩子的阅读敏感期虽然较迟，但如果孩子在语言、感官肢体等动作敏感期内，得到了充足的学习，其阅读能力便会自然产生。幼儿的阅读敏感期表现在幼儿对阅读活动的特别喜爱和积极的阅读态度。当孩子对阅读发生兴趣时，就会积极主动地去学习、探索，不会觉得枯燥乏味，更不会觉得累。当阅读敏感期到来时，幼儿开始"痴迷"各种带文字或图片的东西，包括各种图书、报纸、广告牌、宣传画，甚至案例中提到的合同书。只要一有空，他们就会专注于此，并且能够持续很长一段时间。阅读时他们不再单纯停留在图画书多彩而有趣的图案上，对图画书上的文字也产生了浓厚的兴趣。幼儿往往要求成人告知图书的名字，然后自己再一个字一个字地朗读几遍，甚至用手指着图书上不认识的文字，边"读"边看，正如上文所述一样。对文字的兴趣会导致孩子钟爱起那些陌生的纯文字书籍。在这种阅读中，孩子们有的能看懂、读懂，也有的靠猜测，但这种阅读体验是真实的、主动的，对孩子来讲是有价值的。

在"儿童之家"，一天，当老师在一张白纸上写字，边写边说着"打开窗户""到我跟前来"等，孩子们注视着她的手，并逐渐认识到，老师正在跟说话一样表达她的思想。他们认识到这一点，就开始拿起老师写过字的那些纸，把它们带到角落里，试图阅读它们。他们只是阅读这些字，并未发出声音来。由于努力思索而紧皱的脸蛋突然露出了一丝笑容，接着孩子们高兴地蹦跳起来，仿佛隐藏在体内紧压的弹簧突然放松了。这情景说明，他们已经理解老师所写的这些字了，这就是他们阅读的开始。他们最终进展到能够阅读包含有复杂命令的长句子。但这些孩子似乎只把书写理解成表达自己思想的另一种方式，就像语言本身一样，它成为语言的另一种方式，直接在人与人之间进行交往。

与此同时，这些孩子开始阅读在周围环境中所能发现的印刷体的文字，比如，他们在街上停下来读商店招牌上的文字。很明显，这些孩子更感兴趣的是理解这些字母而不只是认出它们。他们看到的是一种不同的书写文字，并通过一个字的含义而学会阅读。这是一个直觉的过程，就像成人辨认刻在岩石上的史前文字一样。他们在这些符号中所发现的含义就证明他们已经把它们辨认出来了。

如果这时我们匆匆忙忙对这些孩子解释这些印刷符号，我们就可能扼杀他们的兴趣和强烈的探究欲望。过早地强求他们通过阅读书本来识字也会产生一种消极的影响。追求这些并不很重要的东西会削弱他们生气勃勃的心灵的能量。

一天，一位孩子很激动地走到学校里来，在他的手中捏着一张揉皱的纸，他悄悄地对一位同伴说："你猜这张纸上有什么东西？"

"什么也没有，这只是一张破纸。"

"不，这张纸里有一个故事。"

"上面有一个故事？"这激起了一群孩子的好奇。

这个孩子拿着这张从一堆废纸中捡起来的书本上散落下来的纸，开始读起来，并整整读了一个故事。

于是，他们理解了一本书的意义，书本成为他们迫切需要的东西。

在整个这段学习时间里，没有一个人能从他们充满生气的红润的脸上看出，他们曾经是迫切需要食物滋补以及治疗营养不良和贫血的孩子，他们身体健康，是由于他们接触到新鲜空气和晒太阳而治愈的。如果说心里的压抑会影响新陈代谢，并以此降低了一个人的活力的话，那可以肯定，富有刺激的心理体验能够增加新陈代谢的速度，因而促进一个人的身体健康。

如何运用阅读敏感期的时机和动力，帮助孩子更完美地成长，正是成人的职责。以下几点建议，可以帮助孩子抓住这个机会。

**1. 为孩子创设支持性的阅读环境**

阅读环境客观地存在于幼儿生活的每一个空间，并以其独特的暗示、潜移默化的方式影响着幼儿。富有支持性的阅读环境，才能给幼儿一种自由宽松的氛围，让孩子进入书的海洋、字的天堂，使孩子阅读的需求得到真正满足。

首先，家长应该对孩子阅读敏感期的到来感到高兴，对孩子"痴迷"看书给予理解和支持，并让幼儿知道自己的阅读活动是受到父母允许和赞同的。其次，可以为幼儿布置一个专属的阅读区，在书房或者幼儿房间的一角放置一个小书架、一张小桌、一盏漂亮的小台灯、一把小椅子就可以了。书架上放置种类多、内容丰富、形式各异的图书，孩子随时可以按照自己的意愿用自己习惯的阅读形式翻阅自己喜欢的图书。若条件允许，可帮助孩子建立一个小小的私人图书馆，指导他把书籍编号，要求他学会修补破损的图书。鼓励孩子向小伙伴出借自己的藏书，也允许孩子借阅他人的图书。

**2. 为孩子提供适宜的图书**

选择图书应该以孩子的需要为首要原则。一方面，要着重选择形象性、直观性、故事性强的图书。书中内容应是孩子熟悉的，使孩子感到亲切，自然地受到感染，满足内心的需求和情感。尽量选择一些色彩丰富、绚丽、对比强烈，且情节单纯、生动有趣、结构清晰、有头有尾的图书。另一方面，要保证图书种类多样、形式各异。除了上述要求外，一些精练的纯文字故事甚至包括一些古代诗词鉴赏、寓言成语也是不错的选择。要知道，这时候的孩子阅读理解文字的水平和能力是超乎成人想象的。另外卡片、宣传册、画册等也必不可少，还可为孩子订一份合适的报纸或杂志，让幼儿以自己的方式认识这个世界也是一个很好的方法。

### 3. 给予充分的阅读自由，适时协助

在这一阶段，家长要做的就是鼓励孩子自由阅读、自由探索，当孩子获得了尊重与信赖后，他就会在环境中自由探索、尝试。就算孩子可能在阅读中遇到许多不能真正理解透彻的东西，千万不要代替孩子去读，那就失去意义了。除非孩子主动来寻求帮助，这个时候，成人就该"慷慨"地伸出援手，帮助解决孩子的疑惑，协助其解决进一步阅读的障碍。

### 4. 亲子共同阅读

当孩子要求家长讲解时，家长应当兴致勃勃地和他们一起看，并根据图书内容和孩子交谈，使词和图像联系起来，训练孩子的语言理解力。最后在成人讲述之后，要求孩子复述一遍，在复述故事时，孩子有可能记不真切，家长可适当提醒，鼓励其用自己的语言把故事说完，从而进一步提高幼儿阅读的信心和兴趣。甚至还可以组织诸如"父子读书俱乐部"或"母女读书俱乐部"等活动，由成人和孩子共同读同一本书，然后约定好在某个特定的时间展开讨论，丰富孩子的阅读经验，也让孩子看到自己阅读的价值。

---

## 互动游戏

### 图画卡片与实物

**游戏目的：**

让孩子在语言、感官肢体等动作敏感期内就得到充分学习，到4岁半至5岁半进入阅读敏感期后，其阅读能力便会自然产生。

**道具：**

图画书、卡片。

**游戏开始：**

1. 家长和孩子坐在沙发上，家长把图画书或者卡片放在孩子面前，然后拿出第一件物品让孩子仔细观察，叫出它的名字后，把它摆放在对应的图画书或者卡片旁边。接着继续展示第二件物品。

2. 如果孩子有自己拿物品的意愿，那么就让他自己动手。

3. 请注意，这个游戏不要求孩子一定能够说出每件物品是什么，但是他必须能够集中注意力，学会观察。

4. 接下来，家长可以把图画书或者卡片换成与实物不完全一致的图片，比如一幅小狗的漫画或者小狗脑袋的特写，这样的图片要求孩子投入更多思考。

**🌸 听听蒙台梭利怎么说：**

18个月左右，孩子就开始具备将模型物品与它对应的识物卡片建立联系的能力。物品与识物卡片的对应练习是帮助孩子建立抽象思维的方法之一，通过练习，孩子会慢慢意识到手里的物品和卡片上的图是同一种东西。练习之初，家长为孩子展示的图片最好是实物的照片，并且所展示的物品不要超过三种。

## 动作敏感期（0~6岁）

孩子一出生就进入了动作敏感期。动作敏感期是在孩子发展中最易观察到的一个敏感期。动作是孩子思维的起源，不同动作的掌握对孩子的心理发展有着重要的意义，也与孩子智力的发展和性格的形成有很大关系。不同研究证明，孩子大部分的动作与行为都与其智能活动有关，并且掌握一定数量的动作技能，可以帮助孩子及早摆脱对于成人的依赖，学会独立自主地活动。而动作的发展水平也可以影响到孩子间的交往，一个动作发展迟缓的孩子往往不易与同伴打成一片，而动作发展较好的孩子更容易受到同伴们的青睐。由此可见，孩子动作的发展对其心理及各方面的成长都有着非常重要的作用。

处于动作敏感期内的孩子仿佛体内有着无穷的冲动力，他们会不厌其烦地重复相同的动作，令人惊讶地做出一些夸张的行为，以达到他们想要达成的目的。他们喜欢活动，甚至会尝试搬运重物。当成人都认为他们该累了的时候，他们却仍旧不知疲倦地重复着自己的活动。而这时的家长要注意，也许孩子的某一个动作敏感期已经来到了。孩子从出生到6岁，要经过一连串的动作发展，这些动作的发展会按照一定的顺序进行。当刚过1岁的孩子迈出自己人生第一步的时候，感到欣喜若狂的不单单只有家长。这时的孩子在尝试走路的时候会受到一种不可抑制的冲动力的驱使，他勇敢无惧，就像一个真正的战士，不管遇到什么困难，都会冲向胜利。此时孩子的行走是为了完善自己新发展出的本领，而在摆脱了成人或固定物体的束缚后，他可以得到一种自由的体验，这种体验给了他非常大的快感，从而使孩子不知疲倦地行走。进入到4岁，孩子逐渐从大肌肉敏感期向小肌肉敏感期过渡，这时，一些与小肌肉有关的活动会渐渐引发孩子的兴趣。

动作发展主要包括两个大的方面，大运动敏感期和精细动作敏感期。首先，大运动敏感期分为以下几个阶段：

- 1~4个月：俯卧、抬头、翻身。
- 5~9个月：独坐、爬行、扶物独站。这几个月的宝宝进入爬行阶段。爬行时用手腕支撑身体重量，可以锻炼手腕的灵活性，这对宝宝拿汤匙吃饭、拿笔涂鸦都有帮助；爬行还可使膝、臂动作协调，四肢关节的灵活度增高。学习爬行的初期，宝宝会以手肘撑着身体，腹部贴在地面，匍匐前进，爬行速度十分缓慢。9个月大时，身体才能慢慢离开地面，采用两手前后交替的方式，往前爬行。

- 10~17个月：扶物走、独走自如、双手扶栏上楼。
- 18~21个月：跑步自如、单手扶栏下楼。
- 22~26个月：双脚跳、独脚站、沿直线走。
- 27~47个月：交替脚上楼、退着走、脚尖走、立定跳远。这个阶段集中起来说是行走的敏感期。这个阶段的孩子热衷于走路，也可以练习其他更复杂的技能。孩子发展这种能力不是等着它的降临，而是要靠自己与环境的相互作用。学会行走，对孩子而言是第二次诞生，这时他从一个无助的个体、不自由的人，发展到了一个自由的、主动的人。
- 48~72个月：脚尖对脚跟走、跳绳、跳高。

其次，精细动作敏感期主要分为以下几个阶段：

- 1~6个月：抓握玩具、把弄玩具、撕纸。
- 7~13个月：大拇指动作、拇食指动作。
- 14~18个月：用勺子、会穿珠子（算盘珠）、握笔并画道道。
- 19~26个月：细绳穿扣眼、使用筷子。
- 27~48个月：画圆、画正方形、用剪刀、用筷子夹花生米。
- 49~72个月：写数字、剪三角形、系鞋带。

动作敏感期的教养措施：
**1. 为幼儿提供充分的操作材料，促使他们用身体和手去感知和探索世界**

宝宝出生后，妈妈就可经常给宝宝捏一捏手指脚趾，这样能刺激大脑的发育。随着宝宝的长大，尽量多让宝宝触摸不同质地（如木质、塑料、布等）、不同形状（圆形、长形）、不同温度（凉水、温水）的物品。

1岁的宝宝喜欢用他的小手来感知世界。这时你不仅可以把他抱在怀里，数数手指头，还可以让他的手上下舞动，这时你的口令要配合上："一二三四，上下左右。"随着宝宝一点点长大，他会越来越喜欢自己握住汤匙和杯子，把东西往嘴里填，别急着阻止他。让孩子的手充分动起来，对他的大脑发育会很有好处。

### 2. 细心观察敏感期的出现，及时为孩子提供相应的发展环境

　　孩子3岁之前为大肌肉发展敏感期，3~6岁时小肌肉敏感期会大量地出现。但是在孩子成长的过程中，不同阶段会出现不同动作的发展敏感期。家长们需要细心并耐心地观察孩子各个敏感期的出现，及时为孩子提供相应帮助。如一岁多的孩子会对行走产生兴趣，此时家长就应每天定时带孩子去户外散步，强化孩子腿部肌肉的形成，巩固行走的技能。当孩子5岁左右对拿木棍夹东西产生浓厚兴趣的时候，我们就为孩子提供诸如用筷子夹毛球、用筷子夹花生等活动。这是孩子在建立使用筷子的技能，通过这些从易到难的活动的设立，可以提高孩子小肌肉的稳定性。

### 3. 带领孩子进行不同的活动，丰富孩子的体验，刺激小动作技能的发展

　　孩子有很强的吸收外界刺激的能力，他们可以将获得的不同体验转化为自身的感受，并根据兴趣来选择发展不同的能力。因此，在孩子动作敏感期阶段，多接触不同活动、广泛体验不同动作技能带来的刺激是十分必要的。孩子在进行这些体验的同时获得了大量的信息，丰富了阅历，这为他们的动作发展提供了广阔的空间。

---

## 互动游戏

### 撕　　纸

**游戏目的：**

　　培养孩子集中注意力，让孩子做事更有耐心。

道具：

用过的白纸或不易掉色的包装纸。纸质偏软，以防割伤。

游戏开始：

1. 孩子坐在床上，妈妈给他拿来一张用过的白纸。

2. 孩子不停地用两只小手撕来撕去。

3. 在孩子身边放一个小纸篓，引导孩子将撕好的纸放进纸篓里。

4. 开始的时候，如果孩子不知道怎么撕纸，可以先引导他，然后让其进行模仿。为了提高难度，可以让孩子渐渐撕得有规律一些。

> **听听蒙台梭利怎么说：**
>
> 孩子1岁大的时候，开始对自己能抓的小东西感兴趣，通常也非常喜欢撕纸。这时候，给孩子一些用过的白纸或不易掉色的包装纸撕着玩，能集中他的注意力。因为在撕纸过程中，孩子的注意力会非常集中，并能坚持较长时间。练习多了，孩子动作的精准性也会越来越高，撕出的纸条也会越来越美观。

## 社会规范敏感期（2.5~6岁）

孩子的社会规范敏感期发生在2岁半至6岁，这一阶段是孩子认识、理解以及形成社会规范行为的最佳时期。这个阶段的孩子会逐渐脱离自我中心，而对结交朋友、群体活动有明显倾向。2岁半的孩子开始关注身边的同伴，产生了结交朋友的愿望，随着年龄的不断增长，与人交往的愿望、在群体中生活的愿望会更加强烈。孩子越来越懂礼貌、善交际，言谈举止像个小大人。社会交往中，逐渐将社会规范内化为自己的行为标准，并用它约束自己及他人的行为。

孩子的社会规范敏感期分为四个阶段：

**第一阶段**：刚刚进入社会规范敏感期，孩子开始喜欢与同伴交往，但其行为具有很强的自我中心的特点，没有意识到社会规范的存在，自己喜欢做什么就做什么，如自己的玩具不愿与同伴或他人分享，重视强调玩具是属于自己的，任何人都不能碰。

**第二阶段**：交往的欲望增强，能与别人分享自己的物品和食物，愿意帮助别人，但这些行为具有情境性和不稳定性。3~4岁幼儿以自我为中心的行为逐渐减少，有时能主动把自己喜欢的东西与别人分享，但在分享的同时又怕自己的东西被别人占有，失去对玩具的控制权。面对孩子的心理冲突，父母要告诉孩子分享的意义，例如，和小伙伴一起分享玩具，每个人都能玩到更多自己没有的玩具，随着幼儿分享行为的增加，父母还要让孩子知道什么东西可以分享，什么东西不可以分享。例如，牙刷、手帕、内衣裤等不能与小朋友分享；而食物、玩具、书籍等则可以。

**第三阶段**：能意识到社会规范的存在，并能在权威人士的要求下遵守社会规范，但还不理解这样做的真正意义。这一阶段，孩子的行为开始服从社会规范，但他们不能以自己的价值标准来判断是非，没有真正认识到社会规范的意义和必要性，只是出于对长者的敬畏和依赖而做出某种规范行为，所以行为是被动的、盲目的，也是不稳定的。对于这个阶段的孩子，父母要告诉孩子遵守社会规范的原因，比如，排队是为了维持秩序，这样大家就能更快地买到东西。

**第四阶段**：在公共场所，能主动用社会规范约束自己以及他人的行为。在这一阶段，孩子把社会规范作为行为准则，遵守社会规范成为幼儿内在的需要。他们开始能够理解社会规范的意义，而不是盲目被动地服从权威；他们开始知道自己怎么做是对的，怎么做是错的，应该怎么做。

随着孩子的成长，他们与周围环境的关系越来越密切，从家庭成员到亲朋好友，再到同学、老师以及日后其他方面的人际交往，这就要求孩子必须依据社会公认的行为标准来行事。2岁半至6岁是教育孩子形成良好社会规范行为的关键时期，父母应该让孩子多与小伙伴一起玩，让孩子接触更多的人和事，与孩子建立明确的生活规范、日常礼节，使其日后能遵守社会规范，拥有自律的生活，此阶段是纠正人格偏差的一次良机。

具体说来，社会规范敏感期的教养措施有：

### 1. 及时捕捉孩子的社会规范敏感期

每个孩子的敏感期出现时间并不完全相同，因此父母只有细心地观察孩子的内在需求和个性特质，才能有的放矢地实施教育。对于2岁半左右的孩子，家长要特别关注孩子的社会性行为，如以往孩子对父母的要求不理解、不采纳，但到了2岁半，孩子逐渐理解并遵循父母的要求，这说明孩子在逐渐调整自己的行为，与周围环境的规则相适应。在社会性交往方面也是如此，1岁的孩子，自我中心意识很强，但在2岁以后，开始关注同伴的行为，出现了模仿、简单交流、交往困难或是有交往愿望时，这都说明孩子的社会敏感期真的来到了，家长要给予相应的关注。

### 2. 创设丰富而适宜的社会性环境，促进幼儿社会能力的形成

社会交往知识的获得与社会交往能力的发展，是在实际应用的过程中完成的。然而，在当今独生子女家庭中，孩子缺少玩伴，缺乏与同伴交往的机会。因此，要求家长有意识地创设丰富而适宜的环境，如带幼儿到社区，或去亲戚朋友家与更多的小朋友交往，满足孩子交往的需求，让孩子在与同龄伙伴的交往中，学习协商、谦让、合作等多种社会性技能。家长还要带幼儿参加社会性活动，如聚会、参观、演出等，在众多社会性活动中，给孩子建立明确的生活规范、日常礼节，使其日后能遵守社会规范，拥有自律的生活。

### 3. 抓住偶发事件，发展幼儿的社会能力

孩子社会能力的形成过程，是幼儿自我心智与社会规范相互作用的过程，也是幼儿根据理解、接纳社会规则而不断进行自我调适的过程。所以在

社会行为中，会有许多矛盾冲突的事件发生，如孩子与好朋友争抢玩具、因为找不到好朋友而沮丧、因为小鱼死去而伤心落泪、由于保护自己的好朋友将另一个小朋友打伤了等，这些偶发事件都说明了孩子有社会发展的需求。但由于孩子的能力尚在发展中，会对于不能恰当地理解和使用规则而倍感困扰。这时，家长一定不要盲目替孩子把问题解决掉，而应和孩子共同讨论解决问题的最好策略，帮助孩子理解、接纳、确立适宜的社会规范，学会解决社会规范性问题的能力，获得移情、利他等社会性技能。

**4. 适时协助而不干预**

在具体事件的处理中，父母还要为孩子提供宽松、民主的生活环境，首先让孩子自己做，不要过多干预，并适时予以协助、指导。因为社会性行为需要孩子在具体的社会性事件中亲自体验、自我调整，自我建构社会性经验，所以，孩子处于社会性发展的敏感期中，家长应该做到适时协助而不干预。

# 互动游戏

## 不舒服时怎么办

**游戏目的：**

发展孩子的社会能力。孩子难免会遇到肚子疼、发烧等问题，甚至是摔伤等各种突发的情况。当孩子身体不适或遇到意外时能够主动告诉家长，是让孩子学会自我保护非常重要的能力之一。

**道具：**

无

**游戏开始：**

1. 家长和孩子相处时，发现孩子的情绪或者状态有问题，要及时和孩子交流。

2. 家长不要把自己的判断直接说出来，应先鼓励孩子自己主动说出哪里不舒服。

3. 孩子说出来后，对孩子的这个行为要马上予以肯定。

> **听听蒙台梭利怎么说：**
>
> 家长们都比较担心孩子在身体不适时不知道告诉大人而延误了病情，那么怎样才能让孩子具备这样的能力呢？建议您在和孩子相处时，随时关注其情绪状态，鼓励孩子当觉得自己身体不舒服时要赶紧告诉大人。如果孩子真的做到了，要及时予以表扬和肯定。

# 文化敏感期（6~9岁）

幼儿对文化学习的兴趣萌芽于3岁，但到了6岁至9岁则出现想探究事物的强烈需求，因此，这时期孩子的心智就像一块肥沃的田地，准备接受大量的文化播种。喜欢问各种问题，喜欢问为什么，喜欢追根究底而不是停留在事物的表面现象上，下面的这个例子就可以充分说明幼儿在文化敏感期的表现：

乔迁新居整理房间时，儿子发现妈妈正在墙上挂温度计。他好奇地问："妈妈，这是什么？""这是温度计，它能告诉我们室内的温度。"还没等妈妈说完，儿子转身跑到另一个房间，从抽屉里找到体温计，对妈妈说："它为什么不能测室内的温度呢？"看见他紧皱的眉头，似乎正在思考，妈妈没有立刻给他答案。过了一会儿，他高兴地跑过来，告诉妈妈："哟，它俩长得不一样，温度计上有零字，体温计上没有零字。"儿子似乎看出来点门道，他接着问："为什么要有零字，是不是零字上边的数字表示热，下边的数字表示冷？""对，那你知道现在屋里多少度吗？""不知道。"于是，妈妈因势利导，告诉他怎样看温度计上的刻度，接着他认出了室内的温度，妈妈又启发他去看看不同的地方温度是不是一样。儿子高兴地拿着温度计去了阳台，将温度计放在太阳底下晒着，过了一段时间，又放在背阴的地方，并告诉妈妈他的测量结果。妈妈没有一定要让儿子去掌握多少知识，而是根据儿子的兴趣因势利导，让他自己去体验，去探究发现。

从上文的例子中可以看出，幼儿对温度计产生了兴趣，并在妈妈的指导下，对温度计和体温计的区别以及不同地方温度是否一样进行了探究。此外，他们还会对所处社会的文化与价值观有一定的了解和理解，并会形成一定的文化认同感和对所属集体的归属感。

作为父母，为了更好地促进幼儿文化敏感期的发展，应该做好以下几点：

### 1. 及时捕捉孩子的文化敏感期

孩子在文化敏感期内会怀着好奇心，打破砂锅问到底地探究，不停地问是什么、为什么。这时家长应该热情地对待孩子提出的问题，不要采取敷衍、冷漠的态度，如遇到自己解释不清的问题，也要与孩子一起去探究，如查找相关的资料，去请教相关的专业人员等。在我们的日常生活中，小孩经常会问道："我是从哪来的？"很多家长或是采取敷衍的态度，告诉孩子是从垃圾堆里捡来的，或是很冷漠地对待孩子，这样的做法是不可取的。孩子智慧的火花可能就会在家长一次次的敷衍、冷漠的回应中慢慢消失，可能最后对学习提不起兴趣，失去了探究的欲望。

### 2. 适时引导不强迫

每个孩子的文化敏感期出现的时间不一样，时间的长短也不一样，并且在文化敏感期内每个孩子的关注点也不一样。孩子对周围的世界充满好奇，但他们的发展是不平衡的，有的孩子可能对天文感兴趣，有的孩子可能对生物学感兴趣，还有的孩子可能对民间艺术感兴趣。因此，作为家长，应该遵循孩子自己心理发展的需要，尊重孩子自己的兴趣，不要强人所难，强迫孩子做他不愿意做的事情，拿别人家孩子的兴趣来要求自己的孩子，给孩子带来不必要的心理负担，这样不但容易使孩子丧失自己的兴趣，而且可能会失去探究的欲望。孩子的发展本来就具有差异性和多样性的特点。因此，因势利导地让孩子快乐地成长是非常重要的。

### 3. 通过生活与游戏，引导幼儿感知文化的多样性

认识并认同本民族的文化与价值，并不意味着持文化保守主义态度，片面地否定一切，简单地排斥外来文化。家长和教师可以为幼儿提供展示不同民族文化的图片、照片、图书、玩具等，引导幼儿感知文化的多样性，形成对不同文化的尊重与包容。如，提供英语、日语、德语等不同语言文字的图书，即使成人和幼儿都不懂得如何识读，但可以让幼儿认识到除了本国语言外，还有不同的语言。成人也可以提供不同民族的服饰、生活用具等，与幼儿一起开展角色游戏，让幼儿体验不同民族文化的生活方式等。立足本土文化，形成文化认同感。

## 互动游戏

### 比比谁的耳朵灵

**游戏目的：**

训练孩子对声音的识别能力，提高对声音的敏锐度。

**道具：**

各种家居物品。

**游戏开始：**

1. 在孩子心情平和且有聆听意愿时，先让孩子安静下来，闭上眼睛。接

下来，家长制造出一种孩子可以识别出的声音，比如开抽屉、撕纸、开水龙头、开冰箱、掀垃圾桶……让孩子猜那是什么声音。

2. 假如孩子不能自觉地闭上眼睛，也可以让他待在另一个房间里来猜。猜谜的角色还可以互换，孩子会非常乐意让爸爸妈妈也来猜一猜自己制造的声响。

3. 识别声音的远近和方向：让孩子坐在房间中间，闭上眼睛。家长在房间的任意位置发出某一种声响，让孩子指出声音来自何方。同样，互换角色会使游戏变得更加有趣。

### 听听蒙台梭利怎么说：

孩子的许多能力都是在日常生活中习得的。要想孩子能听懂生活中常用的信号，并能做出相应的反应，就需要家长在日常生活中持续训练。成年人一般不会特别注意到周围的声响，因为成人的大脑已经将这些声音与它对应的活动建立起固定联系，所以不需要刻意去辨认。然而小孩子就不同了，孩子的所有感官都处于觉醒状态，即使初生的婴儿也会在听到某个熟悉或不熟悉的声音时有所反应。

THE **CHILDHOOD**
**EDUCATION** OF
**MARIA MONTESSORI**

*04*

## 各种能力要均衡培养

孩子早期教育已成为当前刻不容缓的一件大事，它关系到孩子性格的培养，智慧潜能的挖掘乃至人类素质的提高。在育儿的过程中，我们总是期望孩子的各种能力全面发展，但现实教育过程中成人总是疑惑：为什么我的孩子总喜欢跑动，一点儿也坐不住？为什么当一群孩子在用椅子拼凑一辆扶手齐全的四轮马车时，他们是那么兴奋？为什么孩子不能顺利适应幼儿园和小学生活？为什么有的孩子性格软弱，情绪不稳定？我们该如何开发孩子的智力？这些都是成人关心的问题，解决这些问题需要采取科学的育儿措施，实施生动活泼的引导方法，因势利导，循序渐进，从而促进孩子各种能力的全面发展。

## 注意力

在家庭教育中，许多父母最头疼的问题就是如何培养孩子的注意力。他们经常咨询的就是："你看我家孩子总喜欢看别的孩子玩，注意力一点也不集中。""我的孩子不停地换玩具，为什么不能长时间地玩一样玩具？""我的孩子总喜欢跑动，一点儿也坐不住。"等等。这不禁使我们怀疑孩子的注意力真的很难集中吗？集中注意力对孩子发展有何作用？

在孩子心理发展的过程中，孩子容易同时受到各种外界刺激的吸引，并且每种刺激都激起了孩子的兴趣，孩子摆弄这个物件之后又去摆弄那个物体，自己本身的意志起不到支配作用，最终成了外部器官刺激的奴隶，从而不能正常地发展。一旦孩子集中自己的注意力，他就会沉下心来，安排自己的世界。这就像指南针能够为我们导航一样，孩子只有注意力能够集中，才可以说是成熟了。由此可见，注意力的培养是孩子发展最重要的内容之一。这是他整个性格形成和社会行为的基础。

当孩子的注意力集中于某一物体，不停地重复摆弄这件物体时，他的心理即处于一种安全、放松的状态。这时我们没有必要担心他们，我们要做的是满足他们的需要，排除他们可能遇到的障碍。如果孩子不能专注于某件事情，如果孩子不能集中精力，他就会被周围的事物所左右。在孩子的注意力能够达到这种集中状态之前，我们必须学会控制自己，以便让孩子的心理自由发展。我们既不对孩子所做的工作进行打扰，也不简单地向孩子提供帮助，即使在帮助孩子和为孩子提供服务时，我们也必须对孩子进行观察。当然我们在观察时不应该突出自己，也不应该随便向孩子提供帮助，而是继续观察孩子，了解孩子这种集中注意力的能力，了解他的心理发展状况。

集中注意力对孩子来说是一件非常高兴的事情。其个性会在这一过程中逐渐诞生。当孩子从所关注的事物中走出来时，世界对于他来说充满了新鲜感，并且开始热爱美好的事物。这是一个很简单的心理过程：把自己与这个世界隔离开来，以获得与这个世界更好融合的能力。

孩子注意力的集中能够培养他们的社会感，我们应当在孩子的这种社会感形成之后向孩子提供帮助，必须让孩子学会如何调节注意力，但这不是外在强迫所能达到的事情，只有靠孩子自己去调节自己的心理。孩子不是根据逻辑推理行事的，而是受自然规律的影响——自然已经为他制定好了发展道路。人的发展与动物有相似之处，他们都会遵循已经定好的发展道路，同时努力摆脱成年个体的约束。自然规律对成长和发展提供了指导。如果一个人想建立自己的性格、完善自我，就必须遵循这一规律。

在"儿童之家"，老师们为孩子提供了一个满足孩子精神需要的环境，它不只是一个提供庇护的场所，它的价值也不仅仅取决于它的形态和颜色，还取决于在屋子里为孩子们所安排的东西，只有这些孩子们触手可及的东西才能影响孩子注意力的集中。而这个场所中几乎所有东西都不是随意摆放的，而是通过对孩子的长期观察总结出来的。

### 提供一些物品

首先在孩子的生活环境中摆放一小部分物件，让孩子自己对这些东西进行选择。在"儿童之家"，老师们把那些孩子们愿意使用的东西留下来，把他们从来没有动过的东西去掉。有一些东西为所有孩子所喜欢，这些东西应该引起注意。关于这一点，可以在其他地方找到印证，在自由活动中，孩子们总是选择一些昆虫、花之类的东西，这说明他们对这些东西感兴趣，其心理发展需要这些东西。而这种选择的意义就在于，能够帮助他们成长。

在"儿童之家",老师们曾经为孩子提供了一些玩具,但他们几乎不动这些玩具。老师们还为孩子提供了许多显示颜色的东西,但他们通常只选择一种。

### 每样东西只为孩子们提供一个

如果向孩子提供过多的东西,就会造成一种混乱。因此,即使有许多孩子,我们也只为他们提供一小部分东西。如果一个孩子正在使用一件东西,另外一个孩子想使用这个东西就必须等待。这就会让孩子养成一种重要的做人品格。孩子们会因此明白,我们必须重复其他人的工作,不是因为某人要求他们必须重复,而是因为他们的日常生活经验要求他们如此。因此每样东西只有一个,所以他必须等待别人用完之后才能得到它。这样的事情每天、每年都在发生,重复别人、等待机会就会成为他的生活习惯,这样就会加快孩子的成熟。这样一来,孩子就会逐渐适应社会。社会是不可能完全以某个人所希望的方式运行的,它是一个各种行为和谐开展的整体。

通过这些行为,孩子又形成了一种优秀的品质——耐心。有了这一优秀品质,其他一些性格特征就自然而然地形成了。我们不能仅仅通过教育让一个3岁的孩子具有这样的品质,是孩子自身的经验促使了孩子这些品质的形成。

### 宁静课

在"宁静课"中,需要长时间保持安静并停止某些活动。当孩子在等待叫他们的名字时,以及在后来,当听到他们的名字时,都需要严格的自制力,他跑到老师跟前时,必须尽量不碰到桌椅或弄出声音。

在家庭内部,父母可以采取类似的方式进行训练,也可以选取钟表,让孩子聆听钟表的滴答声,还可以教会孩子画画,锻炼孩子集中注意力观察某一事物。

### 算术练习

另一种培养注意力的方法是算术练习。当孩子们随意抓到某个数时,必须从面前大量的物品中抓取与该数字相应数量的物品。然而实验表明，孩子总喜欢尽可能多拿些物品。

在日常生活中，例如在午餐时，当一个孩子双手捧着盛满热汤的汤钵送往餐厅的桌上，他必须排除外界一切干扰的刺激，防止冲动，即使有苍蝇、蚊虫叮在自己脸上，也必须忍住，不得使汤泼出或打破汤钵，从而完成任务。孩子们在这些活动和日常生活中，能培养和锻炼自己的注意力。

注意力是通过系统练习来增强和发展的，而且这种练习既是心理练习，也是实际生活练习。在一般人看来，孩子们似乎是在学习行为的准确性和优雅的动作，或是在完善他们的感觉，或在学习读写。但事实上，这些系统的练习或学习活动，都是建立在独立自由的原则之上的。它们有着更深刻的意义：孩子们在学习怎样成为自己的主人，怎样成为思想敏捷和意志坚强的人。

### 年龄越大，注意力集中的时间越长

研究发现，孩子的年龄越大，注意力集中的时间也越长：3岁孩子的注意力可集中5分钟左右，4岁10分钟左右，5岁约为15分钟，6岁大致在20分钟。随着年龄的增长，集中注意力的时间增长。由此可见，注意力是否能够集中跟身体因素有关，对于孩子特别是3岁以前的孩子，父母不能过分苛求他们保持很长时间的注意力，而应以平和的心态科学地加以培养：

**1. 婴儿期**

0~1岁期间的孩子，注意力以无意识注意为主。心理学家认为，对乳儿不必进行专门的注意力训练，父母把注意力的锻炼放在对孩子进行的各种日常活动之中就可以了，如喂食、玩耍等。父母应该让孩子的注意力趋向稳定。

此阶段需要注意以下几个方面：

- 慢工出细活。在这个阶段，孩子的大脑还不发达，很难区分和理解成人有意施加的各种刺激。因此，在对孩子讲话时，父母的语速要慢，要温柔，带着很强烈的感情，以免引起孩子的厌倦、急躁和反感。当采用晃动醒目的物体吸引孩子时，速度要慢，在孩子的视线中要保持足够的时间，孩子把注意力转移到其他事物之前，父母最好不要将刺激物拿走。总之要突出一个"慢"字，慢工出细活。
- 重复多遍。由于孩子的大脑不发达，孩子对孤立的刺激很容易遗忘，因而需要重复行为和奖励来强化刺激的效果，增强注意力和记忆力。因此在这个阶段，给孩子讲优美的小故事或放动听的音乐，不要放一遍就算了，应该重复几遍，让孩子熟悉之后，再更换新的内容。要注意的一点是，这些是放给孩子听的，不要把自己的感觉强加给孩子。
- 适度恰当。训练孩子的视觉、听觉、触觉等方面，选择恰当的刺激物是一个主要问题。比如训练孩子的视觉，最好选择颜色鲜艳、色块大、易于区分的刺激物，不要让其他的细节分散了孩子的注意力。父母的脸是容易获得孩子的欢喜和注意的，因此，父母要多在孩子面前"露脸"。另外，能够直接满足孩子的机体需要的东西，也能很好地引起孩子的注意，如奶瓶、小勺等，用这些物品来训练孩子的注意力，既简单又方便，效果不错。

**2. 幼儿期**

孩子在一岁到两岁半之间，从开始学步，到能够完全自如地行走、活动并初步学会语言，整个阶段叫做学步期。在这个阶段，训练孩子注意力的有效方法主要有：

- 用拼图、下棋等进行训练。在这个阶段，让孩子学会拼图，并逐渐增加拼图的块数，其效果通常是很明显的。在父母看来，学习简单棋类的玩法实在是没有太大的意思，可是孩子对这类游戏有时能达到入迷的程度，只要一玩起来，二三十分钟都不停止。
- 带着问题听故事。这个时期的孩子对故事有比较浓厚的兴趣。父母应有意识地让孩子带着问题去听故事，听完故事后回答问题。研究发现，这种方法对发展语言能力很有效果。如果让孩子听完故事后复述，这种效果就会更好，更能增加孩子的兴趣。

- 做一些专门的训练游戏。父母可以在家做这样的游戏：让孩子观察几样东西，看上 1~2 分钟，然后撤掉其中的一个或两个，请孩子说出什么东西没有了。这种游戏，我们不用希望一次成功，多做几次，孩子就会了。不要因为孩子的失败而发怒，更不要因为孩子不会做而放弃。这对训练孩子注意力和记忆力是很有好处的。

作为家长，在培养幼儿的注意力时需要注意以下四个问题：

- 目的一定要明确。很多实践证明，孩子的目的越明确，注意力就越容易持久。
- 培养兴趣。如果孩子对某项内容发生兴趣，注意力就容易集中而且持久，所以对孩子进行教育的形式应该多样，形象生动。
- 劳逸结合。经过 5~10 分钟的学习，父母就应该让孩子有几分钟自由活动，切忌"连续作战"。
- 创造安静的良好环境。孩子学习的时候，应该尽量保持室内外安静，父母不要在屋内多走动，不要与孩子说与学习内容无关的话。父母要特别注意电视等对孩子的影响，在孩子学习的时候，父母最好不要看这类东西。即使要看，也应该调低音量，以免让孩子分心。

## 互动游戏

### 小小插花师

**游戏目的：**

这是一项发挥创造力的活动，既可以锻炼孩子的注意力，又可以锻炼手指的灵活性。

**道具：**

三只小花瓶，一些修剪好的花枝，一把水壶，一个漏斗，一块海绵，几块漂亮的花瓶垫。

**游戏开始：**

1. 第一次插花，家长需要做示范：用漏斗往第一只花瓶里灌入适量清水，选一枝花，仔细插入花瓶，再选一枝，插入花瓶……

2. 然后，边展示作品，边告诉孩子花插得很漂亮，谢谢你的布置。

3. 选一块漂亮的花瓶垫，把花瓶摆放在房间某处。

4. 下面，就是孩子自由插花的时间了。花插好后请孩子自己选择摆放位置，孩子一定会因自己的作品而倍感自豪！

> **听听蒙台梭利怎么说：**
>
> 假如孩子能够参与到装点室内环境的工作中，并亲眼见证环境是如何变美的，这是不同寻常的体验。家长还可以充分利用孩子的"语言敏感期"，向孩子介绍每件物品的作用以及每种花的名称。

## 想象力

人类的发展是以想象力和创造力作为基础的。科学发明首先就是来自幻想，没有幻想像鸟儿一样飞翔的愿望，就不可能发现空气动力学原理，就不可能最终创造出飞机；没有最初对于浩瀚星空的幻想，就不可能有对天空探索的欲望，就不可能有实现人类登月的那一天。

反复的实践证明，培养想象力的关键时期是在童年。在合适环境的鼓励下，孩子在 4~7 岁是富有想象性的。对于所有的孩子来说，这个阶段正是最自由的阶段。认识了孩子想象力的启蒙阶段，培养孩子的想象力就有了科学的依据。

培养孩子想象力的时候，千万不要阻止他们自发的活动，即使这类活动像沙粒一样渺小。我们的任务是等待，不要欺骗自己认为能够创造智能。我们除了观察和等待青草的萌芽和微生物的自然裂变，别的任何事都不要去做。

人们往往认为孩子的最大特征就是想象力极为丰富，所以，我们需要采取一种特殊的教育方法来开掘这种天赋。还有人认为，孩子喜欢在虚无的、令人痴迷的世界里遨游，就如同原始人一样，他们经常被迷人的、超自然的和虚无缥缈的东西所吸引。对此，我们必须指出，事实上，在任何情况下这种原始状态都只是暂时的，会被其他状态取而代之。对孩子的教育应当帮助他们克服这种状态，而非延伸或发展这种状态，甚至让他们停留在这种状态。

孩子对伟大的艺术品十分感兴趣，对科技文明充满向往，沉浸在需要丰富想象力的作品里，我们应该为孩子聪明才智的形成提供这样的环境。在智力发展的时期，孩子被一些奇妙的幻想所吸引是很正常的事情，我们绝对不要对孩子想象力的发展过分控制。

大家亲眼目睹过，孩子骑在父母的手杖上时，他的感觉就仿佛真的骑在马背上一样，这就是孩子具有想象力的最好证据。当一群孩子在用椅子拼凑一辆扶手齐全的四轮马车时，他们感受到了多么大的乐趣啊！拼凑成功后，一些孩子在马车里仰靠着，满心欢喜地欣赏着他们所虚构的车窗外景色，还身临其境似的向外面欢呼的人群鞠躬致意；另一些孩子则坐在椅背上，抽打着存在于想象中的烈马，鞭子在空中舞动着。这是孩子拥有想象力的又一个例证。

但是，当那些早已拥有了小马驹，并且习惯于在马车里出入的富家子弟看到这一情景时，就会用鄙视的眼光看着这些兴高采烈的孩子，他们对这些穷孩子的举动感到非常吃惊，甚至会挖苦他们："他们穷得一无所有，这样做的原因就是因为没有马，也没有马车。"我们不能为了教育这些富家子弟而将他们的马驹牵走，给他一根手杖。同样，我们也无须阻止穷人的孩子对手杖和马车的幻想。一个穷人或者乞丐，当他来到富人家的厨房，闻到了扑鼻的香味，从而想象自己正在就着他的面包吃着丰盛的菜肴，又有谁可以阻止他的幻想呢？

有人曾十分严肃地问我："当一个小女孩反复地用手指在桌上比划着想象自己在练琴，如果我们真的给他提供一架钢琴，这是好事还是坏事？""坏事。""为什么是坏事呢？"我反问。"如果我们这样做了，孩子当然能够学会弹琴，但他的想象力就无法得到原先那样的锻炼了，我不知道该怎么办。"他的担心的确有道理。

福禄贝尔的一些游戏存在同样的问题。比如，将一块积木交给孩子，告诉他："假装这是一匹马。"再将积木按照一定的次序摆好，对孩子说："这是马厩，现在我们把马放进去吧。"然后再重新排列组合，对他说："这是一座塔，这是一个乡间教堂……"在这类练习中所使用的实物（积木），就不像上面例子中被当做马骑的手杖那样容易引起幻想，孩子在向前移动时，可以骑着手杖，并且可以抽打手杖，他会产生丰富的想象力；而用积木搭建的塔和教堂只会使孩子们的头脑更加混乱。更为严重的是，在此情况下，进行创造性想象的、用头脑工作的已不再是孩子，他们只是按照教师的提示去做自己。孩子是否真的相信马厩变成了教堂，他是否正在开小差，谁都无法得知。这时，孩子不得不用心琢磨教师所提示的一连串蒙太奇式的意象，尽管这些印象只存在于相同大小的积木之中。

我们在这些还没有成熟的大脑里到底培养了些什么呢？通过这种教育形式，确实有人将树当成了王位而对其发号施令，有人甚至以为自己就是上帝，正是这种错误的知觉成为了错误判断的开端，并且有可能变成神经错乱的并发症。正像精神病人什么也做不了一样，那些因为欲望无法满足而表现得狂躁不安的孩子，既不能为别人也不能为自己做任何事情。

孩子想象力的启蒙阶段，具有自动自发性。往往在成人觉得平淡无奇的地方，孩子能发现无穷的乐趣，创造新奇。这时候的孩子就像艺术家一样，其敏锐的观察力可以让他们发现一般人看不见、发现不了的东西。父母应诱发孩子的创造性思维能力。因此，这个时期孩子的创造性极其珍贵。

### 亲子互动游戏可以培养幼儿的想象力

孩子就是探险家，父母在教育孩子的过程中，应注意与孩子一起参与各种益智游戏，并在交流中让孩子发挥想象力，赞赏孩子所取得的成果。虽然许多父母很关心孩子的成长，但如果只把注意力集中在体能、智能、社交、情绪、语言等方面的发展上，忽略了创造力的培养，就相当于浪费了孩子的一大天赋。要想孩子有无限创意和丰富的想象力，除了给孩子买玩具外，更要利用日常家居用品，给孩子提供一个发挥创造力的天地。1~3岁的孩子就像一个探险家，喜欢探索和尝试各种事物，所以通过亲子游戏能帮助孩子挖掘更多新事物。

**讲故事**。故事是孩子最好的营养品，给孩子讲故事是一件轻而易举的事情。父母可以选择图画比较多的故事书，比如动物寓言、神话故事等，让孩子静静地坐着听，父母应注意在讲故事的时候要吐词清晰，并加上感情、表情、手势等，借此来训练孩子的感觉力和联想力。

**玩沙子**。在风和日丽的时候，父母找一个时间把孩子带到沙滩上堆砌不同形状的沙滩，这是发挥孩子自由创作的极佳游戏。2~3岁的孩子想象力很丰富，只要父母稍加启发，就能激发孩子无穷的创意。

**假装游戏**。父母参与的游戏，常常是孩子感到很高兴的事情，当孩子将玩具视作有生命的东西时，父母可以加入孩子的游戏里，把玩具当成活生生的东西，代表玩具回应孩子。比如代替玩具回答孩子"你好"等。

**堆积木**。用积木让孩子按照自己的意思去砌桥、建屋、修隧道，设计自己喜爱的城市和模型。这种方法可以促进孩子思维、精神和肌肉的多方面发展。

### 鼓励孩子多提问

父母都希望孩子今后能独立思考，具有创造性，那么就要从小对孩子进行创造性思维的开发。

**鼓励孩子提问、探索**。父母为孩子设计一个宽松的求知环境，经常向孩子提一些能启发孩子发散思维的问题。如可以就水提问题：水有什么用途？什么东西在水里会漂浮？水为什么会变冷？水可以有哪些颜色？水里通常有什么东西？对于上述的问题，孩子答得越多越新奇，效果就越好。父母要注意不要用大人的理智去抑制孩子开阔的思维，因为创造性思维从某种意思上说是一种异想天开，并非都符合逻辑。

**建立"成果登记簿"**。鼓励孩子从事操作性的活动，如帮助做家务、利用废旧物品制作各种小玩具等。为了及时抓住幼儿创造性思维的火花，父母最好为孩子建立一本"成果登记簿"，把孩子在一定时间内完成的事情，或者把各种新奇的想法记录下来。即使是做得不好，甚至是做糟的事情也要记下来。这可以成为幼儿从事创造性尝试的完整记录。

**帮助孩子克服单向思维**。孩子的思维特点依赖于形象思维，而且常常是从自己的角度去认识事物。例如，母亲将奶瓶里的牛奶倒入大口杯时，孩子会觉得牛奶多起来，因为大口杯的口径大；当他不愿被别人发现时，就用小手捂住自己的眼睛，以为人家看不见他了。单向思维是低级的思维形式，它妨碍创造性思维的发展，应该帮助幼儿克服单向思维形式，养成多角度思考问题的习惯。

**从好奇心到想象力到创造力**。研究表明，好奇心是决定孩子游戏与否的关键因素。好奇心就是一种求知欲。当孩子会爬乃至会走之后，便进入好奇心与求知欲极为旺盛的时期。要为孩子创造一个安全、丰富的探索性和应答性环境。在孩子眼里，一切看上去都是那样的新鲜，因此他们的好奇心最强。孩子用眼睛去看，用耳朵去听，用唇舌去触摸、去品尝，用鼻子去闻，这是孩子的游戏和乐趣，也是孩子的需要和学习的动力。

孩子是否有想象力和创造力，首先要看孩子有没有好奇心，拥有强烈好奇心的孩子通常有以下特点：具有较强的直觉能力，对环境敏感，观察力强；有旺盛的求知欲；思维灵活，富于幻想，爱别出心裁；精力充沛，健康状况优于他人。

## 互动游戏

### 树叶可以做什么

**游戏目的：**

启发孩子的想象力和创造力，提高孩子的联想思维能力。

**道具：**

各种落叶。

**游戏开始：**

1. 妈妈把和孩子一起收集的落叶拿出来，擦洗干净后和孩子一起欣赏并讨论它们的形状。

2. 妈妈拿着叶子问孩子："这些叶子我们可以用来做什么呢？"

3. 孩子回答："可以用来做书签、肥料、拼图等。"

4. 引起孩子的兴趣后，妈妈鼓励孩子自己动手将和叶子有关的创意表现出来，如拼出小熊的形状等。

5. 刚开始时如果孩子不能很顺利地说出叶子的作用，妈妈可以提示并示范。

> **听听蒙台梭利怎么说：**
> 
> 玩这个游戏时，妈妈要提醒孩子爱护植物，不能随便摘叶子，只能捡掉下来的落叶。回答问题的时候，尽量让孩子想象。如果孩子一时想象不出来，可以让孩子在屋子里转转，观察一下，或许就会找到答案。

## 运动能力

自降生于世，孩子就开始了运动，但最初是无规则的运动。运动对孩子极为重要，在心理发展过程中，身体运动的重要性是不可或缺的一个重要方面。运动绝不只是肌体呼吸、消化和血液循环方面正常发挥作用的辅助，也不能光从身体的角度来考虑！我们知道，从事体育运动能使人受益。运动不仅仅有益于身体健康，而且还能激发勇气和自信。运动是有着一种精神影响力，它能提高人的理想，激发人的生活热情。这种心理上的影响要比纯粹身体方面的影响深远得多。

**首先，一个人的工作性质通过运动表现出来。**因为人的工作就是精神生活的表现，而且牵涉各种运动，运动的发展服务于人的内心世界这一核心部分。如果一个人没有发展其整个肌肉，或者他只发展繁重的体力劳动所需要的那部分肌肉，那么他的心理也同样停留在其运动所维持的低水平上。因此，人的精神生活可能要受他所面临的或者选择的那种工作的限制。这就是为什么体育和游戏成为学校的必修课程的原因。开设体育和游戏课程以避免过多的肌肉被闲置，对孩子来说，是促进心理发育和身体协调性的一项重要内容。

**其次，运动促进心智的发展。**如果不知道孩子身体运动的重要性，成人可能在这方面加以阻挠，从而导致孩子发展失衡。所有人都承认感觉器官对智力发展的重要性。尽管如此，要让人们接受身体活动与人的道德、智力发展具有重要作用这一思想，仍不是一件容易的事情。如果一个正在发育中的孩子，不运用他的运动器官，他的发展就会受阻，与那些丧失了视力和听觉的人比起来，他更加举步维艰。一个失去肉体自由的人将比盲人和聋哑人遭受更多、更深的痛苦。虽然聋哑人被剥夺了与环境沟通的手段，但经过一个适应的过程，他们其他感官的敏锐，至少可以弥补一些不足。另一方面，身体的运动与一个人的个性是密切相关的，没有一样东西可以替代它。

总之，运动是一种创造性能量的外在体现，它能使人类更加完善。通过运动，人类对外界环境起作用，进而完成自己在这个世界上的使命。

在日常生活和教育中，只有将体育锻炼与孩子身体的具体发展状况相结合，才能真正实现促进孩子身心成长的目的，平时除了让孩子进行动手能力的训练之外，当孩子显示出发育迟缓或异常时，还应该鼓励他们去做有助于基本生活技能（如穿衣、脱衣、扣衣扣、系鞋带、拿物品）的运动。3~6岁这一年龄段，需要采用体育锻炼来保护和增强孩子的体质，促进其心智发展。

在最初阶段，孩子体形发育的特征是，躯干比下肢发达。一般情况下，新生儿的躯干，从头顶到腹股沟的长度是身长的68%，下肢仅为32%；在身体发育过程中，这些相关的比例会发生显著变化，例如，成年人为50%，个别达51%或52%。新生儿和成年人这种体形上的差别会随着年龄的增长而缩小。但在成长的初期，躯干仍然保持着比下肢发育快的倾向，躯干与下肢的比例变化为：1岁孩子为65%，2岁为63%，3岁则为62%；当孩子达到入园年龄时，其下肢仍短于躯干，仅为身高的38%。6~7岁时，躯干占身高的57%~58%，在这一阶段，孩子不仅明显地长高，而且躯干与下肢的比例也发生了很大变化。这时长骨两端肋骨层更快发育，也与还没有完全骨化的骨骼有关，孩子的下肢会明显增长；但此时还没有发育成熟的下肢骨骼必须承受比它大的躯干。因而就不能以成年人行走的标准来要求孩子。如果强迫他们同成年人一起走路，要求他们跟上成年人的步伐，想让他们干什么就干什么，通常容易造成罗圈腿，因此父母要特别注意这些育儿保健常识。

我们应该为孩子的一些基本运动，如行走、投掷、爬楼梯、蹲跪、起立、跳跃等提供一个相对应的锻炼方式。因此有必要为孩子提供相应的器械，这些器械的制作大多都很简单。

我们应该采取怎样的方法来帮助和引导孩子呢？那就是，为孩子的活动需求提供一种适宜的器械，让孩子在行走、投掷、爬楼梯、跳跃等活动中锻炼平衡性和协调性。下面介绍6种锻炼方法：

### 篮椅

"篮椅"是一种专门锻炼下肢，特别是用来增强体弱孩子的膝关节的器械。这是一种坐式秋千，它有一个很宽的座椅，小孩坐在上面双腿向前伸出，也可以完全放在座椅上。座椅的四角用绳子吊起来，可以来回晃动。座椅前面的墙上加上一块结实的木板，小孩用脚蹬木板，椅子就可以来回晃动，这样就可以使孩子的下肢得到锻炼。木板与墙要稍隔一些距离，并低一点，使孩子看到顶端。当孩子随椅子一起晃动时，通过这种器械使其下肢得到训练，而又避免了承受身体的重量。

### 摆球

从保健的角度来讲，"摆球"并不十分重要，但能吸引孩子们的兴趣，它是用一根绳子挂着一个橡皮球，可以由一个或几个孩子玩。孩子们坐在小扶手椅上击球，传给另一个孩子，以此用来锻炼双臂、脊柱，同时也训练用眼睛来估计运动中物体的距离。这种练习也可以在父母与孩子之间进行。

### 走直线

"走直线"即用粉笔在地上划一条直线，让孩子沿着这条直线行走。这有助于引导孩子按规定的方向调整自己的自由运动。在下雪后进行类似的游戏会更有趣，让孩子们在地上走出自己的直线，鼓励他们同其他孩子竞争，看谁走得最直。

### 爬小圆梯

小圆梯是木制的，呈螺旋状的，可以做扶手，另一边则是敞开的。这种游戏有助于养成上下楼梯不用扶栏杆的习惯，同时学会在上下运动中控制平衡。圆梯不用太高，台阶要很平缓。在这种楼梯中上上下下，可以使孩子得到在家爬楼梯时得不到的锻炼价值，因为家里的楼梯是按成年人的身体比例设计的。

### 低平台

这是一种木制的低平台，用来练习跳远。在平台上面用油漆划出若干条线，以标示所跳的距离。另外还有一段阶梯，配合平台使用，用来练习和测量跳高。

### 绳梯

绳梯结合上面的体育器械一起使用，能促进孩子完善许多动作，如蹲跪、站起、前弯后仰等。若没有绳梯的帮助，孩子在做这些动作时就会失去平衡。

所有这些运动对孩子有很大的帮助，一是掌握平衡，二是协调肌肉运动，三是增强肺活量。此外，这些运动还可以增强抓握的动作，这是手最原始、最基本的动作了，但也是能够完成其他精细动作的前提和基础环节。

除了为孩子提供以上的运动器械，我们也可以在体操中锻炼孩子。但在许多学校，人们习惯把体操当作是一种集体性的肌肉训练，其目的是让孩子学会一套规定的动作，这种体操的指导精神其实是一种强迫，它以强制性运动代替本能运动。因此父母要做的，就是在孩子学龄前，让体操成为一种运动项目，与一般的肌肉训练结合起来，共同促进其生理运动的发育。

### 自由体操

让孩子练习的自由体操，是不需要使用任何器械的。这类体操分为两类，指导口令下的体操和自由游戏。第一类，采用齐步走的方式，以练习孩子的平衡能力。在行进时，最好随着脚步节奏哼一些短曲子，因为这可以提供呼吸运动以增强肺部功能。

### 教育体操

这些练习属于学校工作的一部分,例如,浇水、剪枝、耕地、种植、饲养等,这些活动要求运动之间的协调,例如锄地、蹲下来种植植物、起立等,都要求有动作协调性。让孩子们搬运物品到指定的地点,并实际使用这些物品,他们就获得了一个极为有益的锻炼机会。

### 呼吸体操

这类体操的目的是调节呼吸运动,教孩子正确呼吸的方法。实际上它也有助于孩子养成良好的说话习惯。下面介绍一些简单的训练方法,包括许多有关呼吸运动与肌肉训练相协调的训练方法。

例如双手叉腰、嘴巴张开、舌头平直、迅速提肩、胳膊放低、慢慢呼气、缓缓放肩、复原姿势。父母应选择一些简单的呼吸体操,让孩子手臂也跟着动起来,相互配合。

———— × ————

## 互动游戏

### 赤脚走路

**游戏目的:**
让孩子体验触感丰富的行走,增强孩子的运动能力。

**道具:**
不同材料拼接而成的行走垫、不同材质的地面。

**游戏开始:**
1. 家长可以制作一张由不同材料拼接而成的行走垫,让孩子体验一次触感丰富的赤脚走路。像软棉垫、木地板、螺纹地毯、棕垫、草席、沙坑、卵石毯、不光滑的地板、硬纸板等等，都可以成为行走垫的一部分。

2.游戏开始，家长要给孩子示范如何张开双臂保持平衡，慢慢地向前走。第一次站在行走垫上，孩子可能仍然需要我们牵着他的手才敢向前迈步；待到熟练之后，家长便可以着手调整垫子的材质，或者为孩子制定一条较为复杂的行走路线。

> **听听蒙台梭利怎么说：**
>
> 　　运动对孩子极为重要，而赤脚走路的益处又很多。光脚走路的孩子不仅可以运动到全身的肌肉，还可以感受木地板的光滑、瓷砖地面的冰凉、地毯的柔软……不穿鞋，双脚也不会打滑，孩子会对自己身体的平衡更有自信，同时从脚底获得丰富的触觉感受。

## 独立能力

　　不能独立，就谈不上自由。引导孩子自由的最初的积极表现，就是使孩子从断奶的那一天起，帮助孩子在独立的道路上前进。

在传统的育儿实践中，父母最普遍的做法是，他们总是习惯性地伺候孩子，但这种做法已经被证明会带来严重的后果：这种行为不仅仅是在奴化孩子，而且还很危险，因为这将抑制孩子有益的、自发的活动。我们倾向于认为孩子就像木偶，为此我们像对待洋娃娃一样给他洗澡、喂他吃饭。我们从来不会停下来想想孩子的感受。

通过一个事实我们可以理解这种行为的后果。在近代，那些拥有许多仆人的贵族，往往越来越依赖他们的仆人，直至最终成为他们的奴隶，而且他的肌肉由于不运动会变得越来越软弱，最后丧失了活动的自然能力。那些自己什么也不做而只会发号施令的人，他们的思想会变得非常沉重和迟缓。当有一天，这个人清醒地认识到他的处境，想重新获得独立的时候，他已经没有能力独立了。

或许有人会问，获取越来越多的独立的目的究竟是什么呢？它从何处而来？显然，是从不断成长的个性中产生，实际上，每一种生物都独立活动，这一事实在大自然中早已存在。让孩子独立，就是在遵循大自然的规律。孩子获得了自由，而自由又是一切事物的首要法则。孩子是怎样获得独立地位的呢？他是通过不断活动获取的。他是怎样获得自由的呢？是靠不断的努力，任何生命都不会是静止不动的，独立也不是一种静止状态，而是一种不断的获取。要获得自由、力量和自我完善的能力，就必须走这条艰苦不懈之路。孩子的第一本能，是在没有任何人帮助他的情况下自己完成动作。当他不让其他人为他完成动作时，他就为独立做了最初的努力，为了靠自己获得成功，他坚持不懈地努力。

我们应该让孩子学会自己做事情。大自然赋予了他们进行各种活动的身体条件和学会如何去做的智力因素。我们对他们的责任是，在需要的时候才帮助他们征服大自然所赋予他们的有益活动。如果喂养孩子的母亲没有尽一点力教孩子自己去怎么拿住勺子，然后把它放到嘴里，没有给孩子亲自示范，这样的母亲就不是一个好母亲。这对孩子很有害，因为它关闭了孩子自我学习的大门，并在孩子成长的道路上设置了障碍。这样的母亲不是把孩子当作大自然委托她照管的一个人看待，而是把他当作洋娃娃。

虽然教一个孩子自己吃东西、自己洗衣服和穿衣服是一件单调乏味且困难的工作，这需要付出比喂养孩子、给孩子洗衣服和穿衣服更多的耐心，但这是教育者的责任。有效训练孩子的所有教育活动，都必须帮助孩子们在独立的道路上前进。我们必须帮助他们学会走路，学会跑，学会上下楼梯，学会捡起掉落的东西，学会自己穿衣服和脱衣服，学会自己洗澡，学会清楚地讲话并清楚地表达，而且也发展出个人行为的独立性，及适应环境行为的原创性。父母应该适时帮助他们，使他们有可能达到自己的目标和欲望，所有这些都是独立教育的一部分。

为了培养孩子的独立性，首先需要父母为其提供适宜其生长的环境和适当的教育。家长是孩子的第一任老师，父母的教育和家庭环境的影响，是孩子生活习惯和思维方式形成的重要因素。家长的责任是为孩子创造各种独立做事的条件，不当"拐杖"当"向导"，帮助孩子强化自我意识，激发孩子的主观能动性，充分发挥家庭在培养幼儿独立性过程中的作用。

### 让孩子在家中学会生活自理

日常生活中的很多事情，本来应该由孩子自己来完成，但是由于家长担心孩子做不好进而大包大揽，久而久之使孩子成了衣来伸手饭来张口的"寄生虫"。还有一些家长认为，吃饭、穿脱衣服等生活技能是不用训练的，小孩长大自然就会。其实这些观念和做法都是不正确的。从孩子发展的观点来看，不给予孩子锻炼的机会，就等于剥夺了孩子自理能力发展的机会，孩子也就丧失了独立能力。所以家长要本着因势利导的原则，让幼儿做一些力所能及的事情。

### 加强对孩子独立思考能力的培养

在做家务的过程中，孩子往往会遇到很多问题，有的家长在这种情况下往往会阻止孩子去解决问题，长此以往，幼儿会产生依赖心理，不愿再去尝试。所以，家长要培养幼儿独立思考问题的能力，教育他们遇到困难要想办法自己去解决。只有这样，幼儿的创造能力才会不断增强。另外，独立思考能力强的孩子，往往具有较强的好奇心，家长应该多鼓励，千万不要因为孩子提的问题过于幼稚而加以嘲笑，以免伤害孩子的自尊心。凡是孩子自己能够想的就应该让他自己去想，培养孩子独立思考的习惯和能力。另外，家长要培养孩子自己做决定的能力。凡是可以让孩子参加谈论做决定的事情一定要让孩子参加，比如周末到哪儿玩，让孩子作为平等的一员参与意见，如果可行就采纳。

### 重视孩子独立处理问题的能力

其实，孩子有主意是件好事，他有自己的看法，家长要放手让孩子做力所能及的事情。凡是孩子自己能做的就让他自己做，不要代替他。孩子只要愿意做，我们就鼓励他，使他获得自信。我们应该鼓励他去尝试，培养他们自己处理问题的习惯。在生活中，要注意培养孩子自我完善能力，要让幼儿学会自我观察、自我体验、自我批评、自我控制，培养孩子解决问题的能力。

在对幼儿独立性培养的过程中，家庭和幼儿园不是两个相互分离的个体，而是一个统一的整体，幼儿独立性的培养要靠两种环境相互促进，相互弥补。因此在幼儿园中教师也应该重视幼儿独立性的培养。

**1. 要在日常生活中培养幼儿的独立性**

幼儿期的孩子，语言和行为发展变化非常快，对周围世界的认知范围逐渐扩大，喜欢自己去探索这个新奇的世界。随着他们身体的发育、心理能力的不断提高，他们开始了尝试，于是从不会做到学着做到学会做。在这个必然的规律和必经的过程中幼儿获得了自身的发展。因此我们在教学中应该注意引导幼儿从身边的一些小事做起，让他们学着打扫卫生、安排桌椅、制作玩具等。即使做得不好，也要多鼓励他们自己去做，给他们一种小主人的感觉，让他们在活动过程中感受独立做事的乐趣。

**2. 在教学中培养幼儿的独立性**

在教学过程中，教师要引导孩子沿着独立的道路前进。孩子自身有巨大的发展潜力，应尊重幼儿的自主性、独立性，让他们在活动中发展。在孩子遇到问题的时候，教师应该首先把解决问题的权利交给幼儿，给予他们独立解决问题的能力，让孩子自己学会解决问题。幼儿期的孩子好奇心极强，他们对看到的事情都会问"为什么"。对待他们所提出的问题，教师不应该直接回答，应该采取启发式的教育方式，让他们自己动脑筋思考。注意对孩子说话的口气和方式，要认真倾听孩子的表达，使孩子感受到尊重。以商量、探讨的语气和孩子交流，而不是以灌输的方式告诉孩子什么是对的，什么是错的。以平等的态度对待孩子，尊重孩子的人格。

### 3. 在培养幼儿独立性的过程中要注意因材施教

先天差异以及家庭环境的不同使得幼儿之间存在能力的差别。具有较强独立意识的幼儿，我们应给他们提供更多的机会去尝试、探索，逐步培养他们的组织能力和领导才能；对于独立意识较弱的幼儿，要降低标准，循序渐进，并在教育过程中采取鼓励、赞扬的教育方式提高幼儿的自信心。独立自主性的培养是一个长期的过程，需要循序渐进地进行，切不可急于求成，如果对每个孩子采取同一个标准，就会使能力强的孩子失去兴趣，能力弱的孩子产生畏难情绪，失去尝试的勇气，因此应该根据孩子的差异及时调整教学过程与环节，让每个孩子都在学习中培养独立性。

## 互动游戏

### 桌子擦得真干净

**游戏目的：**

在日常生活中培养孩子的独立能力，让孩子学会自己做事情。

**道具：**

盛好清水的盆、海绵、抹布。

**游戏开始：**

1. 将海绵浸入水中，取出，拧干，擦拭桌面。

2. 注意，不能落下任何边边角角，家长专注、仔细的样子会被在一旁观察的孩子牢牢记住。

3. 桌子擦完之后再用干抹布吸一遍水渍。

4. 示范完毕后，如果孩子愿意，可以让孩子独立做一遍。

5. 擦完桌子，不要忘了和孩子一起把工具收拾好。

**❧ 听听蒙台梭利怎么说：**

这个游戏既需要大幅度的动作，又需要小范围的精细动作，可以活动到孩子全身的肌肉。假如孩子已经学会用小水壶灌水了，索性把打水的工作也交给他吧。持续训练一段时间，孩子就能自己擦桌子了，因为他慢慢就掌握了完整的工作步骤。

## 智 力

孩子出生后三年的发展在程度和重要性上超过孩子一生的任何阶段。脑科学研究发现，婴儿在降生前，脑细胞分裂增生以及大脑皮层的结构形成已基本完成。出生时，其生理活动仅为条件反射。出生以后，喧嚷的人群，纷繁的信息刺激蜂拥而至。那些来自视觉的、听觉的、触觉的、平衡的、运动的、言语的、形状的、颜色的、符号的、声音的等等刺激，便强烈地促使条件反射的形成。第二信号系统的建立，促使脑细胞伸出无数的突起（树突和轴突，树突是接受信息的，轴突是传导信息的）。开始突起很少，出生后两年细胞突起由少到多，由短到长。由于脑细胞数量上、长度上都在增加，每一个脑细胞以其突起与数以千计的神经细胞发生联系，侧枝越繁，建立的突触联系就越广泛、越丰富，脑细胞的衔接就越紧密，形成的联络网也就越广泛、越庞大，这样就逐渐地产生了思维、创造等高级精神活动。而这些高级精神活动又可反过来促进脑细胞间网络更广泛地形成。婴儿利用自己的感觉器官、运动器官不断地在看、在听、在说，不断地探索、模仿，以致每时每刻都接受着各种新奇的刺激，使得神经细胞突起又不断地繁生延展分枝。但这信息源源不断地入脑，即刻印在脑中，使脑细胞形成致密复杂的网络，改变脑的微观结构和提高整个大脑的功能，为婴儿的智能、潜能的开发奠定了宽厚的基础。

如果婴儿失去早期教育，任其自然生长，浪费了婴幼年的宝贵时间，就会使脑细胞发育废止，树突生成少而短，细胞与细胞间联系不紧密。这是因为在婴幼儿成长的过程中，一旦错过了大脑生长发育期的开发，脑组织结构就会趋于定型，潜能的开发就会受到限制，即使有优越的天赋，也无法获得良好的发展。

一个 3 岁孩子的思维非常混乱，当一下子看到身边那么多的东西，他会感到眼花缭乱甚至昏昏欲睡。但是他身边的人不会意识到，在孩子的器官还没有发展协调前，需要随时纠正孩子在感官方面所犯的错误。因此，在这种情况下，孩子往往采取哭闹或者睡觉等消极方式来对付。

3 岁孩子的思维就像一个拥有很多书籍的人，乱七八糟地把这些书堆放起来，发愁着："这些书我该怎么办？"他何时能把这些书摆放整齐，并骄傲地说"我拥有一个图书馆"呢？

通过对感觉的锻炼，使孩子能够区别和分类。事实上，我们收集的感觉材料分析并描述了事物的属性：大小、形状、颜色、质感、重量、温度、味道、噪音以及声音等。最重要的是物质的性质，而非物质本身，虽然这些互不关联的性质是由物质代表的。我们能找到很多相同数目的对应物质来描述长、短、厚、薄、大、小、红、黄、绿、冷、热、轻、重、粗糙、光滑、香以及声音洪亮与否等特性，这种等级对于秩序的建立十分重要。实际上，物质的特性不仅有质的差异，而且也有量的不同。它们可能高一点或低一点，厚一点或薄一点；声音有不同的调子；颜色也有不一样的强度；形状也会在某些程度上有相似之处；而粗糙和光滑也并非完全绝对。

感觉教育的材料应该达到辨别事物的目的。首先，它应该使孩子通过大量的分析和比较了解两个刺激物的特征。接着，当课本将孩子的注意力指向一系列外部事物：光明、黑暗、长和短时，差异便会被他们感知。最后，他可以区分不同特征的差异程度，然后依次排列一系列物质。例如，表明同一个音符的不同程度的格子，发出八个音调的铃铛还有能以数字表现长度或厘米表现厚度的东西。

我们除了以物质的特征来区分他们外，没有其他更好的办法了。所以，对这些物质的分类就要涉及每件事的基本顺序。从此，世界对孩子来说就不再是充满混乱的了。他的思维便有点像图书馆或收藏丰富的博物馆里放得井然有序的架子一样，每样东西都各归其类。他所学到的知识就不再只是被储藏起来，而是得到了适当的分类。这种基本的秩序绝不会被打乱，而只会因为新的材料得以丰富。

所以，孩子在获得区别事物的能力之后，便奠定了智力的基础。自此以后孩子认识了周围的事物，当他满怀欢喜地发现天空是蓝色的、手臂是光滑的、窗户是长方形的时候，他事实上并没有发现天空的颜色，没有发现手臂，也没有看见窗，只是发现了它们在头脑中的位置和秩序而已，这就决定了孩子内心个性的稳定平衡。

这种稳定平衡就像协调身体官能的肌肉，它会使身体保持平衡，获得进行各种运动的稳定和安全，带来了镇定和力量，提供了进行新尝试的可能性。一座安排得井井有条的图书馆为查找资料的人节约了时间和精力，就是这种秩序帮助人们节省了时间和精力。这样，孩子可以完成更多的工作而不觉得疲倦，能在更短的时间内对刺激做出反应。

在大脑建立了牢固秩序的基础上，对外部事物进行区分、归类和编排，这不仅是一个人智力的表现，同时也是对人的精神的陶冶。如果一个受过教育的人能够凭借作者的文风就了解这个作者，或者能够辨别出这一时期文学作品的特征，我们就可以断定他精通文学了。相同的，如果某人凭一个画家用颜料的方式能够分析出画家的性格，或者从浮雕的片段判断出其雕刻的年代，我们就可以说他已经精通艺术了，科学家正属于这一类型，他们善于观察事物，尽可能详尽地、恰当地评估这些事物的价值，这样事物之间的差别就得到了清楚的感知和归类。

科学家根据有条理的思维来区分事物，秧苗、微生物、动物或动物残骸对他们来说都不是秘密，虽然这些东西对他们来说也许是陌生的。造就科学家的并不是知识的简单积累，而是建立在他们头脑中的知识体系。与之相反，未曾受过教育而对事物只有直接经验的人，或许是一个秉烛夜读的农民，或许是一个一生在花园里对植物进行区分的园丁，这些不曾受过教育的人，他们的经验不仅混乱无序，而且也只局限于直接接触的事物之中。科学家的知识是极为丰富的，他们具有把事物的特性区分归类的能力，能够识别所有物质并随时确定他们的类别、他们之间的相互关系和各自的起源，因此科学家们能发现远比实物更深刻的事实。

今天，我们的孩子如同艺术家和科学家那样凭特征对外界事物加以辨别和归纳，他们对一切都非常敏感，一切东西对他们来说都具有很高的价值，相反，那些无知的人从艺术品旁经过或听到古典音乐时，却不懂欣赏。没有受过教育的孩子对一切都无动于衷。

婴幼儿智力的发展已成为当前刻不容缓的一件大事，它关系到人类智慧潜能的挖掘、素质的提高、社会的进步。因此，必须采取科学的措施，实施生动活泼的引导方法，因势利导，循序渐进，激发他们的兴趣，在玩中教，在玩中学，让婴幼儿在不知不觉中学到知识。从具体措施上讲，父母可根据婴幼儿生理特点从以下几方面努力：

- 充分调动和训练感觉器官，让纷繁的感受刺激脑细胞的生长发育，促进脑细胞的树突和轴突的繁茂生长。如让婴儿多看各种物体的颜色、形状、大小；用嗅觉去闻各种气味，刺激嗅觉细胞发育；用舌头品尝各种味道，刺激味觉细胞发育；用手抚摸婴儿的皮肤等等。通过触觉、温觉、冷觉及质地的软硬来促进感觉中枢神经细胞的发育。手脚是全身器官的缩影，按摩手脚除了能促进感觉神经末梢的发育以及手脚的灵活性外，从传导作用上说，也就等于按摩了全身并对促进全身的发育起到保健医疗作用。

- 尽量引导婴幼儿做各种运动，多使用左眼、左耳、左手、左脚，发挥其功能，促进右脑的发育。由简单到复杂的运动，由被动到主动的运动，要有意识地激发婴幼儿早用手抓、握、捏、扔、接、拍及跑、跳等各种运动，尤其是要训练其手脚的精细动作，促进小脑发育和平衡。

- 多到人群中去，多接触外部环境，感受大自然，去认识各种事物，如汽车、建筑等。接触丰富多彩的景色，充实精神生活，锻炼婴幼儿的观察力，培养他们的娱乐性和趣味性。

- 尽早地对婴幼儿进行形象化的语言教育，使婴幼儿用完整的语句表达意思，尽早地开发孩子对语言的感知力和接受力。尤其是在与孩子交往中，要通过生动、新颖、形象的话语，促进他们的理解、记忆，萌发出形象联想，并调动出自由天真的幻想。

- 尽早地促使婴幼儿音乐细胞的产生。音乐细胞的培养可促使右脑的活跃，形象思维的联想，创造潜能的开发。长期受音乐感染和熏陶的孩子会心平气和、情绪稳定而思想活跃、热情活泼、兴趣广泛，并能较好地促使注意力集中，提高学习效果。

- 从生理角度考虑，要使大脑处于最佳的状态，供给婴幼儿充足的氧气，让婴幼儿在宽敞明亮、空气新鲜的环境里生长。婴幼儿大脑在生长发育中，需氧量很大，约占全身需氧量的二分之一。为了保证大脑功能充分发挥，应培养婴幼儿较为固定的作息时间，使体内生物钟呈周期性和规律性的运转，并应保证婴幼儿有一定的主食量，以促使血中有足够的葡萄糖含量供给大脑，保证大脑能量消耗。

综上所述，要使大脑生长发育良好，开发幼儿的智力，应从两方面努力：一是良好的营养，充足的氧气，优越的环境，促使大脑组织的生长，完善大脑结构。二是良好的信息刺激，提高大脑的功能。前者为大脑发育奠定物质基础，后者为大脑功能提供精神食粮，两者结合才能使婴幼儿具有发达的大脑，聪慧过人。要开发大脑智力、提高素质必须抓住大脑发育的最佳时机，因为此期是神经反射敏感期，大脑呈一片空白，它将毫无批判地吸收外界信息。信息一旦入脑，即刻印在脑的结构中。因此，应尽早地将美好的、正确的知识信息抢先输入，占据大脑这块神奇的土地，使之成为知识的海洋，智慧的发源地。

---

## 互动游戏

### 给纽扣分类

**游戏目的：**

通过对感觉的锻炼，使孩子能够区别和分类。

**道具：**

一只盛满纽扣的大盒子、几个玻璃罐。

**游戏开始：**

1. 家长事先可以把所有物品都摆放在托盘里或者毯子上，以防孩子玩起来纽扣撒得到处都是。

2. 这项活动不需要演

示，所以家长干脆不要进行任何干预和指导。

3. 让孩子自己把手伸进纽扣盒，按照自己的意愿进行挑选：选出个小的，选出红色的，选出蓝色的……游戏过程中，孩子对细节的观察会变得越来越敏锐：哪些扣子是金属的，哪些扣子是方形的，哪些有四个扣眼，哪些却只有两个……孩子还会把盛扣子的玻璃罐填满又倒空，盖子拧上又打开，或者如家长所愿，把挑选出的纽扣分类放入玻璃罐中。

> **听听蒙台梭利怎么说：**
>
> 　　关于智力的发展要素，没有一样不是来自感官，所以，请家长留给孩子随意发挥的空间。没有家长的干预，孩子反而会更加专注，能够得到许多独特的新发现。

## 意志力

意志薄弱的人会像避免一件令人厌烦的事一样，竭力避免去做出决定和选择，尽量依赖别人，他们怕犯错误，怕在黑暗中摸索，怕承担意想不到的错误后果。结果这些人会像"一条拴着链子的狗似地跟在别人的后面"，甚至失足和堕落。犹豫不决会使一些孩子产生病态的苦恼和岐变，表现出哭、闹、依赖等，发展下去甚至会成为神经质的"怀疑癖"。也正因为决定的作用，会使一个人性格果断、个性和谐、坚定不移。一个有意志的人还必须具备"坚持性"和"持久性"，这就是意志的品质。坚持性和持久性能使人们持之以恒，坚持不懈，不屈不挠地工作。

意志发展的阶段性与孩子其他方面的发展有重要的联系。孩子意志的发展是一个缓慢的过程，通过与环境有关的持续活动而发展起来。与此同时，孩子的动作、智力、纪律性、个性也获得发展。从婴儿期开始，婴儿一旦有意地和自觉地做出某个动作，这时意志开始发展，孩子动作是盲目的、杂乱无章、难以控制的。一些人认为这是孩子意志产生的结果，所以成人往往以自己的意志为转移，强迫孩子服从成人。其实幼儿动作的混乱是情绪纷乱和痛苦的表现，是由不相适应的环境所造成的，与孩子普遍的生命力毫无关系。相反，如果孩子个体从事的活动与意志发展的道路相吻合，孩子就能自发地从事有利于生命和意志发展的活动，发展自己的力量，孩子在练习中由最初的本能的冲动变成有意识的和随意的行动，这时意志发展进入第二个阶段。当孩子开始自然地选择"自治"的生活方式时，表现出自由、自知、自我克制，在这个阶段，孩子会创造性地运用自己的能力，承担责任，遵守实际生活中的种种规则，开始成为自己的主人。由于内部意志的形成，增强了控制自己的能力，孩子开始遵守纪律。这种纪律建立之后，孩子便进入意志发展的第三个阶段。在意志形成、发展过程中，意志的发展是缓慢的，表现是脆弱的，很容易被成人所摧毁，因而成人要给予充分的注意和保护。

我们应该为孩子的意志发展提供一个适合的环境，革除一切不利于孩子意志发展的弊端，为孩子提供意志发展所需要的物质和材料，通过自由运动和自由活动、作业、练习以及训练有素的教师的帮助，进行意志培养和锻炼。意志教育和培养的基本途径和方法，主要有以下四个方面：

第一，排除成人的直接干涉，革除阻碍孩子意志发展的人为障碍。我们可以常常看到这种现象：孩子活泼好动，总是静不下来，看到什么都要去摸一摸，碰一碰，甚至还要去"侵犯"同学，被老师斥责为"调皮精"、"讨厌鬼"。这一类幼儿，处于心理萌芽阶段，萌芽阶段的"冲动"、"抑制"这两种截然不同的行动，仍然是分离的，没有融合成为一体，他们的意志仍然不能控制自己，但它在潜意识里起支持作用。这阶段的孩子有一种自我发展的能力，这种能力引导他去触摸东西，去熟悉事物。这是孩子意志发展的一种自发活动，教育者应尽快诱发孩子的积极行为，更早地使孩子产生抑制和冲动之间的相互联系。可是在孩子周围的大人们对待孩子的这种自发活动则往往给予训斥和粗暴的干涉。例如当孩子想摸周围的物体时，大人们则说："别碰！"当孩子为了走得稳而到处跑时，大人们怕孩子摔跤则焦急地加以阻拦说："别跑！"当孩子决定做某事时，他们则说："不行！"当孩子还在集中注意力干某件事时，他们则不顾及孩子心理的需要，打断孩子的行动来服从大人的意志。大人对孩子原始冲动的践踏，无异于把他们即将发展的意志扼杀在摇篮里。一些父母亲满怀着"爱心"，却不知不觉地做了这种摧残孩子意志的帮凶，使儿女成为完全服从他的意志的人。蒙台梭利指出：用成人的意志代替孩子的意志，不让孩子动，即使让他动也是替孩子做主选择，使孩子失掉了意志锻炼的机会。可见，成人给孩子提供这样的环境，只是一些障碍物，阻碍了孩子意志、个性的发展，应该彻底地扫除这些障碍，把孩子从成人的禁锢中和干涉中解放出来。

**第二，让孩子在自由运动和自由活动中锻炼意志。**孩子的发展与自由紧密联系，自由活动是幼儿教育的又一条基本途径，也是培养孩子意志的主要途径。旧教育中的那些教师只知训练孩子呆坐、静听和背诵，孩子从来没有"我想要"这样的事，做什么事都要去问教师，没有权利支配自己的行动，这样的教育实际上是阻碍了孩子初期意志的发展，孩子因而变得胆小，没有依赖的人的帮助和同意，就毫无勇气承担任何事情，这些孩子被教师称为"乖孩子"，然而他们往往是意志薄弱、毫无个性的孩子。蒙台梭利认为新教育要给孩子自由，把他们从被监视、被压抑中解放出来。那些意志薄弱的孩子，他们表面上保持安静不动，但内心是渴望能够活动的，所以对于他们，最好的刺激就是在别的孩子不断的、有趣的运动过程中，使他能参与并和别的孩子一起按照自己的意愿行动。使他在自己选择喜爱的活动中激发意志力，像训练体操一样达到对意志的训练，在行动中使过分的抑制获得解脱。自由运动和活动对孩子意志的形成具有重要意义。首先，自由运动可以使孩子获得力量，使身体肌肉运动协调，奠定了意志形成的生理基础，为意志锻炼逐步进行做了必要的准备。其次，自由活动和运动可以发展意志品质，例如孩子在进行自由活动时，必须进行选择和决定做某件事而不做另一件事，这也是锻炼了意志的果断性。他选择了某项自己感兴趣的工作，随之集中注意，愉快也油然而生，这不仅不会使他疲劳，而且还会使他不断地重复练习，直到满意为止。这一过程也是坚持性和持久性的锻炼过程。再次，自由运动和活动可以使冲动和抑制相互平衡，例如孩子能够四处走动，在走动时力图使自己不撞到伙伴，不踩着孩子们的脚，不碰翻桌、椅，使冲动和抑制保持平衡，这说明他正在锻炼意志。人的控制能力不能靠禁止，而是要通过自由活动和练习来形成。这样一来，自由的运动、活动使弱者获得力量，强者获得完善。

但是自由运动并不仅仅局限于身体的自由那种非常原始的概念范围。如果为孩子提供的仅是小猫小狗似的自由，听之任之的活动是很少有良好效果的，也无助于意志的发展。一项疲劳实验证实：有目的工作和无目的的工作相比，后者更易使人疲劳。因此，自由运动和活动是有目的的，需要伴随着智力、意志、注意做准备的运动和练习，可以使孩子在这种活动中获得坚持履行其任务的冲动，并能表现出理性快乐的冲动，从而培养了自觉从事工作的意志及品质，成为一个精神健全的人。

**第三，为孩子提供有吸引力的，有利于孩子智力、意志等心理发展所需要的物质和材料，并进行有规则的训练。** 在给孩子进行锻炼时，光排除障碍给予自由是不行的，还必须为他们提供能训练意志的材料，从环境中获取积极的经验，丰富他们生活的印象，并能引发他们朝着有兴趣、有教益的方向发展，使他们能从中获取营养，获得意志、注意、智力、品德的正常发展。为此，我们设计了一套适合孩子特点的物质环境。如为孩子意志发展做准备的肌体协调运动的生活用具，轻便而美观的桌椅、玩具，成套的教具、材料，这些物质环境的设计，实用的设备和用具是蒙台梭利对幼儿教育的重大贡献。在意志教育上应摒弃单纯的口头说教，仅有应当做什么的说教是不会达到培养意志的目的。意志的表现形式是"完整的行动"，什么也没有做的人就没有完成意志的活动，因此关键在于行动。

**第四，训练有素的教师是孩子意志及其他心理品质形成和发展的重要条件。** 旧的教育已包括教师和孩子两个因素。新教育应当包括教师、环境和孩子三个因素。教师不仅和孩子发生关系，也和环境发生关系。教师和环境的作用都是帮助孩子用自己的力量使孩子得到发展。在这里如果没有经过训练的教师，环境也不能起作用。教师在蒙台梭利幼儿教育体系中具有重要地位。在她的教育体系中，教师的角色已经发生改变，从旧教育中的权威的主体，变为一个孩子活动的视察者和指导者。教师的职责是观察孩子的表现和了解孩子的需要，建立常规和排除孩子自然发展中的障碍，引导孩子心理活动和身体发展。指导员的作用比一般人所理解的要重要得多，教师的作用并未因此而降低，而是要求更高。教师不仅传授知识，他还应当有各方面的准备，具有较高的素养。蒙台梭利认为，教师除具备一定教学的技艺以外，还应具备孩子生理、心理等方面的知识及较强的观察能力，善于运用这些知识去了解观察孩子身心发展的需要和愿望，在孩子需要时去帮助孩子，用观察取代灌输式教学。其次，要求教师像科学家那样有对科学的渴望和执著的探索，并向科学实验方向努力，使学校活动本身成为研究人的心理发展的科学实验室。再次，在精神方面应进行自我研究。研究自己的坏脾气，克服傲慢和发怒。对孩子的发怒是对孩子抵抗的恼火，但它不久就跟傲慢相混合，在面对孩子要表现自己的微弱企图时，这种发怒就发展成为一种暴虐。发怒会对孩子意志和其他心理发展造成不良影响，形成胆小、唯唯诺诺，对老师的依赖，什么都不敢做不敢决定，影响了意志的形成和发展。教师还必须使自己谦恭、慈爱，善于自我克制、有道德。我们必须抑制可能会阻碍我们理解孩子的那种成人所持有的思想观念。

## 互动游戏

### 穿珠游戏

**游戏目的：**

让孩子在自由运动和自由活动中锻炼意志，并学会控制手指的力量和灵活性，遵循既定轨迹完成任务。

**道具：**

十几颗各种颜色的珠子、两根细绳。

**游戏开始：**

1. 在桌子上，摆放十几颗各种颜色的珠子和两根细绳。

2. 妈妈一手拿珠子，一手拿线，一边穿一边说："看这个珠子上有个小孔，线从这头穿进去，从那头穿出来，一个一个串起来，就变成一串小手链了，套在手腕上，一定很好看！"这时，妈妈的动作一定要放慢，并且始终遵循同样的步骤。

3. 孩子学着妈妈的样子，自己动手穿起珠子。

4. 刚开始，孩子的选择很有可能是随意的，既不留意珠子的颜色，也不关心珠子的形状，因为他把全部注意力都放在把线穿过珠子的动作上，每穿起一颗珠子都会产生极大的满足感。只有在熟练之后，他才会渐渐注意到珠子的不同，并进行有意识的挑选。如果孩子已经准确认识了红、黄、绿等颜色，可以把各种颜色的珠子分开，按一定的规律将同颜色的两颗或三颗穿在一起，或一颗一颗间隔着穿。妈妈先穿好一串颜色间隔开的珠子，然后让孩子模仿穿出一串相同颜色间隔的珠链。

**听听蒙台梭利怎么说：**

直接用软棉线来穿珠对年龄尚小的孩子来说过于困难，家长可以让孩子先用易于攥握的硬木棍来替代棉线。等到孩子熟练掌握木棍穿珠后，再继续改造穿珠工具：在棉线一端系一截3厘米左右的木棒。如果有可能，家长还应该为孩子示范如何在穿过第一粒珠子后用棉线打结固定。

其实，这个阶段很多练习手指灵活性的游戏，都是日后学习写字的技能铺垫。能够自如控制双手的孩子在学习写字的过程中会感到格外轻松。

# 性 格

　　西方教育十分注重孩子的性格培养,即便那时并不知道性格的确切含义,也不清楚如何进行性格教育。西方传统教育理论认为,人的发展不只包括智力教育和实践教育,还必须包括性格教育,这表明西方教育对人格发展的重视。此外,西方人向来很看重人的美德,如勇气、坚毅、责任感、与他人的良好关系等。因此,在西方传统教育中,道德培养的地位同样十分重要。

　　可是,实际情况并不乐观,即使在今天,许多人还是没有真正理解性格的含义,对道德教育缺乏明确认识。

　　针对这个问题,哲学家和心理学家很久以前就开始进行讨论,但始终没有提供一个准确的答案。可这并不影响人们对性格重要性的怀疑。近几十年来,对性格的研究集中于身体、道德、智力、意愿、人格和遗传方面。但是有一点令人费解,那就是所有这些研究都是以成人为对象,甚至那些从教育角度研究性格的人,也似乎忘记了孩子的存在,尽管这些研究也涉及遗传和出生前的影响。从我们对人格发展的理解来看,这明显是很大的遗漏,遗憾的是,很少有人去弥补这一遗漏。

　　与之相反,我们的研究就从这里开始,从孩子的出生、发育开始。因为充分了解孩子的自然行为,是得到新的研究方向的必要前提,只有这样才有可能理解性格的真实含义。对孩子行为的研究告诉我们,孩子性格的发展离不开孩子自身的努力,这种努力是一系列行为,与外部因素关系不大,起决定作用的是自身的创造潜能。于是,我们的兴趣也就转向对人心理发展的探讨,我们的工作就必须从头开始,从孩子出生的那一刻起开始。

　　我们通过对人的行为的研究来研究人的性格。总体来看,一个人从出生到18岁,可分为三个阶段:0~6岁,6~12岁,12~18岁。每个阶段又可以分为两个小的阶段,如果我们分别对这些阶段进行研究就会发现,这些阶段典型的心理存在巨大的差别,而且不同个体之间也存在着差别。

我们知道，0~6岁这一阶段是一个创造的阶段。虽然刚刚出生的婴儿没有形成性格，但性格的形成恰恰发源于此。对于婴儿，我们无法施加任何外在的影响，而大自然则已经为性格的发展奠定了基础。这些婴儿没有好坏的意识，不受我们道德观念的影响。实际上，我们也不会说某一个孩子好坏或是否道德，而只用顽皮来形容他们。

在6~12岁这一阶段，孩子开始有了好、坏的观念，他们不但可以评价自己行为的好坏，也可以评价别人行为的好坏。能够区分好、坏是这个年龄孩子的主要特征。这一年龄的孩子也有了道德感，这种道德感最终会形成一种社会感。

在12~18岁这一阶段，孩子知道了爱自己的国家，知道了自己属于某一特定的族群，也有了对这一族群的荣辱感。

虽然每一阶段都与其他阶段有很大的差别，但前一阶段又都为下一阶段打下了基础。想在第二阶段发展正常，就必须要求第一阶段发展良好。人是通过妊娠来孕育生命的，如果父母二人不酗酒或没有其他疾病，他们所生的婴儿就应该是健康的。

孩子性格的形成，在孩子出生后的几年中非常重要。如果孩子在这一时期受到伤害，个性发展就会出现偏离，也就是说，一旦孩子在发展过程中遇到障碍，就会出现性格异常。假如孩子能够自由发展，性格当然会正常，不过这只是一种理想的状态，实际生活中无法达到，因为在孩子的发展过程中，障碍无法避免。

如果孩子在0~3岁的发展时期遇到了障碍，形成了心理和人格上的缺陷，那么进行治疗的最好时期是在3~6岁。因为在这个阶段，大自然真正全面培养和完善孩子的各种能力。

孩子性格的缺陷种类很多，需要对症下药。为此，我把这些缺陷分成两类：一类缺陷表现在强壮的孩子身上，这里所说的强壮，指的是这些孩子能够克服障碍；另一类出现在软弱的孩子身上，这里所说的软弱，指的是这些孩子在不利条件面前选择屈服。

### 1. 强壮型孩子性格缺陷的特征

强壮型孩子性格缺陷的特征表现为情绪不稳定，并且经常出现愤怒和暴力倾向。这种孩子有一个共同点，就是不服从命令。我们称这种倾向为"毁灭性本能"。他们通常非常自私，容易产生嫉妒，而且有极强的占有欲，动辄抢夺他人的东西。这种孩子还有一个常见的特征，就是行为缺乏目的性，难以集中自己的注意力，也不能协调双手的活动，他们手里拿不稳东西，很容易掉到地上。这些孩子通常不安静，喜欢大喊大叫。他们的心理很混乱，并且喜欢胡思乱想，这样的孩子老是打扰别人，喜欢捉弄别人，对小动物或者幼小孩子不友善，这种孩子一般都很贪吃。

**2. 软弱型孩子性格缺陷的特征**

软弱型孩子性格缺陷的特征表现为很被动，通常显得消极、懒惰、懒散。这些孩子总喜欢哭，他们用这种方法来求得别人的帮助；他们渴望成人的帮助，想要得到别人的欢心，希望有人逗他们玩；这种孩子常常显得烦躁不安，对什么事情都有恐惧感，经常撒谎，还喜欢偷东西。

这些心理上的毛病通常会引起一些身体上的问题。例如，这些孩子往往不吃饭，有的根本没有胃口，有的总是感到没有吃饱，最终导致消化问题；这些孩子还经常做噩梦，害怕黑暗，害怕独处，睡眠不好；有的孩子甚至会出现贫血和肝脏疾病。另外，这种类型的孩子通常还有神经方面的问题。以上这些生理疾病，主要是由心理问题引起的，而且用药物很难治疗。

那么，我们将给母亲们提出怎样的建议呢？孩子需要生活在能够令他们产生兴趣的环境里；母亲无需什么都帮助孩子做，有些帮助不仅不是必要的，而且是有害的，一旦孩子开始做某件事情，就不要打断他们；过分的关爱、过于严厉，都不会给处于精神饥饿中的孩子带来任何好处。这就如同对待一个挨饿受冻的人，我们骂他是傻瓜，或者把他痛打一顿，或者进行一番说教，要求他转变心情，这些做法都于事无补。因为饥饿的人只需要食物，其他任何东西对他来说都毫无用处。对于孩子的心理缺陷也是一样，成人对他们严厉还是和蔼都不能解决问题，因为这并非问题所在。孩子性格的形成或者缺陷的恢复，都无需成人的说教。如果成人出于道德的意图，对孩子进行威胁利诱，不会为孩子带来什么好处，反而会害了他。我们需要做的，所能够做的就是：为孩子提供正常的生活环境。

0~6岁的幼儿如同"软蜡",对于这一时期的孩子,可以适当地让他们进行"自我塑造"。这种"自我塑造"是非常关键的一个概念,在许多成人看来,他们要做的不是让孩子去"自我塑造",而是由他们来塑造。这显然违背了孩子发展的自然规律。

孩子必须塑造他自己,这就是教育孩子的一个基本理念,也是教育方法的核心指导原则。凭借一种与生俱来的学习能力和具有吸收力的心理,孩子通常会产生某种兴趣,并且非常愿意去主动做一些事情。这一点可以从孩子用来表达他自己的各种方式上得知。而成人,如果盲目、粗鲁、不适当地介入,就可能会把孩子在自己的软蜡上画出的轮廓毁掉。即使成人并非有心要干扰孩子,但一个客观效果是,他们对孩子在内心建构起来的东西造成了强大的破坏。在成人不注意的时候,孩子会重新开始他的建构工作。可当成人再一次把它破坏殆尽时,孩子又会重新开始。孩子和成人之间的冲突就是这样僵持,直到孩子完全投降,不再发表意见,不再做自己想做的事为止。

由此可见,在孩子这段如此敏感的时期,教育是何等重要,事实上,这个时期的教育工作,比接下来的任何时期都重要。为了避免成为阻碍孩子正常发展的阻力,成人一定要保持非常被动的态度,而且绝对不能盲目、不合时宜地干预孩子,身为父母,我们必须选择正确的途径,用我们的敏锐力去了解,什么样的行动才是帮助孩子发展所必需的。我们一定要控制自己的行为,以免造成破坏。创造者应该是孩子,而不是成人。

## 互动游戏

### 摸摸它们的形状

**游戏目的:**

锻炼孩子的触觉和立体感知能力。

**道具：**

几种触感完全不同的小物件。

**游戏开始：**

1. 找几种触感完全不同的小物件，比如小夹子、手镯、核桃、贝壳、小勺……把它们放进一只布口袋。

2. 将布袋中的物品一件一件地取出，邀请孩子一起摸摸它们的形状，记住它们的样子，并确保孩子能够记住每一件物品的名称。

3. 将物品重新放回布袋，家长把手伸进布袋，仔细摸摸其中的一件物品，并告诉孩子："我摸到了一个小勺！"在拿出物品之前先说出物品的名字，这点很重要。

4. 如果孩子愿意，示范之后，可请孩子自己来玩。

> **听听蒙台梭利怎么说：**
>
> 刚开始玩的时候，孩子可能会忍不住想"偷看"，但是慢慢地，手指感觉就会越来越敏锐，对所摸到物品的判断也会越来越有自信。
>
> 这个游戏看起来十分简单，而实际内容却相当丰富，既需要专注的态度和灵活的手指，也需要灵敏的触觉和一定的词汇量积累。

THE **CHILDHOOD**
**EDUCATION** OF
**MARIA MONTESSORI**

*05*

## 不要以爱的名义控制孩子

在孩子的教育中，成人往往事倍功半，弄巧成拙，自认为已经尽了最大努力爱孩子，为了孩子甚至牺牲了自己的幸福，可是孩子的发展却不尽如人意，这不禁引起我们的反思：你了解孩子与成人的真正区别吗？你是否给孩子充分的空间和时间，让其自然地展现和成长？你是否真正懂得爱孩子和孩子对你的爱？你是否协助孩子自我发展，为孩子提供了适宜的环境？在平时的家教方式中无论奖励和赏罚都充分尊重孩子？每个成人在看待这些问题时都仁者见仁、智者见智，希望本章的内容能为大家进一步思考这些问题提供一些启示。

## 成人眼里的孩子

　　成人眼里的孩子是什么样的？作为父母，作为教育工作者你是否真正了解与你朝夕相处的孩子？

　　在成人的眼里，孩子热衷于一些琐碎的、毫无用处的事物，他们为此感到不可理喻，他们认为孩子的自由探索行为是很幼稚的，这个过程是很缓慢的，他们企图将一切事情代劳。

　　但对于孩子来说，这些探索是可喜的、有趣的，他们从中得到了满足感。比如，孩子会要求自己扣纽扣、系鞋带，他们会完全沉迷在这些在大人看来是再简单不过的"工作"中，在一遍遍的尝试、重复中探索、发现，并兴奋着、愉悦着。但大人们看不下去了，最后穿衣穿鞋等基本生活技能完全由成人代劳。比如，有个孩子，现在一岁多一点点，刚刚会走路。她现在就有一个有趣的习惯，就是喜欢弯腰捡地上的小碎纸片，尽管每捡一次，小纸片都会从她可爱的小手中漏下去，但是她还是乐此不疲，一次一次地把小纸片捡起来。孩子的父母常常将小女孩的这个举动当成一个可爱的笑话，在女儿尝试了两次后，自己弯腰"帮"女儿把纸片捡起来放进垃圾桶里。在父母的眼里，他们一定觉得自己"帮"了女儿。实际上，他们不知道自己正在犯错误。小女孩不是为了把纸片捡起来扔进垃圾筒来保持干净这一结果，而是在充分享受这个有趣的过程，这个动作在充分运用她的拇指与食指，对她的动作技巧训练帮助很大，从而对她的大脑发育也有很大帮助。实际上，在"儿童之家"

的课程设置中都有一个训练项目就是让幼儿用拇指和食指拾小豆子。拾小豆子的"工作"也许在大人眼里同样是无聊和无意义的，但是它确是孩子的一项"工作"。孩子在这项工作中提高了动作技能，同时也发育了大脑，最重要的是他自然的心智也得到了发展。现今，大人们想尽方法发展自己宝宝的智力，但无知的大人们却失去了生活中很多可以锻炼宝宝的机会，这些机会简单、普通，以致让家长完全忽视掉了。

成人无法理解孩子对感兴趣事物的热爱，他们对一切都习以为常，并认为自己了解这些事物。其实，恰恰是这样的想法，常常让父母们对孩子的教育走入误区。**大人们常常粗暴或自以为是地阻断孩子的"工作"。**孩子拥有一种精神生命，这种生命的微妙表现尚未引起重视，它的活动方式会被成人无意识地破坏掉。成人常常声称为了孩子可以付出他能做到的一切，甚至可以牺牲自己。听起来是多么的无私呀！可是，当成人跟孩子打交道时，成人往往不是变得自私自利，就是以自我为中心。他们认为孩子的心里什么都没有，亟待他们去尽力填塞；他们认为孩子是软弱无力的，需要为他们做所有的事；他们认为孩子是缺乏精神指导的，需要不断地给予他们指导……

因此成年人在跟孩子打交道时，成人越来越自私自利，以自我为中心。他们只从自己的角度去看待与孩子有关的一切，结果使他们与孩子之间的误解越积越多，代沟就这样形成了。

精神分析学鼻祖弗洛伊德曾用压抑这个词来形容成人根深蒂固的心理障碍，这一词的字义已经清楚表明了心理障碍产生的原因。

一个孩子之所以不能正常生长，主要原因在于受到了成人"专制"的压抑。由于孩子与社会是隔离的，当他受到成年人的影响时，他就变成了一个特殊的成人，他的行为、举止就会与其最亲近的人相像。这些能影响他的人，通常是他的父母及老师。

然而，社会却赋予成人截然相反的使命——让他们有权决定孩子的教育与发展。只是到现在，当人类的思想达到了一定的深度之后，我们才转而发现，那些过去被认为是整个人类的守护者和施舍者的成人急需自省。对孩子负有不可推卸责任的整个社会，也应接受审判。

但成人会对此做出抗议，并自我辩护："我们已经尽了最大努力，我们热爱我们的儿女，我们为了他们甚至牺牲了自己的幸福。"他们虽然表面上在为自己辩护，其实内心也充满了矛盾。这里的重点是这种自省本身，被告们虽然在照料和教育孩子上殚精竭虑，但孩子发觉自己恍若置身困难重重的迷宫，无力自拔。其实他们并不知道，他们之所以会迷路，都是由他们自己造成的。

这一控告公开谴责的并不是那些见不得人的错误，也不是那种让人觉得自己丢人、没用的错误，而是要指责一种在无意识下犯的错误。这种指责能使人们加深对自己的了解，从而提高自己的精神境界。

不难发现，人们对自己所犯的错误的态度之间的矛盾：对有意识犯下的错误感到痛心，对无意识犯下的错误则不置可否。其实，在无意识犯下的错误中隐藏着很大的机会，即一旦人们认识并克服它，就能使自己超越某个已知的或梦想达到的目标，并使我们最终得到进一步提高。

如今，要想不再像以前那样错误地对待孩子，把他们从内心的冲突与危险的思想中解放出来，首先必须进行一次彻底的变革。这种变革必须在成人中进行。的确，尽管成人宣称，为了孩子他们正在倾尽一切所能，并进一步声明他们牺牲了自己的幸福来成全对孩子的爱，他们也不得不承认，他们确实遇到了难以解决的问题，对此，他们必须从现有的知识外去寻找答案。

尽管关于孩子依然存在大量未知的东西，他们的心灵中也有大量让人不甚了解之处，但我们必须去认识它们。这是那些想寻求孩子深处未知因素的成人必须做的事情。

成人不了解孩子，结果就使成人处于与他们不断的冲突之中。消除冲突的方法，并不是成人应该获得一些新的知识或达到更高的文化水准。对每个成人而言，他们必须找到各人不同的出发点。成人必须发现仍阻碍他自己真正理解孩子的那种无意识的错误。如果不做这种准备，如果没有采取与这种准备相应的态度，他就不可能进一步探究孩子。探究自身的行为并不像想象的那样困难：一个手指关节脱位的人渴望使之复位，因为他知道只要不复位，这种疼痛就不会消除，他就不能使用他的手去工作。同样地，只要他认识到自己错了，他就会强烈地感到要使自己恢复正常，否则他就会由于长期所承受的软弱和痛苦变得不堪忍受。正常秩序一旦建立，所有的一切就都会变得容易了。我们只要认识到我们把太多的东西归属于自己了，只要相信我们实际上能够做我们力所能及的事情，那么，我们就会渴望去认识，并且能够认识到孩子的心灵具有与我们自己的心灵截然不同的特点。

了解幼儿的世界，是孩子教育的前提。我们对孩子了解太少，对孩子心理上的创伤仍然知之甚少，但是他的伤痕大多数是由成人无意识地烙上去的。这些创伤，几乎全部都是因为我们不了解孩子的心理所造成的。孩子的生长有其自然的规律，孩子的发展有其自然的进程。这就好比孩子是一颗幼苗，幼苗是需要自己成长的，而我们所做的工作只需静待观之，需要浇水时浇水，需要施肥时施肥，而不能拔苗助长。教育孩子就应该遵循这个自然规律，让他们朝着该有的方向发展。成人应该只是一个引导者，起着催化剂的作用，而不应该帮他们画好路线。这和夸美纽斯的"教育必须遵循自然"的观点是一致的。但是当今的社会中，大多家庭都是独生子女，家长对他们寄予几乎所有的期望。于是他们就让自己的孩子很小就学东西，学各种各样的东西，不管孩子自身愿不愿意。迫不及待地教小孩子识字，只会剥夺了他们的乐趣。在"儿童之家"中，大多孩子的父母是文盲，他们忙于生计而无暇多份精力给孩子，他们的教师是毫无野心和先入之见的普通劳动妇女，这就导致了一种理智的沉静。教师必须沉静。那是一种更深沉的平静，一种空白，或更好的、无阻碍的状态，这种状态是内心清晰的源泉。这种沉静由心灵的谦虚和理智的纯洁组成，是理解孩子所必不可少的条件。

因此成人如果给予孩子不恰当的帮助或以不科学的教养观去教导孩子，过分地给予些什么、看到孩子发生错误急着想干预些什么，还不如做一个观察者，给孩子充分的空间和时间，让其自然地展现和成长。也就是说，教育要追随孩子，让他们的生命自然地展现，就像莲花在散发出芬芳的花香时伸展出百色花瓣，以接受阳光的哺育。

## 育人的核心是爱

在现实生活中，不难发现的一个事实是，不管你属于何种政治或宗教团体，都十分亲近和热爱孩子。尽管从教育的角度看，这种态度似乎是矛盾的，但从根本上说并不矛盾，因为父母教育孩子时的心理状态与跟其他孩子相处时大不一样。教育自己的孩子需要的是耐心，否则会变得暴躁、粗野，甚至是呵斥。而当他们与别的孩子交流时，则处于一种放松的状态，因为他们知道孩子是单纯的、可爱的，不像其他年龄段的人那样世故圆滑，乃至心怀不轨。

孩子的单纯和稚拙，促成了成人之间的团结和谐，这种团结正是以孩子的爱为基础的。但这种爱到底是什么？也许我们有必要对爱的本质进行深入的探讨。我们可以先看一看诗人和先哲们是如何描述爱的，因为诗人和先哲能够把爱的强大力量以最完美的方式表达出来。爱的伟大情感孕育了人类的生命，难道还有比爱更美好、更高尚的情感吗？即使那些给整个人类带来死亡和毁灭的人也能被爱的美好情感所感动。因此，不管行为的本质如何，人们的内心深处都蕴藏着爱。这种力量一旦被唤醒就会发挥作用，触动人们的心灵。

我们要使这个世界变得更为和谐，就应该更多地研究爱的内在含义。孩子是人们温情和怜爱的汇聚之点。但没有人能够解释什么是爱，爱的根源在哪里，爱的影响有多大，也没有人能够解释爱对人类的团结有多大的作用。尽管人们之间的种族、宗教信仰和社会地位不同，可一旦孩子成为他们之间的话题，一种友好的团结关系就会在他们之间形成，人们之间的戒心也随之消失了，日常生活中人与人之间以及团体与团体之间的那种隔阂也不见了。

与孩子生活在一起，人与人之间的关系就会变得温和、亲切，人们就不会互相猜疑。人的生命恰恰发源于此。成年人就有一种为了爱而保护他人的冲动。正如我们在孩子身上所感受到的那样，成年人之间也蕴藏着爱，因为人们之间也有一种团结的力量，没有爱就不会产生这种团结的力量。

尽管存在着战争，人们依然一如既往对爱进行讨论，这是一件多么奇怪的事情！人们制定了未来团结的计划，这不仅说明了爱的存在，也说明爱的力量是团结的基础。电台、新闻界、受过教育的人、没有受过教育的人、富人、穷人、持各种各样信仰的人都在谈论着爱。

个人的生命中不能没有爱，没有爱的生命是悲哀的。教育的核心是育人，育人的核心是爱。教育的真谛在于诠释生命，而诠释生命的教育是"以爱育爱"，没有爱的教育是苍白的。

幼儿的爱是单纯的，他之所以爱，也许是因为他想获得感官印象，并借助这些印象不断成长。

孩子热爱的一个特别对象是成人。他从成人那里得到了需要和物质帮助，并向成人热切地索求自我发展所需的东西。对孩子来说，成人是令人尊敬的。在孩子看来，成人的嘴唇仿佛是一个喷泉，孩子不断地从中学习用来说话的词汇。

幼儿虽小，但他随时会对我们付出爱和尊重，并听从我们的教导。孩子是爱爸爸妈妈的，你是否注意过孩子爱我们的举动：

每当孩子睡觉的时候，总是要他的妈妈陪伴在身边。可是孩子所爱的人却以为"要制止这种无理取闹的行为，如果孩子睡觉的时候我们还需要陪在身边，一定会把他宠坏的"。等到将来有一天你会感叹："现在再也没有人在睡觉前还哀求我陪他，每个人睡觉前只会想到自己，只记得今天做了什么，就是没有人想到爸爸妈妈。"这将是多么不幸啊！只有孩子每天晚上临睡前还记得说："不要走，陪我吧！"我们千万不要失去了人生中这个一去不复返的机会。

孩子睡醒之后有时还会叫醒依然熟睡的爸爸妈妈，仿佛在说："爸爸妈妈起床喽！我们要学习过健康的生活，清晨的太阳在向我们招手呢！"孩子并不是想当老师，他早上一起来就下意识地想跑到你们身边，是因他爱你们。你看他走得步履蹒跚，经过没有什么光线的走廊，但从不怕黑，他推开半掩的房门，走到爸爸妈妈的床边，轻轻摸着他们的脸。但爸爸妈妈常常会说："不要一大早就把我吵醒。"孩子可能会这样回答："我不是来吵你们的，我只是想亲你们一下！"可是爸爸妈妈还是会找到其他的理由来教训孩子。想想看，在我们的生命中，有谁一睁开眼睛就希望和我们在一起？有谁如此不怕麻烦，只因为想看看我们和亲亲我们，而小心翼翼地害怕把我们吵醒？这样的事情在生命中又会有几次呢？而我们竟然会觉得，如果孩子有这种坏习惯，就必须得想办法改正过来。

可见我们成人对孩子付出的爱不了解，甚至麻木不仁。我们常常说，爸爸妈妈和教师是如何爱孩子，有人主张必须教导孩子爱他们的爸爸妈妈和教师，甚至爱每一个人。但谁是教会孩子爱的导师呢？是那些永远阻止孩子活泼好动的人，还是那些只会惩罚孩子的人？没有人可以用井底之蛙的眼光看待比自己更广阔的世界，就能成为孩子的爱的导师。

孩子的爱是如此重要。成人没有孩子的帮助，或许很快就会陷入颓废。成人如果不努力超越自我，他的心理就会慢慢生出硬茧，最终变得冷漠、麻木。

幼儿的教育更需要我们把爱作为导师。孩子对成人的一举一动都十分在意和敏感，他们也很愿意听从成人的每一个指令。孩子是如此敏感，又那么容易受到我们的影响。我们做父母的应该提醒自己，我们的每一句话、每一个行为，都能深深印在孩子的脑海里，就像是用刀子刻在石板上那样。正因为这样，父母一定要仔细斟酌，面对孩子，我们该如何成为爱的导师呢？

**首先，我们要经常用爱的目光注视孩子。**爱的目光始终是孩子成长中最重要的目光，有人说与孩子交流的时候，父母的爱的目光胜过了任何的语言。在孩子刚刚出生的时候，爸爸妈妈的目光里都是充满着爱意的，但是随着年龄的增大，这目光就变化了，爱的目光就变成了期望的目光，当孩子会说话的时候，就希望孩子能说很多很多的话，希望孩子能写很多很多的字，当孩子上了学之后，就开始变成比较的目光、挑剔的目光。

**其次，我们要用爱的微笑去面对孩子。**把微笑给孩子比什么都重要，改变心情就能改变你脸上的表情。当孩子看到那张微笑的脸，就知道今天妈妈还是爱他的，有些父母经常把不快挂在脸上，把不高兴写在眼睛里，这样孩子成天在紧张、恐惧和愤怒中生活，他们的心就会越缩越小。所以真爱孩子，一定要用爱的目光注视孩子，用爱的微笑面对孩子，孩子将来长大之后心态一定很好，这是给孩子最大的财富。

**最后，我们要用爱的行为来影响孩子。**说一千道一万，言教不如身教。最终孩子能否懂得爱，做一个受人欢迎的人，还是要看父母的行为。孩子的眼睛就像是照相机，每天摄下父母的言行，你是怎样为人处世的，孩子的眼睛都看得非常清楚，为人师表做孩子的榜样，这是爱孩子最重要的一环。

我们教育孩子，就是要赢得孩子的心，而赢得孩子心的奥秘，就是一个字——爱。爱是一粒种子，有播种必然有收获。作为一个家庭成员，把爱献给家庭，会收获生活的幸福；作为一名教师、一名校长，把爱献给学校，会收获教书育人的快乐；作为一个人、一个社会个体，把爱献给社会，会收获来自社会的回报……爱心如同太阳，照亮别人，也照耀自己，使世界熠熠生辉。

## 协助孩子自我发展

成人给孩子的教育应是协助孩子自我发展，是助他一臂之力。传统的教育则是成人在不断地教导孩子怎样怎样去做，孩子就遵命式地去服从。教育就应该让孩子发挥他自身的生命潜能，通过其自身的实际活动来发展自己的各个方面，包括人格的养成，这才是教育的真谛。

协助孩子自我发展是要把孩子当成独立的个体，有自己的想法，正确的要给予支持，错误的要给予纠正，有困难的要给予帮助，把孩子当作朋友而不仅是一个受教育者。我们有一个误区，就是强制让孩子做某事，规范孩子的行为。错误的行为一定要规范，但我们一定不要抹灭了孩子优越的天性。

没有自我教育的教育不是真正的教育，教育目的必须通过受教育者的内化才能真正实现，外因必须通过内因才能起作用，这是人人皆知的道理。

而所谓"内化"，实际就是自我教育的过程。一个学生只有当他把教育者提出的教育要求变成了自我要求，并把它付诸实现的时候，教育目的在他身上才能真正实现。相反，没有自我教育的所谓教育，就会变成一种野蛮的灌输，甚至是一种精神的摧残，实际是一种反教育。

孩子总是想着靠自己的努力成才，谁会想到，对孩子毫无必要的帮助，会成为他成长中的一个心理压抑呢？事实上，成人仍然没有做到尊重孩子，我们总是试图强迫孩子遵从我们，乃至专横、粗鲁地对待他们，以使他们表现得服服帖帖、规规矩矩。但孩子真正的内心需要却被我们漠视，甚至粗暴地否定了。

给予孩子自由和独立，其前提是坚持一定的原则，尊重孩子的选择，不擅自干涉孩子的活动，即使他的行动显得笨拙、缓慢，看上去似乎无法完成。在孩子面前，成人需要做的只是，在某个地方细心观察，并耐心等待，随时准备分享他们所经历的困难和快乐。

当孩子需要我们同情时，我们应该积极而热情地回应他。让我们对他的缓慢进步保持无尽的耐心，并对他的成功表示热心和兴奋。如果我们能够说"和孩子在一起时我们是谦逊的，我们像要求别人对待我们那样来对待孩子"，那我们就掌握了最基本的教育原则。

就我们自己说，我们不也是希望在工作中不受打扰，在努力的过程中没有阻力吗？我们不也是希望在需要的时候，朋友能够及时提供帮助吗？看到朋友们和我们一起快乐，是我们快乐共事所需要的。同样的，孩子们应该是比我们自己更需要尊重的人，我们需要的，他们同样也需要。

在孩子准备进入社会生活的第一阶段，成人如果对孩子进行干涉可能会起到负面作用。孩子们排成一列向前行进时，可能会有一个孩子跑出来向相反方向走，于是矛盾就不可避免地发生了。我们成人的做法往往是把孩子抓住，带回到原来的队伍中来，但是，孩子会照顾自己，他们会解决自己的问题。虽然他们的方式可能跟成人不一样，但他们所选择的方式最能够满足自身的需求。孩子发展的各个阶段都会遇到这样的问题，它给孩子们带来了很大的乐趣。如果成年人对他们进行干涉，他们会感到不快。如果我们让他们自由选择，他们会有自己的行事方式。孩子就是通过这些获得社会经验的，这种经验的积累可以使孩子能够正确处理所面临的问题，并且社会秩序感的建立也是通过日常经验形成的。

可是有人会问："孩子怎么会自己解决问题呢？"关于这个问题，有必要做一下讨论。事实上，如果我们不对一群孩子进行干扰，只在旁边观察时，我们就会发现一些奇怪的事情，那就是孩子互相帮助的方式与成人不一样。如果一个孩子拿了很重的东西，别的孩子不会来帮助他。他们都会尊重他的努力，只有在必要的情况下才向他提供帮助。这对我们来说具有启示意义，它说明孩子下意识里对别人的需求非常尊重，不会给予不必要的帮助。在"儿童之家"，有一次一个孩子把所有的木制几何图形和卡片弄到了地板上。这时学校窗外的街上来了一个乐队，所有孩子都跑出去看，只有这个孩子没有去，因为在没有把东西整理好之前他是不会去的，这个孩子努力把所有的东西放到应该放的地方，而其他孩子没有向他提供帮助的意思。这时，他哭了起来，因为他也非常想看那个乐队。有些孩子注意到了这一点，就回来向他提供帮助，但对于成人来说，紧急情况出现时，就没有这种辨别能力。

成人在很多情况下提供的都是不必要的帮助。我们经常会见到男士出于礼貌为女士挪椅子或扶女士下楼梯，这些都不是女士真正需要的。很多情况都是这样：当他人急需帮助时可能会没有人向他提供帮助，但当别人不需要帮助时，帮助又来了。孩子在潜意识里留下他们早期的一些东西，那就是只有必要时才向他人提供帮助。

现在的教师很用心地钻研教学方法，但是他们对孩子缺少必要的信心，所以教师们不会尊重孩子的自主权。这些教师竭尽全力，对每一项教学意见和教学设计都十分在意，只是这些教师早已习惯于干预和指导，这反而干扰了孩子的自然发展，妨碍了孩子原本能够得到的启迪。

如果教师可以尊重孩子的自由，树立对他们的信心；如果教师可以把他们的思想观念暂时放置一边；如果教师能够再谦虚一些，不把他的指导当成是必不可少的；如果教师耐心等待，他一定会看到孩子们所发生的全新转变。孩子只有在找到自己心灵深处还没有被发现的潜能时，他烦躁不安的心情才会得到平复。

人的生命是神奇的，如果某位教师说："我让孩子做各种各样的事情，他才会精力充沛。"那么，他的这一说法理应得到大家的尊重，因为这确实是了解孩子的最好方法。只有倾听孩子生命活动的声音，我们才能帮助孩子选择他真正需要的工作。所以，这位教师尊重孩子神奇的生命进程，也深知他一定有信心等待，这就足够了。在没有压力的学习环境中，孩子表现得快乐而且友善，他甚至非常自信地想和教师聊聊。孩子的心灵之窗似乎打开了，他想找教师说说话，因为孩子已经看出教师是聪明和优秀的。原来孩子视而不见的一切东西，现在它们仿佛都在向孩子招手。毫无疑问，孩子的感觉变得敏锐了，生活也丰富起来了，对集体活动更加感兴趣。面对如此多生活上的新事物，孩子必须储备足够的精力。一个精神不振、感情贫乏的孩子，教师的教育对他是不会产生任何效果的。这样的孩子既没有自信也不懂规矩，就算能教会他一些东西，也会让人感到身心疲惫。

上述教学理论中，我们必须认可一个事实，那就是以往我们教育孩子的方式实在太糟糕了。要求孩子一定要服从某个成人，这并非孩子内在发展所需要的行动表现。但是我们却不断要求孩子遵从这些外在的东西，剥夺孩子发展其潜能的机会，这样孩子会成为自己的主人吗？我们真正应该做的是，引导孩子找到那条通往内心世界的道路，而不是一再使孩子的发展遭受挫折。

孩子在工作时越专心就会越安静，也越能自愿地遵守纪律，一个自律的孩子就这样走上了自然的心理发展之路。自律的孩子会习惯于工作，如果空闲下来他就不知如何是好，甚至在等人的时候他都不愿意浪费时间，这样的孩子充满了活力。

孩子越是能自律地工作，"假累"的时间就会越短，工作完成后得以平静的时间就会延长，所以必须让孩子有比较多的时间沉浸在他已经完成的工作中，这个安静的时刻对他具有独特的意义。虽然工作看上去告一段落了，但是另一项观察外部世界的工作刚刚在他脑子里展开。孩子的内心安静了下来，他认真观察着周围正在发生的事，并在脑子里思考一些细节，从中有了一些新的发现。

要达到专心致志的目的，需要经历三个步骤：第一步，选择有具体目标的工作；第二步，满足孩子的内在发展要求；第三步，使疑问得到解答。当孩子心里的疑问有了答案时，外在表现会有所改变，因为孩子领悟到他从来不曾经历的事情。孩子变得非常听话，而且他所表现出来的耐心几乎令人无法相信，更让人惊讶的是，在这之前我们并没有教给孩子要听话或有耐心。

我们必须尽量按照孩子的天性来让他发展，只有如此孩子才能够茁壮成长。每一个孩子都有潜能。但是，成人如果认识不到孩子的潜能，就不会依靠孩子；孩子如果体验不到自己的潜能，就会缺少自信。成人的任务是根据孩子不同的发展阶段，适时地把孩子的潜能激发出来。有时候孩子不经意迸发出的小火花，显露出他的特点潜能，成人就要及时发现，扩大火势；有时候是成人有意识地提供一定的条件，让孩子任意展示自己的才能，往往也能激发出星星之火。一个能够自我健康成长的孩子，他的未来成就远比我们所预料的大得多。孩子的精神，也就是专注能力自由发展到了什么程度，就代表这个孩子发展到了何种程度，接下来的所有行为也就顺理成章——孩子会控制好他的身体，做到行动自如，也学会了小心谨慎，我们能够从孩子可以完全安静下来这一点上看出，他已经能够做到专心致志了。孩子做事的专心程度常常比成人强，然而我们不要忽略了孩子是如何达到这一程度的，也不要忘了环境在孩子发展中所扮演的角色。

## 为孩子提供适宜的环境

环境，是一个提供孩子身心发展所需的活动练习的环境，是一个充满爱、营养、快乐和便利的环境，孩子唯有通过这样的环境才能达到工作能力，形成真正的"自我建构"。经过长期的教育实验，我认为环境对人的智力发展是举足轻重的，我们需要为孩子提供适宜的物质环境和心理环境。

**在家庭中，父母要为孩子提供适宜的环境，尤其是心理环境**

环境教育是"儿童之家"非常重要的一个方面。我们并不需要所有的孩子都能去"儿童之家"学习和生活，只要能够提供给孩子"有准备的环境"，并采取恰当的方式，"儿童之家"同样能在一个家庭里建立起来，当然，此时父母是孩子的同伴。

**准备一个适合孩子安全活动的空间**，提供给孩子与体格相当的、优质的、美好的实物，满足孩子喜欢使用和成人一样的物品的愿望。教具放在孩子可以自由取放的地方；图画、挂图等给孩子看的东西，挂在孩子视线所及处而不是成年人所习惯的高度。

**让孩子从小过着有规律的自由生活**。尊重孩子的选择，给孩子各种选择的自由。孩子遵守的规则，由家长和孩子一起共同制定。

**父母亲要多与孩子谈话，并以正确的语言交谈**。避免使用负面语言，不要轻率地使用"真笨"、"这样不对"、"你怎么没记性"等指责性词语，这样容易使孩子产生自卑感和失去进取心。家长应采取称赞、鼓励、肯定等的积极态度，并且耐心聆听孩子说话，即使孩子说得慢或出错，也要耐心听完，然后用正确的语言复述示范，而不是用"你说得不对"来打断孩子；在孩子有话要说时家长要侧耳倾听；弯下腰或坐下来，与孩子保持同样的高度，而且眼睛还要和蔼地注视孩子。这样，孩子才能够与家长无话不谈。

**家长最好与孩子一起从事孩子所能承担的家庭实际生活的工作**。衣服的穿脱、用餐、扫除、浇水、整理等，这些实际生活中的工作对于孩子来说是充满乐趣的。因此孩子会兴致盎然地去做。对家务事的分派最好以建议的形式而不是以命令的形式进行。尽量多采取感谢、喜悦、礼貌、称赞、鼓励的态度。比如，托付孩子某件事时，要把"把那个东西拿过来"的说法改为"请把桌子左边的红本子拿给我"，清晰具体地表达物品的名称及所在地点。

**在生活中尽量给孩子提供成功的机会**。成人要以步骤清晰和放慢的动作向孩子展示每件事情的正确做法，并相应为孩子提供他易于使用的物品，这样孩子便会模仿运作，他体验着成功的喜悦，增进了自信，激发了自发性。在学习活动中，要注意到孩子的每一件事；在孩子学习过程中出现错误时，尽量创造机会让孩子纠错，而不是急于指出孩子的错误。不随意打断孩子正在进行的活动，即使是在有客人时，也不要为了成人的需要而影响孩子的正常活动。

**鼓励孩子自己完成能胜任的工作。**不去为了加快速度而替孩子做，孩子的时间感觉差，动作尚不协调，所以做事速度自然缓慢，家长切记不要催促孩子，要尊重孩子的速度，给孩子充足的时间，让他按自己的速度行事，这将产生积极的教育效果。

**在孩子发生错误时，家长要注意纠正错误的方法。**容忍孩子的失误，放手让孩子再做尝试。

**家长应注意自己的言行举止。**孩子以家长为学习的榜样而形成自己的人格，在家庭日常生活中，家长的善与恶对孩子的人格会产生巨大的影响力，务必铭记在心。

**要尽量给孩子选择的自由。**要尊重孩子的个性，不要求孩子必须和其他小朋友一样。在日常生活中，要使他对事物能发挥判断、选择的能力。例如，问一下喜欢香草冰淇淋还是巧克力冰淇淋？出去玩时要穿红衣服还是蓝衣服？想去山上玩还是想去公园玩？

**给孩子多创造与别的孩子在一起的机会。**一般 3 岁以前的孩子与其他孩子交往的机会很少，在这种情况下长大的孩子大多不会自动去寻找朋友，从 3 岁开始最好尽量提供与其他孩子交往的机会。由此孩子能增长智慧并培养社交能力。在集体活动时，教孩子有秩序地一个个去，而不是一拥而上。

### 在幼儿园，教师要为幼儿提供一个合适的环境

**教师应该成为环境的保持者和管理者。**他应该关心环境状况，而不应该被孩子们吵得心烦意乱。这样孩子才能逐步走上正轨，其意志力才能向正常的方向发展。在家庭中，妻子们总是想把家变成一个舒适、平和、充满乐趣

的地方，一个具有吸引力的家最基本的要求应该是整齐、干净，房间中物体的摆放有条不紊。学校里的老师也一样。教室中的小物件应该摆放有序，干净、整洁。所有东西都应该放在该放的位置，随时等待孩子们的使用。同样，老师自己也应当干净、整洁、平和，并有一定的威严，这样他们才能对孩子具有吸引力，使孩子产生一种愉悦心情。当然，老师也各有不同，但有一件事必须记住，那就是教师的外形整洁与否直接关系到他们能否获得孩子的尊重。老师应当对自己的行为多加研究，尽量让自己行为绅士一点，有风度一点。这一年龄的孩子经常以自己的母亲为标准来确定自己的审美标准。我们可能不知道孩子的母亲是一个什么样的人，但当孩子见到一个漂亮的女人时他就会说："太漂亮了，就像我妈妈一样！"当然，他的妈妈可能一点也不漂亮，但对孩子来说她是最漂亮的，他认为所有漂亮的人都像他妈妈一样。因此老师要注意自己的形象，因为他们的形象就是孩子生活环境的一部分。因此教师的首要任务就是关注环境。环境的影响是间接的，但是如果环境不好，孩子在身体上、智力上和心理上都不会有长久的发展。

**教师要营造自由的环境气氛**，教师要有自由的观念，只有在自由的气氛中，孩子才会显露他们的本质。由于教育的角色在于确认并协助孩子心智发展，能够在一个自由与开放的环境中观察他们当然是极为重要的。

**教室中的环境必须能够表现外面世界的结构与秩序**，以使孩子了解、接受，进而建立自己精神上的秩序与智慧。通过这种内在的智慧，孩子便会信赖他的环境，并且了解自己与环境沟通的能力，这样就能保证孩子知道如何去寻找与选择自己所需的教材。为了帮助他们进行这种选择，教材必须依据孩子的兴趣分类，并根据秩序的困难度与复杂度不同而排列。连父母都常常惊讶孩子可以承担如此有秩序的工作。环境中的秩序虽然必要，但也不是指所有的东西都一直保持在原位不变。实际上，敏锐的教师会配合孩子的成长，定期地更改环境中事物的排放情况。比如老师可能发现部分教材被长久地忽略了，或者可能引导孩子进行新的练习活动，可以将教材放在教室中较为显眼的地方一两天，这种弹性是必要的。

**孩子必须有机会将自然与真实的范围内在化**，以免受各种奇想与幻象的干扰。只有如此，孩子才能发展自我约束能力，探索内在与外在的世界，同时还可以敏锐地观察人生百态。因此，教室中的设施在设计上应使孩子接近真实社会的情况，其中的冰箱、电话等都应是真实的。教室为了和真实世界尽量相近，不可能每个小朋友同时拥有相同的东西，教材大多只有一件，因此如果小朋友想练习的教材正被别人使用，他就会学习到等别人用完后再去使用。此外蒙台梭利还特别强调发育中孩子与自然界接触的重要性，让孩子去照顾动植物来与自然界做最初的接触。由于都市化的结果，要满足孩子这种深切的需要越来越困难了。除了在教室里弥漫着对自然的重视，还应该让孩子有充足的时间去郊外，吸收自然世界的神奇与美妙。

**布置简单大方**。美对发育中的孩子并非锦上添花的事，而是唤起孩子对生活做出适当反应的绝对要素。真的美建立在简洁上，教室因此无需装潢得太精巧，不过其内部一切却必须有良好的设计，并且吸引人。颜色明亮、有朝气而且协调。室内气氛必须轻松、温暖，使孩子乐在其中。

在我们这种自由的学校里，对房间也有独特的要求。例如，按照心理卫生的标准，我们将教室的面积大大增加了；根据呼吸的需要，用"求容积法"推算出自由流通所需要的空气及相应空间；厕所面积也扩大了，同时配了洗澡间；安装上混凝土地板和可以清洗的壁板，还配有中央暖气系统；设了花园，装上了宽敞的阳台；将窗户改装得宽大些，以便光线能够自由进入；还设有体育馆，里面是宽敞的大厅和昂贵的设备，其中最为复杂的是学生的课桌，我们提供的课桌是座位和桌子都能自动旋转的，当然，这要求学校耗费更多的钱，但它能为孩子提供更大的自由活动的空间。不只是这样，如果要达到理想和完美的境界，还应该给孩子提供比"生理"教室大两倍的"心理"教室，以我们的经验，要达到舒适的目的，必须使房间的地面有一半是空着的，不要放置任何东西，这就是使孩子感到舒服，并可以进行自由活动的空间，他们在这里的感觉一定会比在一个塞满家具的不太大的房间要好得多。

家具问题也不容忽视，我们学校使用的是一种"轻便家具"，这种家具既简单又实惠。它是相对容易清洗的，这一点对孩子来说具有非同寻常的教育意义，一方面可以让孩子们学会"清洗"，另一方面又进行了一次愉快而又有教育意义的练习。我们所说的"轻便家具",从本质上讲应该达到艺术美的境地,它并不笨拙或奢华,而是用浅绿色衬托出高雅、和谐与洁净,并与简单轻便融为一体。位于波利代洛乡村的"儿童之家",是为纪念贡冉嘎侯爵建立的。在那个"儿童之家"里,配备的各种家具的样式、陶器的形状和颜色、纺织品的图案以及其他装饰,都与古老的乡村艺术格调一致,它们显得那样简单、古朴、优雅、自然、美观、大方。于是我们突发奇想,如果能使这种乡村艺术复活,也许会形成一种新的时尚。更深一层的推论是,我们应当按照这个风格制造出简单、典雅而又得体的家具,以代替学校现在所摆设的用如此复杂而又昂贵的材料制造出的家具,这样既体现了家具的实用性,又表现出人们的革新精神。

## 像爱惜眼睛一样爱惜孩子的自尊心

自尊心是一个人品德的基础,从小尊重和培养幼儿的自尊心是非常重要的。由于幼儿正处在成长阶段,是被教育者,需要老师引导,从客观上决定了他们的自尊心受到伤害的机会要比成人多。所以,我们必须十分注意尊重和爱护幼儿的自尊心,只有这样,才能使他们健康成长。幼儿期是幼儿自尊心的萌发期,孩子的自尊心是在日常生活中逐渐培养起来的,逐步增强的,不是一蹴而就的,需要成人更多的关爱和耐心。要知道使他们失去自尊很容易,但是一旦失去将是难以弥补的,因此合理保护的幼儿自尊心对于幼儿身心的健康与和谐发展有着至关重要的作用,这是作为教育者的老师及家长们都应该予以高度重视的!

孩子的自尊是在日常生活中逐渐培养起来的,身为父母,在孩子面前所说的每一句话、每一个举动,都有可能深深地影响孩子的心理健康,父母要像爱惜眼睛一样爱惜孩子的自尊心。

有一天，我想给孩子上一堂如何抹鼻涕的搞笑课。我示范运用手帕的多种方法之后，我还指导他们怎样尽可能悄悄地抹鼻涕。于是，我以一种不被别人注意的方式把手帕拿出来并轻轻地抹着鼻涕。孩子们认真、尊敬地注视我，没有一个人笑出声来。可是，在我刚刚示范完毕不久，他们发出只有在剧场中才能听到的长久的热烈的掌声。这确实太让我吃惊了。这样小的手居然能拍出这么响的声音，我从未听过，也未想过那些孩子会那么热烈地鼓掌。

随后我领悟到，他们极其有限的社交生活中的敏感点被我触及到了。孩子往往认为抹鼻涕是件并不轻松的事情，在这件事上，他们经常被成人责备，所以对抹鼻涕很敏感。大人的叫嚷和辱骂伤害了他们的感情，使他们心理很难过。为防止孩子丢失手帕，成人强迫他们在学校里把手帕滑稽地别在围兜上。这是成人在这件事情上，对孩子的进一步伤害。但对于他们应该如何抹鼻涕这件事情上，还没有人真正教过。我们应该站在孩子的立场上思考一下。要知道孩子对成人的嘲讽很敏感，很容易感到丢脸。因此，我这样做使他们感受到了公正的对待。这样的教育不仅洗刷了他们过去受到的羞辱，更让他们获得了在社会生活中的全新的地位。不管怎样，我有长期的经验作证，对这件事情的解释是正确的。慢慢的，我发现孩子的个人尊严十分强烈，他们的心理是很容易受到伤害并感到压抑的，成人却未意识到这些。

那天我正要离开学校，孩子们开始大喊起来："我们谢谢您，谢谢您给我们上了这一课！"我走出大楼时，看到了很壮观的场面，孩子们静悄悄地跟在我的后面，一直跟我走到街上，在人行道上排成一支整齐的队伍。最后我回头对他们说："孩子们，回去吧，走路要小心，不要撞到墙上。"这时，他们飞快地转身走到大楼背后，消失得无影无踪。我真真切切地感受到了穷孩子的人格尊严。

来到"儿童之家"的参观者发现，孩子的行为表现越来越自尊自重，他们热情地接待来访者，然后，给这些来访者示范他们是如何进行工作的。有一天，一位教师提前通知我们，将有一个大人物要跟这些孩子单独在一起，以便更多地了解他们。我对那位教师只说了一句话："顺其自然！"

随后，我对所有的孩子说："明天你们将要见到一位客人，我希望你们被他看成是世界上最棒的孩子。"后来，那位教师向我反映这次访问非常成功，她说："我们获得了巨大的成功，有些孩子请这位客人坐椅子，彬彬有礼地说'您请坐'，其他孩子会说'早安'。他们在这位客人要离开时把头探出窗口，一起喊道：'谢谢来访，再见！'"我责备这位教师："我对你说过要顺其自然，不要做什么准备工作，你为什么要教他们这样呢？"她回答说："我没有跟孩子讲什么，孩子们是自觉这样做的。"她又补充说："我几乎不敢相信自己的眼睛，我对自己说，这一定是天使制造的奇迹。"然后她接着说："孩子们比平时工作得更勤奋，把所有的工作做得更出色，来访者都被震惊了。"

在很长一段时间内，我对那位教师所说的话难以置信。我再次向她问起这件事，因为我担心她强迫这些孩子准备工作。但是我最后才意识到，他们已经有了自己的尊严，他们知道去工作，能够真诚友好地接待来访者，他们以为尊敬的客人示范自己能做的工作而感到自豪。我只是对他们说："我希望你们被看成是世界上最棒的孩子！"但绝对不是我的话才使他们这么做的。只要我对他们说"将有一位客人要来拜访你们"，就相当于说客人到了我们学校的会客室。这些自尊自信的孩子，对接待客人的事情非常乐于去干。

我这才懂得了有些事情虽然是很简单的，但又神奇无比。这些孩子过去的那种羞涩不复存在了，他们的心灵与周围环境之间不存在任何冲突。他们就像那绽放的鲜花，在阳光的哺育下茁壮生长，自然展现，散发出浓浓的芬芳。尤其重要的是，孩子们发现，他们的发展道路畅通无阻，自己无需隐藏、畏惧什么，无需逃避什么。事情再简单不过了。我们的结论是：他们现在能迅速与环境相适应。

孩子们表现得既机灵活泼，又镇定自若，随时擦出精神的火花，使与他们接触的成人心情振奋。他们欢迎任何给他们带来关爱的人。那些重要的人士在访问"儿童之家"时获得了一种新的、生机勃勃的印象。我们的孩子们自然也成为了社会生活的关注点。

一些衣着华丽、珠光宝气的女士，看上去像要出席一个招待会一样，然而当她们见到这样活泼、天真、谦虚的孩子时，十分欣喜，丝毫不吝啬她们的赞美。当年幼的孩子向来访的客人致欢迎辞时，她们兴奋极了。这些孩子玩着女士们漂亮的衣角，拉着她们美丽的手。有一次，一位神情沮丧的女士被一个小男孩感动了，小男孩走到她面前，他的小脑袋紧靠着她，然后将女士的一只手放在自己的双手上，抚慰她的悲伤。后来，这位女士异常激动地说："这个孩子给我了前所未有的安慰。"

我们应该更加了解孩子的性格，不论教养的是新生儿还是年龄大一点的孩子，教养者的首要责任是察觉孩子的人格，并予以尊重。当我们因为怕孩子吵而不让孩子和我们在一起时，我们所表现出来的就是对孩子的不尊重。

举一个例子，如果我们正在吃晚餐，孩子此时却在另一个房间里哭哭啼啼，他为何会哭？那是因为他被单独隔离在外，而我们对成人显然就不会用这么不尊重的态度把他一个人关在房里。就像对待其他人一样，我们应该觉得孩子能和我们坐在一起吃饭是我们的荣幸，我们应该乐于见到孩子，并让孩子和我们亲近。有一些人认为，让孩子在成人吃饭时间吃成人吃的食物，对孩子的健康不利，但我们实在不必太担心这个问题。重要的是，如果我们忽视了孩子，我们就伤害了孩子，而我们却常常未向孩子道歉。

长期的经验表明，事实的确如此：孩子有着一种强烈的个人尊严感，通常，由于成人没有意识到这一点，便使孩子很容易受到伤害和遭到压抑。而要在孩子和成人之间建立一种和谐的关系，作为强势一方的成人，就必须首先去尊重孩子，深入了解孩子的真正需要。具体来说就是，父母、长辈、教师与孩子的关系应该互相尊重，时时想到对方的愿望。因此当遇到某个问题时，例如在家庭内部出现的问题，不论是做出什么行动，都应当征求孩子的意见，作为父母或教师，不只是努力做一个有道德的人，更要消除使孩子对他感到不可思议的那些无形的阻力。如果成人对于孩子的要求违反了他们内部的不可改变的规律，孩子就不可能服从。孩子的顽皮和不服从往往就是由于他建构自己的内部力量和不了解他与成人之间的矛盾造成的。

可以说，孩子的最大障碍正是成人的权威和骄傲。孩子虽然还意识不到这种不公平，但他会感觉到精神上受到压制，从而给孩子的个性和心理发展带来影响。假如成人能做到尊重和了解孩子，不粗暴地拒绝孩子的请求，并从他们心理发展的规律中受到启示，便会知道孩子的心理和成人的心理是完全不同的。

从中我们可以看到孩子渴望得到成人的信任和认可，在成人的肯定中获得成就感和自尊感，作为家长我们应该保护好孩子的自尊心：

### 为孩子营造一个民主、和谐的成长环境

只有在这样的环境中，幼儿的身心才能得到全面的、和谐的发展。这一环境包括家庭环境、幼儿园里的教育活动环境以及幼儿成长的社会环境等诸多方面。父母的教养态度和方式对孩子健康人格的形成和发展起着巨大的作用。民主、和谐的家庭气氛有助于孩子形成积极主动的生活态度，使他们能自觉地参与到各项活动中。幼儿在生活中更多的是与父母相处，父母是其无形的老师，父母的言行、态度及处事方式都将在无形之中影响到幼儿。平日里，父母在不经意间的关注与评价，对幼儿各方面的发展都具有很大的影响。在保护好并增强幼儿自尊心方面，家长要做好日常生活中对幼儿的教育工作，在幼儿成长的家庭的环境中，应该更多地考虑孩子成长的需要，更多地为孩子的成长创设良好的家庭环境与氛围。

### 每个孩子都是一个独立的个体

我们应该认识到每一个幼儿都是一个独立的个体，他们具有与成年人一样平等的权利，不应该把幼儿总看成小孩子，忽视幼儿的自尊心，应该明白我们与幼儿是平等的。成人有自尊心，孩子同样具有，我们应该像保护自己的自尊心一样去保护幼儿的自尊心。孩子有权利拥有自己发展的天地，这种权利不应该被父母所剥夺。留给孩子自由的空间，更利于培养起孩子与父母之间的相互

信任感，更利于孩子自尊心的建立和加强。在日常的生活中应该加强注意保护好幼儿的自尊心，同时尊重幼儿的隐私权，切忌将幼儿不想公开的事情公布于众。要给孩子留有足够自由发展的空间，要留给孩子隐私权。这就要求教师及家长在教育的过程中应该参与到幼儿的活动中，在活动中既要尊重幼儿的主体地位，又要充分发挥幼儿的主导作用。这样既加深了与幼儿的感情，又增强了幼儿的自尊心，对于幼儿身心的全面发展将是极为有利的。

### 更多地与孩子进行心灵沟通

在孩子经历挫折时，父母应及时地给予鼓励或肯定性的评价，以增强孩子克服困难的勇气。同时也应做好引导工作，帮助孩子分析受挫的原因，为他们提供感情支持，使孩子在经历挫折时能主动地对待挫折，在挫折的磨练中造就自己坚强的性格，增强自信心。认真聆听孩子的谈话，做到少说多听。在日常生活中，常常会看到孩子兴高采烈地向父母诉说什么事情，父母却一边嗯嗯啊啊一边想自己的心事或做其他事情，孩子会很快察觉到父母对自己没兴趣，他们会感到沮丧和生气。其实，听孩子谈话是件有趣而且必要的事情，从孩子的谈话中，家长可以知道孩子的想法，掌握孩子的喜、怒、哀、乐，了解孩子的需要。如果家长能认真聆听，会让孩子觉得自己的想法是有意思的，有价值的，他是受人关心和尊重的。还可以根据情况给予孩子恰当的赞赏和适当的提醒，这不仅有利于提高孩子的语言表达能力，增进孩子与父母的感情交流，还有利于孩子正确地处理和他人的关系，培养孩子健全的人格，从而促进孩子健康发展。

## 更重要的是让孩子认识到自己的错误

错误是否是一件不好的事情？成人该如何看待孩子的错误，纠正孩子的错误？

在"儿童之家"，我们的孩子可以随意活动，不受任何限制，这并不是说他们没有组织。事实上，组织是必不可少的，如果我们想让孩子自由工作，必须给他们做一些安排，给他们创造环境，提供他们需要的经验条件，这些是不可或缺的。一旦孩子能够集中精力，投入自己的工作，他们就会越来越积极，教师的作用也就越来越小。实际上，在我们学校，教师大多数时候站在一边，什么也不用管。

如前所述，孩子在这样的活动中加入群体之中，形成一种社会关系，而且效果非常好。看到这种情况，人们难免会这样想，要是这些孩子永远不受成人的约束该有多好！孩子们在一起发生的事情，就像在胚胎中发展一样奇妙。我们不应该干涉这种生活，而是应该为他们创造必须的条件。

我们的社会需要对教师和孩子的关系重新定位，但是教师绝对不能对孩子进行干涉，无论用什么方式，夸奖也好，惩罚也好，改正他们的错误也好，都是极端错误的。

可能很多人无法理解我的观点，他们会说："要不帮助孩子们改正错误，如何才能把他们领上正道呢？"

这种想法很普遍，很多的教师也这样认为，他们以为自己的工作就是挑出孩子的错误。不论是在学习上，还是在人格修养上，这些教师都在这么做，他们相信孩子的教育就是两个方面——奖赏和惩罚。

如果孩子真的离不开夸奖和惩罚，也就说明他们已经丧失了自我约束的能力。但就算这样，当孩子们进行工作的时候，对他们进行奖赏或惩罚，也严重影响了他们的精神自由。这同样违背了我们的教育宗旨，因为我们崇尚的是自由发展。在我们的学校，从来不使用奖赏和惩罚的方法，更多的时间，孩子都是自由地做他们的事情。

也许有人会提出异议，怎么可以不对孩子进行奖赏呢？但是我们自有我们的理由，这样做无需付出多少代价，不会对孩子产生太大的影响，却能够带来更大的收获。因为许多教师平时很少给孩子奖赏，却每天都在惩罚他们，例如，总要他们改正练习本上的问题，然后，作业的分数从零分变成十分，我想问，在这些教师给孩子打零分的时候，觉得这样能够改正他们的缺点吗？当纠正之后，教师常常会说："你怎么总犯这样的错误呢？我讲的话你好像永远听不进去，这样下去，你别指望通过考试。"

教师在判作业上的这种态度，只会打消孩子的热情和积极性。很简单，如果你对一个孩子说他很愚蠢，是个淘气鬼，不会有益于他，反而会伤害他，因为要想让孩子少犯错误，就必须使他变得熟练，既然他已经落后了，又得不到鼓励和帮助，如何能得到提高呢？以前，教师们经常揪差生的耳朵，或者用尺子打差生的手，因为他们写不好字。这种做法现在看起来是多么可笑，就算他把孩子的耳朵揪红了，他们能够聪明起来吗？把手指打肿了，就可以写好字了吗？只有不断练习、不断获取经验才能提高孩子的能力，这些都需要很长的时间。训斥并不能够改变不听话的孩子，只有让他们和其他孩子一起工作才能变好，我们对他们说"你很淘气"是毫无用处的。假如你说某个人很笨，缺少做某些事情的能力，他只会这样回答："还用你说吗，我自己清楚。"

的确，这只说出了一个事实，算不上一种纠正。孩子缺陷的修复只能通过能力的发展，也就是通过孩子主动的活动来实现。

当然，孩子很多时候不知道自己的错误，但这也不代表着必须有人来指出这些错误，因为教师也会不自觉地犯错误，但是他们不愿意意识到这样一点。教师们总要求自己永远正确，以便给孩子们树立榜样，犯了错误时绝不会在孩子面前承认的，因为在他们的心目中，教师的尊严意味着永远正确。当然，教师要有一个较高的标准，同时，这些问题来源于一整套错误的教育观念，不应该完全由他们负责。

如果我们尊重事实，那么就应该承认这样的事实：所有人都会犯错误，世界上没有十全十美的人。既然如此，我们对错误就应该有一个正确的态度，错误是生活的一个组成部分，同样有它的价值。很多时候，错误只是不够成熟的表现。

随着生命的发展，许多错误都将得到改正。跌跌撞撞的孩子最终学会了走路，这是通过成长过程获得的。以为自己完美只是自欺欺人，因为成人和婴儿的区别，只是所处的成长阶段不同而已。事实上，成人在生活中总在犯错误，而且没有想到纠正。一个意识不到自己错误，认为自己很完美的教师绝对不是一个好教师。只要我们经历不同的事情，错误就无处不在，如果我们渴望完美，就必须对自己的缺点有很好的认识，只要努力改正缺点，才能提高自己。

错误是难以避免的，我们应该对此有清醒的认识。即使是数学、物理、化学这些要求精确的学科，错误同样不可避免而且起着重要的作用。很简单，科学的发展都是从错误开始的，科学和错误紧密联系在一起。总之，错误和其他要素一样，也是事情的组成部分，它的特殊之处在于，我们只有了解它才可以改正它。

根据以上科学规律，我们得出了一条通往完美的方法，这就是"控制错误"。既然学校的教师、学生都不可避免地犯错误，错误不可能完全消除，我们就制定了一条原则：重要的不是改正错误，而是认识到自己的错误。每个人都应该反省自己，看看自己做的事情是否正确，但是，我们无需太重视这些错误，要对自己犯的错误感兴趣才对。

在大多数学校，孩子们并不知道自己犯了错，他们对自己的错误没有意识，而且即使知道自己犯错了，也会采取无所谓的态度，因为纠正错误是教师的任务，与他们无关。这种现象与我们崇尚的自由、理性相差甚远！

如果我们自己不能够改正错误，就需要他人的帮助了。但是谁能比我们更了解自己的行为呢？如果我们能认识到错误，并自己改正该有多好！能够自行改正错误是一种重要的能力，对性格的形成具有决定性的作用，缺乏这种能力会使人变得极为自卑。

因此我们必须在早期教育中注意培养，只有如此，孩子才能认识到自己的错误。学校应该向学生提供这方面的帮助，就如同向他们提供学习资料一样。发展方向的正确与否决定着发展的动力和结果，所以，必须随时检查自己的方向是否发生了偏离。如果这样的话，成人犯了错误也不会觉得难堪，反而会引起孩子的一定兴趣，因为对孩子来说，犯错误是很自然的事情。当孩子认识到每个人都会犯错误时，一定会对他们产生很大影响，也会拉近孩子与大人之间的距离，使他们成为朋友。假如两个"完美"的人在一起，一定会争吵不休，因为他们自以为完美，当然无心理解对方，更难以忍受对方。

为了提高对错误的认识，我们还在教学中安排了一些明显的错误。

如果孩子能够养成检查自己行为的习惯，对他们的发展将会非常有益。

一次，我们安排做"执行命令"游戏，一个小女孩得到这样的命令："到外面去，把门关上，然后回来。"小女孩想了想，然后按照指令行动，可是刚做到一半，她就跑回来对教师说："如果我把门关上了，怎样回来呢？"教师对她说："你说得很对，这道命令有错误。"接着，教师改写了命令。女孩接过来看后说："好，现在我可以完成任务了。"

上面说了，对错误的认识能拉近人与人的距离，增进彼此间的关系。错误会扩大人与人之间的距离，不过对错误的改正又会把人结合在一起。只要对错误保持正确的态度，承认每个人并非完美无缺，谁都会犯错误，那么，错误就不再令人无法接受，反而会成为一件有趣的事情，因为在发现错误、改正错误的过程中同样会得到很大的乐趣。在孩子们眼里，犯错误是很自然的事情，只要教师正确对待自己的错误，错误就会成为师生之间的桥梁，增进师生之间的交流，教师不会因为承认错误就失去尊严，孩子也不会因为教师犯错就对他失去尊敬。错误不只是一个人的问题，更是人们交流的一种媒介，每个人都应该纠正自己的错误。正确对待幼儿的错误行为，教育者应以理服人，对幼儿的不良习惯和行为做深入细致的思想教育工作，应该采取积极的"正面引导为主，批判教育为辅"的教育原则，对幼儿的不良言行抱有极大的耐心，要让幼儿懂得应该怎样去防止下一次再犯同样的错误，同时应引导幼儿学会逐步地改正错误。

## 让孩子回归自然

尽管现代文明如此发达，但是人类仍然离不开自然，可以说，人类仍是自然界的一部分，与自然界关系密切，相依相存。社会生活仅仅是人生存的一部分，它无法取代自然生活。我们与自然有着天然的联系，它对我们身体的发育有着显著的影响。孩子的生命需要大自然的力量，他的精神生命需要与天地万物接触，以便直接从生动的大自然的造化能力中吸取精神养分。人类从远古时代就开始了与自然的接触，并在自然劳动中学会了运用双手，改造自然。可以说，自然界是培养人类智慧的老师。

我们必须要学会适应生活，因为社会生活是人的特殊工作，但它也必须符合人的自然活动的表现。为缓和教育中的这种转变，我们必须开展自然教育，这种方式就像"儿童之家"，它设置在父母居住的楼里，孩子的呼喊和妈妈的应答能彼此呼应。

让孩子回归自然的意义很多，最核心的一个就是，使孩子的个体发育和人类整体的发展协调起来，培养孩子的耐力和品格，让孩子与整个自然建立一种内在和谐。

在传统育儿实践中，我们做了一些非常不自然的事情。例如必须捆绑一个婴儿的手脚，否则他的腿就会长成罗圈腿；必须割断他舌头下的韧带，这样才能保证他到时候可以开口说话；必须一天到晚给婴儿带着帽子，不然他的耳朵就会难看地凸出来；必须认真摆好婴儿躺着的姿势，以防止他那柔软的颅骨发生变形；有些母亲会不厌其烦地去捏婴儿的小鼻子，以为这样能使孩子有一个又长又挺的鼻子；还有些母亲在婴儿出生后不久，将一种小耳环穿入他们的耳垂，据说这样可以改善孩子的视力。如今许多国家已经放弃了这些做法。

再举一个例子，父母们都有过扶着幼儿走路的经历，有些望子成龙的母亲，甚至在婴儿出生的头几个月里，就耐心地每天用好几个小时来教他走路，她们会夹着婴儿柔弱的身体，满怀希望地看着孩子的小脚漫无目的地移动。这些父母强加给孩子的支撑物，就好像残疾人的专用拐杖一样，这些已经习惯了在篮子的辅助下走路的孩子，突然被人拿走了篮子，必然会重重地跌倒。

当我们将正确的方法引入教育孩子的领域时，它会给这个社会带来什么呢？我要提前声明，它不会教你如何使婴儿的鼻子挺起来或保持完美的耳朵形状，也不会教你如何让婴儿出生后立即学会走路的方法。我只是想建议你：让自然本身来决定孩子的头、鼻子及耳朵的形状；不把孩子舌头下的韧带割断他也会说话；婴儿的腿无需捆绑也会自然长直；走路的机能会自然产生，大人们在这些方面最好不要进行人为的干涉。

我们必须遵循如下原则：尽可能地把一切事情交给大自然去做，因为孩子能得到自由的发展的空间起伏，他就越能够形成协调的身体比例，也越能造就健全的身体机能。我主张抛弃各种束缚，让婴儿在恬静的状态下保持最大限度的安宁。让婴儿的双腿完全放松，使他在躺着时能够得到全身心的舒展，不要像许多人所习惯的那样，将幼儿逗得手舞足蹈。在时机还未成熟之前，千万不要强迫孩子走路，因为只要到了一定年龄，他就可以自己站立起来，也自然会行走。

只要坚定了自然的原则，就能为孩子设计出一套科学、有利于健康成长的方案；只有在一种自由的环境下，人的头、鼻子、耳朵的发育才能达到最完美的状态，而他走路的姿态也将在先天能力的驱使下达到尽善尽美。只有自由，才能使孩子的性格、智力和情感得到最大限度的发展。同时，这种认知还要求教育工作者平心静气地对待孩子成长过程中出现的所有奇迹，把我们从虚构的责任中解放出来。

我们必须明确的是，我们既不是人类精神的缔造者，也不是世界上物质的创造者，这一切都在大自然的掌控中。如果我们确信了这一点，就得承认"不在孩子自然发展的道路上设置障碍"是最基本的原则。同时奉劝大家，不要孤立地看待这些问题，也就是说，不要单方面考虑什么因素最有助于个性、智力或情感的发展。事实上，只要弄明白一个问题，就可以揭示出教育的根本，这个问题就是：我们怎样让孩子在自然中发展？

让孩子们在户外或公园里成长，或者让他们半裸着在海边晒上几个小时的太阳。舒适的短童装、凉鞋、裸露的下肢是一种摆脱文明枷锁的方式，不过，有一个显而易见的原则：在教育过程中，只限于为获得由文明所提供的乐趣所必需的程度。除此之外，父母还可以带孩子到大自然中去，例如郊外农场、风景区或动植物园,让孩子通过观赏自然景色,体验世界的原始美感,开阔眼界,增长知识,获得心灵的陶冶。在日常生活中,父母应尽可能为孩子了解和探索自然创造条件。可以带孩子一起买菜,通过买菜识别各种蔬菜、五谷杂粮;让孩子参与植树、绿化带的清理、拔草活动,增强孩子的环保意识;如果有条件,还可鼓励孩子种植花草或蔬菜,养小鸡、小狗、乌龟等动物,让孩子在实践中掌握动植物的特点,建立爱心、认识自然规律,使孩子在这一劳动过程中对生命和大自然产生热爱。

我们应该相信,当孩子在与大自然的接触中,感受到大自然的美丽与奇妙之后,一种眷恋就会在孩子的心中产生,并对其个性、兴趣、精神产生影响,孩子的感官能力也由此得到加强。

在所有对现代孩子教育的改进中,许多人都还存有一种偏见:孩子没有精神需要。他们简单地把孩子看成是只需加以爱护、亲昵,并使之在运动中生长的躯体。例如,对一个正在花园乱跑的孩子,不过是给予不要攀折花木、不要践踏草地之类的忠告,似乎通过活动腿脚和呼吸新鲜空气就足以满足他们身体发育的生理需要似的。

但既然孩子的肉体生命必须需要大自然的力量,那么他的精神生命也必然需要心灵与天地万物的交融。孩子的发展需要适应自然生长的规律。

在孩子的内心活动方面,我们都曾有过这样的经历,那就是帮助孩子形成特定的性格,开发他的智力,学会表达情感等,所有这些都是十分有必要的。我们也曾为此忧虑过,并时常扪心自问:"我们应该怎样帮助他呢?"就像母亲经常捏孩子的鼻子或用帽子固定他们的耳朵那样,我们能用这些"特殊"的方法去束缚孩子吗?实际上,人的性格、智力以及情感是与身体的成长同步进行的,如果我们不能认识到这一点,那就只是任人摆布了。

成人的不幸就在于,当我们知道那些将我们压得喘不过气来的责任事实并不存在时,我们还在自欺欺人地为完善它们而付出辛苦。实际上,它们是独立的,可以自我完善的!当有人向我们阐述这个道理后,我们才为此感到懊悔,并抱怨自己如此的愚蠢,但我们还是不愿就此罢休,还在思考着更为深奥的道理:我们真正的使命和责任是什么呢?如果我们以前所做的一切都是在自欺欺人，那么，什么才是我们应该追求的真理？我们是否犯了渎职罪？我们的罪过又在哪儿呢？

## 己所不能，勿施于孩子

现在，我们已经明白了以前大多数孩子教育是以偏颇的观念，先入为主的成见为基础的。很多人已经尝试着将实际观察所得到的看法公之于众，许多通过多方面的观察而设计出的教学方法，已经取得了成功，使孩子教育的方向发生了明显的转变。任何现代的教育方法，在实施以前，都必须先观察孩子的反应，通过反复的试验总结而成。这些教育方法最终也应该走进家庭，到时，不但一个面貌全新的孩子会应运而生，爸爸妈妈也会因此脱胎换骨。

到现在为止，家长对孩子的教育无外乎纠正他们的不当行为，教他们分辨对错，能够率先示范、以身作则的家长少之又少，他们大多数以道理劝说和口头训诫为主，一旦这些方法都无效，便采取责骂和鞭打的极端行为。在这个热爱自由与平等的社会，除了父母以外，没有人有权力用体罚的方式来教育孩子。

然而，这个体罚的权利也让家长肩负着双重的责任：一是在没有抵抗力的孩子面前，家长必须展现出他们说一不二的权威；二是家长必须在行为举止方面做孩子的榜样。家长很了解自己在孩子未来发展道路上正扮演着决定性的角色，正如一句谚语所说："那双推动摇篮的手，掌握了整个世界的未来。"然而，一个童年时只需要靠练习和耐心便能够顺利学会简单工作的母亲，是无法用那套方法教育孩子的。而一个少年得志的父亲则懒得去思考怎样培养孩子的人格，也不会用心观察孩子的举止。结果，无论是疏忽还是已竭尽全力，或者由于过去的经验太空洞而且缺乏生趣，做父母的往往拒绝肩负自己的重大责任。

一个天真无邪的婴儿降生时，爸爸妈妈便开始相互指责对方的不是。一下子让他们成为孩子模仿的范例，当然是一件非常困难的事。因为他们要突然面对很多新的义务——十全十美、教育子女、改正孩子的缺点，以及让他们取得进步，最重要的是通过自己的优良典范来教导孩子，这些都是父母身上肩负的任务。由于日常生活中的许多困难与矛盾，做父母的需要面对的情境，我们在此也无法详细备述。

首先，让我们讨论一下"说谎"这个问题。

一位好母亲最重要的责任之一，就是培养孩子养成诚实的习惯。我熟悉的一位母亲为了教导她的小女儿要诚实，描述了很多说谎的卑劣行径。同时，她还在小女儿面前称赞那种即使受到磨难，做出牺牲，也坚守诚实的勇气和坚定意志的人。做妈妈的绞尽脑汁想让孩子理解，一个小小的谎言最终会让人犯下一连串的错误，就如同一句谚语所说："说谎会使人失去理智。"她还特别对小女儿强调，一个身处富裕家庭的人更应该维护自己的尊严，为那些家境贫寒、没有办法得到良好教育的人树立典范。

可是她自己又是如何做的呢？一天，她的一位朋友打电话邀请她去听音乐会，这位妈妈连声推辞道："啊，很抱歉，我头疼得厉害，实在没有办法去。"她的电话还没有讲完，就听到隔壁房间里传来一声尖叫。她立刻跑出去，发现小女孩用双手捂着脸，整个人跌坐在了地上。"亲爱的，发生什么事了？"小女孩痛哭着回答："妈妈撒谎！"

小女孩对妈妈的信任就这样完全毁掉了，她和妈妈之间从此树起了一道高墙。孩子对大人社交的认识产生了怀疑，社交在孩子心目中的神圣感受到了亵渎。这位妈妈费尽心思，好不容易才让孩子养成诚实的习惯，而她却从未注意自己在日常生活中的习惯。

那些千方百计督促孩子养成诚实习惯的大人，却常常把孩子包围在谎言里，而这些谎言不但是有预谋的弥天大谎，而且往往是用来欺骗孩子的。说到欺骗，我联想到一件与圣诞节和圣诞老人有关的事情，一位妈妈欺骗孩子说真的有圣诞老人，然后又感到非常内疚，她决定对孩子说出事实的真相。

孩子知道了过去一直被欺骗后，十分失望，整整一个礼拜闷闷不乐。她的妈妈在跟我说这件事情的时候也流下了眼泪。

不过同样的事情并非都是同一种结果。比如，有一位妈妈也向她的小儿子说过类似的话，小男孩听了以后立刻笑起来，还对他的妈妈说："哦！妈妈，我早就知道世界上没有圣诞老人！""可是你为什么不告诉我呢？""因为每次妈妈听了这个故事都很高兴呀！"在这个情况下，父母和孩子的角色完全对换了。孩子是极为敏锐的观察家，为了让爸爸妈妈高兴，他顺从并取悦他们。

很多父母认为，小孩就应该听自己的话，他们希望孩子能够非常爱他们。在这方面，孩子也常常成为自己父母的教师，因为孩子的思想那样纯真，他们的正义感是令人难以想象的。

有一天晚上，一位好心的妈妈让孩子上床睡觉。小男孩请求妈妈允许他把已经做了一半的事完成后再去睡，可这位妈妈丝毫不肯让步。小孩子只得无奈地上床了，可是过一会儿他又爬起来，想把事情完成。小男孩的妈妈发现他竟然偷偷溜下床，狠狠地责骂了他一顿。小男孩哭着对妈妈说："我没有撒谎啊，我跟你说过我想把事情做完的。"妈妈不想和他讨论，就叫小男孩说"对不起"。但是这个小男孩还想继续和妈妈理论，他并没有欺骗她，就像刚刚他坚持自己要把事情做完才去睡一样。小男孩解释说，因为他没有欺骗任何人，所以他不明白为什么要道歉。"好吧！"妈妈说，"我明白了，原来你根本不爱妈妈！"小男孩回答道："妈妈，我非常爱你，可是我并没有做错什么，为什么要道歉呢？"听起来，孩子的谈吐像个大人，而这位当妈妈的反而像个孩子一样蛮不讲理。

还有一个故事，讲的是一位当牧师的爸爸，他的小女儿每个礼拜天都会到教堂去帮忙。某个礼拜天，这位牧师正在布道，题目是耶稣的同情心。他说："我们所有的人都是兄弟姐妹，穷人以及受苦难者同样是耶稣的子民，如果我们要获得永生，就必须对穷人和苦难的人加以爱护。牧师的小女儿被爸爸的讲道深深感动。回家的路上，小女儿见到路边有一个小女孩在乞讨，那个可怜的小女孩身上遍布着许多伤口，她跑过去，怜惜地拥抱并亲吻了小女孩。牧师和他的妻子吓坏了，一把抓回了他们穿戴整洁的漂亮女儿，匆忙带着她走开了，还不停地责骂孩子。回到家以后，牧师的妻子赶紧帮小女孩洗了澡，并重新给她换了一身衣服。从此，小女孩再去听爸爸布道时，就像听其他故事一样，不再有任何特别的感觉了。

上面提到的事情不胜枚举，生活中存在着许多诸如此类的父母与子女的冲突，或者说是成人与孩子之间的不和谐。

对于大人们自以为是的态度和他们不恰当的行为，孩子们其实都看在眼里，记在心里。这些隐藏的矛盾迟早有一天会引发冲突。孩子和成人之间隔着一道鸿沟，没有人能够跨越。在孩子和父母的冲突中，虽然取得胜利的一方一般是势力强大者，但是做父母的依仗权势所取得的胜利，往往不能使孩子们信服，因为大人确定是做错了。家长们还会采取高压手段来制服孩子，并强迫他们服从，以便保持自己在孩子面前的威严形象。为了树立自己的权威，父母往往命令孩子闭嘴，这才保证了"和平"。但是，父母在取得胜利的同时，也失去了孩子对他们的信任，并且连他们和孩子之间的自然情感和相互信赖也一起消失。

这样一来，孩子的内心无法得到最需要的慰藉，人格也将会向不良的方向发展。为了适应成人的不正确行为，孩子必须刻意压抑某些生理反应而由此患上各种疾病。这种伤害会引起孩子的一些不良行为，并被视作他们的特质，其实这是孩子的自我保护机制。例如，以羞怯的姿态或故意说谎来掩饰其"不乖"的行为，孩子的恐惧感和说谎一样，是被迫屈服和顺从家长而导致的。这种情绪对孩子造成的伤害，要比其他情绪更为严重，因为它使孩子把想象与感觉一概而论，造成了情绪上的混乱。

家长是孩子的第一任老师。孩子出生后，从小到大，几乎三分之二的时间生活在家庭之中，时刻都在接受着家长的教育。家长的"言、行、举、动"都将在孩子洁白无瑕的心灵上铭刻下难以泯灭的痕迹，对孩子思想、性格、品德、作风的形成会产生深远的影响。俗话说："近朱者赤，近墨者黑。"这种教育是在有意和无意、有计划和无计划、自觉和不自觉之中进行的，不管是以什么方式、在什么时间进行教育，都是家长以其自身的言行随时随地教育影响着子女。孩子在与其他小朋友们玩耍游戏时，一旦出现争执，往往引用父母的话来证实自己的言语行为是对的，如他们喜欢说"我爸爸是这样说的"或"我妈妈是那样做的"等。

因此家长要教育孩子，请家长们首先从我做起。首先，家长要学会讲文明、讲礼貌。家长在平时要有意识有步骤地教给孩子应对进退、待人接物的礼仪，循循善诱，持之以恒，使孩子耳濡目染，从小就受到善与美的陶冶与感化。其次，家长要讲信用。如果家长经常说空话，说了不算，失信于孩子、失信于他人，久而久之，孩子也会形成讲空话的习惯。再次，家长要尊老爱幼。要培养孩子尊老爱幼的品质，做家长的首先要做到，家长对老人和他人的态度常是孩子模仿的榜样，孩子从家长那里学会对长辈如何尊重，对弟弟、妹妹和同学们如何谦让。最后，家长要养成良好的行为习惯，包括：生活习惯、劳动习惯、学习习惯等，家长平时要注意生活细节，养成良好的生活习惯，平时注意工作、劳动的方式方法，能自己做的事情自己做，在劳动中学会创造，在学习中刻苦钻研、勇于上进，这样，才能教会孩子如何学"做人"。

## 最好的奖励是孩子的自我奖励

有一天，我去学校上班，看到一个孩子坐在教室的一把扶手椅上，独自一人，显得非常无聊。那个孩子的胸前戴着一枚奖章，那是一位教师为奖励表现好的孩子而发的金十字奖章。这位教师对我说，这个孩子现在正在接受惩罚呢。这枚奖章是另一位孩子得到的，他只把它在自己的胸前戴了一小会儿，就将它送给了别的孩子——就是这位受惩罚的小家伙。获得奖章的孩子觉得奖章不仅对他没有任何意义，还会妨碍他做别的事。接受奖章的孩子坐在椅子上，对奖章毫不在乎地看了一眼，然后心安理得地环顾教室，丝毫没有对惩罚感到羞愧。这件事给我们一个启示，那就是，奖励和惩罚似乎是毫无意义的。但应该对孩子进行深入的观察才可以下结论。后来的长期试验证明我们最初的看法是正确的。对于对任何一种惩罚都不在乎的孩子来说，教师没有必要再去奖励或者惩罚他们了。这就是教师的感觉。我们更为惊讶的是大多数孩子对奖励持拒绝的态度。孩子得到奖章，却把奖章送给其他孩子，这件事说明他并不认为这是一种错误的行为，反而觉得这样做很好。后来，我们常常见到那些孩子胸前戴着金十字奖章，但表情十分平淡。这表明孩子出现了意识的觉醒以及最初的尊严感，这在原来是无法想象的事情，对孩子的奖励和惩罚自此以后被我们撤消了。

真正的奖励是孩子的自我奖励。虽然十字奖章能够让接受处罚的孩子感到满足，却不能满足那个积极主动、内心充实、愉快工作的孩子。

纪律的形成一旦建立起自由的原则，奖励和惩罚形式就会自然取消，而一个享有自由并自我约束的孩子，会追求那些真正能激发和鼓励他的奖赏。当内心有了力量和自由时，孩子就会迸发出强烈的积极性。

### 奖励那些真正需要奖励的孩子

在"儿童之家"开办后的最初几个月里，老师们还没有学会实际运用有关自由和纪律的教育法则。尤其有一个老师，自作主张地采用了她以前习惯使用的教育法则。有一天，一个聪明的孩子的脖子上用一条精致的白色袋子挂着一个很大的希腊式银质十字奖章，而另一个孩子则坐在教室中最显眼的地方的一把扶手椅上。很显然，前一个孩子受到了奖励，而后一个孩子是在接受惩罚。不过那个老师对孩子没有进行任何干预。结果，得到十字奖章的孩子来回忙个不停，他把自己用的东西从自己的桌子上搬到老师的桌子上，把其他的东西放回原处。他高兴地忙着自己的事情。

当他来回走动的时候都要经过受罚的孩子坐的地方。他的奖章在走动时不小心从颈上滑下来掉到地上，受罚的孩子把奖章捡了起来，提着缎带摇晃着，翻来覆去地看，然后对他的同伴说："你知道你掉了什么东西吗？"

那个掉了奖章的孩子转过身，无所谓地看了一眼那个小玩意儿，他的表情好像是在责怪别人打断了他，他回答说："我对它无所谓。"受罚的那个孩子平静地说："你真的无所谓吗？那么让我戴一下吧！"他回答："行，你戴吧。"语气中好像是在说："你让我安静点好吗？"

受罚的那个孩子小心地整理了一下缎带，把奖章挂在自己的胸前。这样他就可以欣赏奖章的样式和光泽了，然后他调整了一下坐姿，把手搁在扶手上，舒服地坐在小椅子里，神情显得那么轻松愉快。

可以发现，虽然十字奖章能够让那个接受处罚的孩子感到满足，却不能满足那个积极主动、内心充实、愉快工作的孩子。

有一天，一位女士参观另外一所"儿童之家"，她高度赞扬了孩子们。然后她打开了带来的一个盒子，拿出系有红色缎带闪闪发亮的奖章给孩子们看，她说："你们的老师会把这些奖章颁给那个最聪明、最优秀的孩子。"

这时，一个静静坐在小桌旁的很聪明的 4 岁小男孩，皱着眉头表示抗议，他一次又一次地喊道："别给男孩子，别给男孩子。"

这是一个启示，这个小家伙已经知道他属于班上最聪明的孩子之列，尽管谁也没有这么对他说过。但是他不希望受到这种奖励的伤害。由于不知道如何维护自己的尊严，他只好借助于他作为男孩子的特点，不让那位女士把奖章发给男孩子。

### 孤立的惩罚方式

对于那些喜欢干扰别人，而又根本不注意纠正错误的孩子，惩罚应该被取消，至少，它应该以另一种方式来完成。惩罚不能以伤害孩子的自尊心为前提，相反，好的方式和方法能引导孩子认识自己的错误，并主动做出改正。

在"儿童之家"，对于不注意纠正错误的孩子，老师们在教室的一个角落里放一张小桌子，让他坐在那里，用这种方式来孤立他。这样就可以让他看见自己的同伴们学习。这种孤立总是能成功地使这样的孩子安静下来。他可以看到全体同伴们的学习情况，这对他来说是一次比老师教训他什么都更有效的直观教学效果。

渐渐的，他就会明白，如果能成为他面前忙碌的伙伴中的一员，他就能够回去和其他孩子一样学习。我们可以用这种方法教导那些原来不守纪律的孩子。被孤立的孩子总是应当受到特别的照顾，就好像生病的小孩应当受到特殊照顾一样。

对于那些必须进行纪律教育的孩子而言，我们无法完全知道他们的心理变化，但可以肯定一点：经过纪律教育，这些孩子都将变得很好，而且这种良好的态势会持续。孩子能从中学会如何学习和如何表现自己。

但是我还是认为惩罚需要适度，最好不用。

从遥远的古代到现代，教育一直跟惩罚具有同样的含义。教育的目的，就是让孩子像成人一样做事。成人使自己代替了自然，抛弃了生命的规律，而以自己的意愿和意图取而代之。

在几千年的历史中，人们一直认为，如果不用棍棒就会宠坏孩子。不同国家的人用不同的手段惩罚孩子。在私立的学校里通常有固定的惩罚模式。这些惩罚可能包括：在孩子的脖子上挂一块羞辱他的牌子，把驴的耳朵竖在他的头上，或者使他面临每个过路人的侮辱和嘲笑。还有其他使孩子承受肉体痛苦的惩罚，其中有强制孩子面对墙角站数小时，裸露膝盖跪在地板上等。现在的教育把这种野蛮的行为做了巧妙的改进，学校和家庭开始联合起来惩办孩子。在学校中已经受到惩罚的孩子，回家后还必须把他所犯的错误告诉父母，这样父母就会再次责备和惩罚他。

在这种情况下，孩子发现他不可能保护自己。他能向哪一个法庭求助呢？他在受到责备后，也无法找到诉苦处。教师和父母相信，只有他们联合起来对孩子进行惩罚才会有效。但是教师并不想要再次提醒父母去惩罚他们的孩子。

对孩子受惩罚的各种方式的研究显示，即使在现代，每个孩子在家中都会受到惩罚。他们被训斥、责骂、扇耳光、关进暗室里，甚至被威胁说要对他们进行更严厉的惩罚。他们还会被剥夺跟其他孩子游戏或吃糖果之类的娱乐活动，而这些活动是他们唯一的"庇护所"，是他们在不理解中承受痛苦的唯一补偿。

虽然在有教养的人中，这类惩罚已逐渐消失，但也没有完全消失。他们仍用刺耳和威胁性的声调呵斥子女。成人认为惩罚孩子是他们的天赋权利。父母认为打孩子一巴掌是一种职责。

体罚由于在成人看来是一种对人的尊严的侮辱和社交上的耻辱，所以成人之间禁止体罚。但是，难道还有什么东西像辱骂、打骂孩子一样卑劣的吗？在这一方面，成人的良心完全麻木了。

当今社会所迫切需要的是把孩子从危险的深渊中拉出来，人们应该为以下的做法感到不安：他们忽视、遗忘了孩子的权利，他们没有认识到孩子的价值、力量和孩子的真正本性。孩子创造了人类本身，他们的社会权利必须得到承认，社会应该慷慨地给予孩子最多的关怀，反过来，社会也可以从孩子那里获得新的能量和潜力。

因此，成人必须组织起来，为他们的孩子组织起来。他们必须为孩子的权利大声疾呼。尽管社会一直是孩子不可靠的"监护人"，但它现在必须正确处理这件事情，把属于孩子的权利还给他们。

# THE CHILDHOOD
## EDUCATION OF
# MARIA MONTESSORI

**06**

## 教育所要做的是保护孩子以自然的方式成长

大人们对以下的情形也许已经习以为常了：当孩子吃饭慢时，成人会很自然地去喂他；为了不让孩子把碗或盘子打碎，大人们总是不让他们接触这些东西；为了不让孩子被热水烫伤，大人们严禁孩子靠近暖水瓶；为了怕孩子触电，大人们小心翼翼地让孩子远离电器。总之，孩子的每一个行为都会有人代替他去做，成人做事的出发点都是为了保护孩子，但是这样做只会让孩子越来越不好好吃饭，或者更加疯狂地把盘子摔在地上，或者因为好奇心而去接触这些危险的东西。为什么会产生与成人的愿望相背离的情况呢？大人们究竟应该怎么做呢？

## 关注孩子的精神世界

教育应该通过什么方法才能更好地实现呢？我们必须要认识到这个最重要的事实：孩子拥有一种精神生命，这种生命的微妙表现尚未引起注意，他的活动方式被成人无意识地破坏掉了。下面我将通过对某些事情和印象的简要描述来阐明我对这个问题所持的观点。

在教育中人们通常关注的是孩子，而不是教育的方法。通过对比就会发现，那些没有受到约束的孩子可以完全依其本性而活动。我们前面列举的那些童年期的特征全是属于孩子生活的，它们根本不是任何"教育方法"的产物，就如鸟的羽毛、花朵的芬芳一样，都是自然的产物。然而，今天的孩子有很多的时间都是在学校接受教育中度过的，因此孩子的自然天性也会受到教育的影响。教育所要做的是保护孩子以自然的方式去成长。这有点类似于园艺师对花草树木的培养，他通过适当的管理和一定的技术，可以改良花朵的色彩、香味和其他一些自然特征，但是却改变不了花朵会开花的基本特性。而我们所要培养的是活生生的孩子。

"儿童之家"的种种现象展现了孩子具有的某些天赋的心理特征，但是这些心理特征并不像植物的生理特征那么明显。并且随着孩子的成长，孩子的心理生活也会发生变化，所以他的有些心理特征也会随之发生改变，有的甚至会完全消失，被其他的东西所取代。所以教育的首要任务是为孩子创造一个能促进其天赋正常发展的适宜的环境。在这种环境中，孩子的精神生命会自然地得到发展并揭示它的内在秘密。为了实现这一目的，首要的就是要消除那些阻碍孩子发展的事物，这就是教育的出发点。我们要做的是在发展孩子的现有特征的同时，挖掘出孩子的本性，促进孩子稳定的持续的正常发展。

在所有能够引起孩子正常发展的条件中，**首要条件就是给孩子提供一个不会感到任何压抑的愉悦环境**。这些环境没有一定的标准，重要的是让孩子感觉非常舒适，比如整齐洁白的教室，为他们量身定做的小桌子、小椅子或其他小型生活用具，以及院子里淡淡的花香、暖暖的阳光。

**第二个重要条件就是成人所起的积极作用**。有些孩子的父母可能没什么文化，但是我们学校里的教师也绝对不会轻慢那些父母，这可以被称之为"理智的沉静"。人们很早就认识到教师必须沉静，但是那时候对沉静的理解并不全面，更多地被视为一种性格和神经质。然而，那种更为深沉的沉静指的是一种没有杂念、更好的和畅通无阻的状态，它是内心清澈与思考自由的源泉。只有心灵的谦虚和理智的纯洁才可能组成这种沉静。由于它是理解孩子所不可或缺的条件，因此，教师准备活动中最必要的部分就是获得这份沉静。

**最后一个重要条件是给孩子提供有针对性的感官训练，同时要准备适宜的、有趣的感官材料**。在训练过程中，孩子被这些可以感知的材料所吸引，并对它们进行着探究活动。同时这些材料还能使孩子保持专注的注意力，这比教师的不停说教效果要好得多。到这里，我们已经知道，孩子的正常发展需要适宜的环境、谦和的教师和科学的材料，这就是我们的教育方法的三个外部特征。

现在让我们去发现孩子不同的表现方式吧！在连续的活动中，孩子能展现出自我发展的天赋。同时这种活动要求将受心理指导的手的运动专注于一项简单的工作上。孩子特征的发展显然来自于某种内在的冲动，因此孩子乐于进行重复练习和自由选择这样的活动。我们发现，孩子的活动就如同一种与他的生命和发展息息相关的新陈代谢一样在不停地进行着，它的指导原则就是孩子拥有自主选择的权利。孩子会对诸如安静一类的练习做出热切的反应，那些导向荣誉与正义的课程深受他们的喜欢，那些能发展他心灵的工具很快被掌握。然而，他厌恶诸如奖品、玩具和糖果之类的东西，他所关心的是向我们展现秩序和纪律感。这才是一个真正的孩子，充满活力、真诚、欢乐、可爱，高兴时会呼喊着、拍着手、到处奔跑；喜欢大声迎接客人，反复感谢，以呼唤和追随来表示激动；他友好，喜欢看到的东西，并使一切适合自己。

我们可以列出一张表，把孩子自己选择的喜欢的东西和他讨厌的抵制的东西分别列举出来。也许从中可以发现一种教育方法的端倪。也就是说，孩子自身已经构建一种实际的、明确的教育方法的轮廓，这种教育方法的指导原则就是孩子自然的选择。同时这些原则在一种正确的教育方法的构建过程中始终发挥着作用。长期的经验也已经证明了这一点。因此说，我们的教育方法的基本要素包括：环境、教师和各种教具。

| 孩子喜欢的东西 | 个人工作　重复练习<br>自由选择　控制错误<br>运动分析　安静练习<br>社会交往的良好行为<br>环境秩序　个人整洁<br>感官训练　书写阅读<br>复述　　　自由活动 |
|---|---|
| 孩子抵触的东西 | 奖励和惩罚<br>拼字课本<br>玩具和糖果<br>教师的讲台 |

对教育方法的基本轮廓的构成要素一步步揭示出来的过程是非常有趣的。这些教育方法起初表现为一些人们从未料想到的新发现，由于这种特殊的教育方法自身也在不断地进行着演变，因此孩子成长的环境成了某种特殊的东西，展现出一种与孩子生命发展互动的新模式。

有些人不禁要问，这些教育的方法是如何得来的呢？这些新的教育方法，首先来自于我们为孩子提供的环境，在这些环境中，我们逐渐发现一些共同的特征和普遍的趋势，这就是构成教育方法的一些基本的方面。其次我们还强调要关注教师的作用。传统的学校教育中，有些教师成为了孩子活动的障碍，原因在于这些教师缺乏主动探索的精神，过分注重自己的活动和权威。有些教师可以促进孩子的发展，因为这些教师在看到孩子独立活动并取得进步时，会给予及时的反馈和真诚的赞美。最后强调的是尊重孩子的人格，其尊重的程度在任何其他教育方法中没有先例。

我们希望打造一个最具亲和力的"家庭"。在我们的环境中，常常受到人们赞同和接受的是为孩子量身定做和建造的一切设施。充满童趣的墙饰，窗户低矮的教室宽敞明亮，现代化的家具，如各种小桌子、小椅子、好看的窗帘、可自由开合的橱柜以及孩子可随意使用的教具。总之，一切设施都是有助于孩子发展的，这种对周围环境的改进是"儿童之家"的一个主要特征。在对环境的改造中，我们不断观察着孩子的表现，最终发现了教育的一系列原则。

## 用心观察孩子的行为

### 重复练习

在我们的学校里，有一件事情引起我特别的注意。一个大约3岁的小女孩不停地把一些圆柱体放到不同的容器中，然后又从容器中取出。这些圆柱体大小不同，正好可以放进那些容器中相应的孔里，就像软木塞盖住瓶口一样。令我惊讶的是，这个年幼的孩子能如此聚精会神地一遍又一遍地做着这项练习。她并没有表现出想要加快速度或提高敏捷性的想法，这只是一种重复的运动。我出于习惯，开始数她重复这项练习的次数。同时，我还想看看她在进行这项工作时专心的程度。我故意想要打扰她的工作，于是请教师带领其他小孩在周围唱歌并到处走动，但她丝毫没有受到影响。然后我轻轻地抬起她坐的小椅子，把它放在小桌子上。当我抬起小椅子的时候，她一把抓起正在操作的物体，把它们放在自己的膝盖上，继续做同样的工作。这时我开始计数，她重复这项练习42遍，然后才停下来，她愉快地笑着，仿佛从梦中苏醒过来，眼睛炯炯有神地环顾四周，她好像都不曾发觉我们对她的干扰。至此，她的工作无疑是完成了。但是她到底在做什么呢，为什么她要这样做呢？

这促使我们下意识地想去洞察孩子尚未被探索的心灵深处。按照孩子发展的阶段特点来说，这个小女孩正处于一个注意力不能持久的时期，一般认为，这个时期孩子的注意力会不停地从一件事跳到另一件事上。然而，她却如此专注于一件事情，以至于感觉不到外部的刺激。当她把不同的物体恰当地插放的时候，她的手也随之做着有节奏的运动。

类似的事情不断出现，而且当孩子经历了这种体验以后，他们就像刚刚休息过，充满了活力，仿佛得到了某种极大的快乐。

尽管孩子处于忘却外部世界的全神贯注状态并不多见，但我还是发现了一种所有孩子都具有的奇怪行为，而且这种行为几乎在他们所有的活动中都会不断地表现出来。这就是我后来称之为"重复练习"的现象。

有一天，当我发现他们正在工作的小手很脏，我想应该教他们一些有益的事情——如何洗手。随后的时间，我发现这些孩子虽然已经把手洗干净了，他们还在不停地洗。当他们离开学校时，会再洗一次。有些母亲告诉我，早晨的时候，他们发现自己的孩子在洗手间洗手，有些孩子还会自豪地伸出干净的小手给大人看。他们一次又一次地重复练习，却没有任何外在的原因。这种现象还不断地在其他活动中发生，一项练习的各种细节越是教得详细，它就越可能成为无穷尽的重复练习的对象。

### 自由选择

我还看到另一个现象。孩子摆弄的一些实物是由教师分给他们的，使用完之后再由教师把这些东西放回原处。这位教师告诉我，每当她收回这些实物的时候，有的孩子就从座位上站起来走到她的跟前。不管她怎样劝说孩子回到自己的座位上，孩子总是会再次站到她的跟前。因此，她认为这些孩子不顺从她。

我观察了这些孩子，意识到他们是希望把这些实物放回到他们摆弄它们时所在的地方。我允许他们这样做，这使得他们开始了一种新的生活。他们着迷于有秩序地摆放物体，一切井然有序。如果一个孩子不小心摔坏了一只玻璃杯，其他孩子就会走过去帮忙收拾碎片和打扫地板。

有一天，这位教师把一只盒子打翻在地，盒子里装有80种颜色渐次变化的小方块。我记得当时她很窘迫，因为要把这么多不同色彩的小方块排列起来是很难的。这时，孩子们跑来了，令我们感到惊讶的是，他们迅速地把小方块按正确的颜色顺序排列起来了，他们在这方面表现出了远胜于我们成人的敏感性。

有一天，这位教师到校迟了一会儿，事先她又忘了锁柜子。当她来到教室后发现，孩子们已经把橱柜门打开了。许多孩子都围着它，正在取出教具。这位教师感到有些愤怒，她把这看成是一种偷窃行为，认为这些孩子没有经过教师的允许就私自打开橱柜，这是一种不尊重教师的行为，应该受到严肃处理，并应该对他们进行一系列道德教育。但是，我却不这样看，我认为这是由于孩子现在已经充分认识了这些教具，以致他们已经能够根据不同的情况做出自己的选择，事实证明确实如此。

这说明孩子已经可以自主地开始一种新的有趣的活动，他们可以根据自己的爱好选择工作。因此，我认为，制作一些低矮的柜子，使得孩子可以自由地取用与他们内在需要相一致的教具。因此，在重复原则的基础上又加上了自由选择的原则。

孩子自己所做的自由选择，可以向我们展示出他们的心理需要和个性倾向。其中最有趣的一个发现是孩子并不会选择我们给他们提供的所有种类的教具，而是只选择某些同一类型的东西。他们总是去挑选同样的一些东西和自己偏爱的一些东西，而很少留意到其他的东西，从那些东西上布满的灰尘就可以看出了。

我常把所有的教具都拿给孩子看，并请教师分别给孩子讲解如何使用这些教具，但是有些教具孩子从不主动使用，有些教具孩子用过一次以后就不再使用。于是，我认识到，对孩子来说，每一样东西不仅应该井然有序，而且应该跟孩子的需要相适应；只有消除了教具的混乱情况和去掉不必要的教具，孩子的兴趣和专心才会油然而生。

### 玩具

在我们的第一所学校里，尽管有一些十分精美的玩具，但是没有孩子愿意去玩，这使得我十分惊讶。我决心帮助他们玩这些玩具，我向他们演示如何玩这些小碟子，如何在娃娃家里做饭。但是孩子的兴趣只持续了一会儿，然后就各自走开了。我想这可能是由于孩子没有自由地选择这些玩具。同时我还认识到，在孩子的生活中，游戏也许只是其中很小的一部分，他们是由于没有更好的事情做才去玩的。当孩子感到有更重要的事情去做的时候，他们是不会去进行这种活动的。也许，他们看待游戏就如同我们看待下棋或打桥牌一样，只是闲暇时的一种快乐的消遣。如果我们强迫他们长时间地去做游戏，孩子就会感到痛苦。就像我们如果有更重要的事情要做的时候，打桥牌这类的事情就会被忘掉。由于孩子也有一些自己认为比较重要的事情，这时他就不会觉得游戏有多么有趣。

孩子正在不断地从一个较低的阶段转到一个较高的阶段，他的每一分钟都是宝贵的。在孩子不断生长的过程中，他只会关注那些对他的发展有帮助的事情，而并不觉得那些闲暇娱乐活动有趣。

### 安静

有一天，我抱着一个只有4个月大的女婴去教室。这个婴儿被紧裹在襁褓里，这是附近地区盛行的风俗。她的脸蛋丰满圆润。她是如此地安静，这种安静给我留下了深刻的印象，我想要和其他孩子分享这种感受。于是我对他们说："看，她多安静啊！"然后我又开玩笑地补充道："你们谁也不能像她那样好。"使我惊讶的是，我看到这些孩子都带着奇怪的表情盯着我，他们似乎在专心倾听我讲的话，渴望领悟我话里的意思。"注意，"我继续说，"她的呼吸多么柔和，你们谁也不能像她那样安静地呼吸。"这些感到惊奇的孩子开始一动不动地屏住呼吸了，这时出现了一种令人感动的安静，连平时难以听见的挂钟的滴答声都开始听见了，好像这个女婴把平时从来没有过的安静的气氛带进了教室。

这就是我们"安静练习"的由来。

有一天，我想可以用这种安静来检验孩子的听觉是否灵敏。于是我在不远处，开始低声叫他们的名字。无论谁听到自己的名字就必须走到跟前来，走的时候不要发出任何声响。我认为这种耐心等待的练习对这些孩子来说是一次磨练，所以我专门带来了奖励的糖果和巧克力，准备当他走到我面前的时候奖给他。但这些孩子拒绝拿这些糖果，仿佛在说："不要破坏我们美好的体验。我们的心灵充满了喜悦，不要分散我们的心思。"

后来我终于认识到，每一项含有能纠正错误的练习都对孩子的发展有所帮助。例如这种以安静来制止噪音的练习。不断重复这种练习能使孩子表现出完美的行为，这是仅仅通过言教难以获得的。孩子通过学习如何绕过各种物体而不碰撞它们，通过学习如何轻盈地走路而不发出声响，动作变得敏捷和机灵。在这个过程，他们为自己能完整地完成这些动作而感到高兴，他们欣喜地发现自己的潜力，并在自己生命发展的过程中不断地练习自己。

我花了很长时间才使自己明白，在孩子拒绝拿糖果背后有一个内在的原因。众所周知，孩子喜欢吃糖果等小零食，因此这种拒绝对我来说有点捉摸不透，以至于我希望通过进一步的试验来继续探究深层的原因。我去学校的时候会随身携带一些糖果送给孩子，但有的孩子拒绝接受，有的孩子把糖放在自己罩衫的口袋里却不吃。我原先推测是他们想要把这些糖果带回家去吃。于是我对他们说："我刚才给你们的糖果你们可以现在吃掉，我手中的糖果你们可以带回家去。"他们接受了这些糖果，但再一次放到口袋里却还是没吃。后来，当他们的老师去看望其中一个生病的小孩的时候，才发现孩子们是珍惜赠送的糖果的。为了感谢老师的来访，这个小孩从珍藏的小盒子中取出一块糖果给老师吃，这些糖果都是他在学校中所获得的奖励，但是他一直没舍得吃掉，而是把它们存放起来。这些态度在孩子中是如此常见，以至于许多参观者来我们学校只是想要证实一下他们在书中阅读到的这一现象。这是在孩子内心一种自发和自然的发展。没有人想到要叫他们放弃糖果，或者不现实地对他们说，孩子既不应该玩耍也不应该吃糖果。当孩子在精神生活得到升华的时候，他们会自愿地拒绝这无用的外在的奖赏。

有一天，有人给孩子一些烤制成几何形状的小甜饼。这些孩子并没有马上吃掉它们，而是认真地看着它们说："这是一个圆，这是一个长方形！"我们的学校中还流传着这样一个有趣的故事，一个贫困的孩子在厨房注视忙着做饭的母亲，仿佛已经饥肠辘辘了。但是当他母亲拿起一块黄油的时候，这个小孩说："这是一个长方形。"他母亲把黄油切去了一角，这个小孩就说："现在你有一个三角形了。"接着又补充说，"剩下的是一个不规则的四边形。"这个小孩一直没有说出人们意料之中的话："给我一些面包和黄油吧，我饿了。"真是令人惊奇呀！

## 纪律

尽管孩子的行为举止中表现出很大的自由，但总的看来，他们是非常有纪律的。他们安静地工作，每个人都专注于自己的工作。当他们取出或放回要操作的实物时，都会安静地走来走去。有的时候他们会离开教室，张望一下院子然后又回来，他们执行教师的要求也十分迅速。这位教师告诉我："他们完全按照我所说的去做，使我开始注意自己所说的每一句话，我应该为自己的话负责。"

事实上，假如教师要求孩子进行安静练习，那么在她说完全部要求之前，孩子们就会坐着一动不动。然而，这种对纪律的依从并没有阻止他们独立的活动，也没有妨碍他们按照自己的喜好安排自己的一天。他们会各自取出自己工作所需的教具并把学校整理干净。如果教师来迟了或者单独让孩子呆在教室里，一切也会照常进行。让参观者最着迷的地方就是这些孩子成功地把秩序和纪律和自发性结合在一起。

孩子即使在十分安静的情况下也能体现出极好的纪律，在教师下完命令之前就表现出服从，这些美德的根源是什么呢？当孩子进入教室工作的时候，教室里非常安静，并且没有人破坏过这种气氛，也没有一个人能通过外部的手段获得这种气氛。这可能是孩子已经找到了最适合他们发展的环境吧，就像星星围绕着太阳不停地运转一样，它们已经找到了最适宜它们的环境，并成为环境的一部分。人们也应当具备这种观念，自然界有其自身的规律，为所有其他形式的诸如社会生活的规律提供了基础。事实上，自由只能诞生在秩序和纪律的基础上，这就是能为教育理论的发展提供依据的事情，虽然很多人还很难理解这一观点。

有一天，意大利总理的女儿陪同阿根廷共和国大使来"儿童之家"参观访问。这位大使认为耳听为虚、眼见为实，因此要求不要预先通知，要看最真实最自然的状态。但是当他们到了学校才知道那天是假日，学校根本不开放。院子里工作的一些孩子走过来，与他们交谈说："虽然今天是假日，但是我们学生都在这幢大楼里，如果你们想要进来，可以向门卫登记一下。"于是，这些孩子开始召集他们的小伙伴们，并自动打开教室的门工作起来，向这些参观者证实了这确实是他们自发的行为。住在这所公寓大楼里的一位母亲走上来告诉我们她家小孩发生的变化，现在孩子有的时候会说："在做饭之前先洗一洗你脏兮兮的手吧！"或者是："你是不是该把衣服上的脏东西擦掉？"听到她的这些话，大人们感觉像做梦一样，孩子自觉地知道一些程序，并在生活中主动地遵守这些纪律。

## 好老师让孩子终生受益

要想成为一名蒙台梭利学校的教师，必须要有一定的心理准备。他必须时刻牢记住这样一件事情，那就是在传统学校里，教师要随时关注学生的行为，随时照顾他们，对他们进行教育和照料。而在蒙台梭利学校里，教师要做的首要任务就是找出从教室里跑开的学生，这是蒙台梭利学校教师和其他传统学校教师的最大差别。刚到我们学校里工作的老师也必须牢记住这一点：孩子是通过工作来发展自己的。他们必须抛弃所有那些先入为主的观点，包括孩子的不同发展水平的问题。他需要关心的是孩子正常发展的问题，而不是担心那些有各种各样缺陷的孩子。在我们的学校里，教师们必须要坚信，如果孩子能被某件工作所吸引，他的所有美好的天性就会自然地发挥出来，孩子们的注意力会在自己发展的过程中集中、稳定下来。因此，教师必须投入自己全部的精力，在孩子发展的不同阶段，运用不同的工作方法。总的来说，教师主要做以下三方面的工作。

**第一阶段的工作**。教师应该成为环境的保持者和管理者。他应该时刻留意环境的发展变化，而不应该被孩子们吵得心烦意乱，这样孩子才能逐步走上发展的正轨，其意志力才能向正常的方向发展。就如同在我们的家庭里，母亲总是非常注意家庭的装饰和环境的布置，想把家变成一个舒适、温馨、充满乐趣的地方。一个具有吸引力的家最基本的要求应该是干净、整洁，房间里的物体摆放整齐，有条不紊。学校里的教师也应该像母亲装饰家庭环境一样装扮学校的环境。教室应保持干净、整洁，各种物品摆放有序，所有东西都放在适宜孩子们容易接触的位置，以方便孩子们的使用。同样，教师自己也应该保持衣着整齐，同时具有一定的威严，这样才能对孩子有吸引力，使孩子工作时伴随着一种愉悦的心情。当然，教师的性格各有不同，不能一概而论，但有一件事必须记住，那就是教师的外在形象非常重要，直接关系到他们能否获得孩子的尊重。教师应该注意自己的言行举止，尽量让自己保持一定的风度。

虽然环境的影响是间接的，但是如果环境不好，孩子的身体、智力和心理发展都将受到影响，因此教师的首要任务就是关注环境。

**第二阶段的工作**。考虑过环境之后，我们自然会问："老师应当如何对待学生呢？我们怎样才能吸引这些心理尚未发育完全的孩子呢？如何才能让他们专注于某些工作呢？"我的答案是"引诱"（希望这个词不会引起大家的误解），就是诱导孩子向我们的标准看齐。但是如果我们忽视环境，家具是脏的，教具坏了还随意摆放，更糟糕的是教师自己也非常懒散，不注意礼貌，那么教师的教育目的就很难实现。在孩子还不能够集中注意力之前，教师应该像一束温暖的阳光，照亮孩子的新房。我们没有必要害怕教师的行为会影响孩子的心理发展，因为这一阶段，孩子的心理发展还没有开始，这个时候给予孩子一些指导是非常必要的。老师可以根据需要对孩子的行为进行指导。

我曾经读到过这样一个故事，一个基督徒看见满街都是弃儿，就打算把他们召集到一起，由于这些孩子已经跑远了并不听从他的召唤，他就想出各种方法吸引他们，终于把孩子们召集在了一起。教师们也应该向这个基督徒学习，采用各种方法来吸引孩子，比如讲故事、做游戏、唱歌等。虽然游戏本身没有多大的教育意义，但是如果老师能够吸引孩子做各种各样的游戏，就能够使孩子们安静下来。我们都知道，有活力的教师比呆板的教师更能吸引孩子。只要努力去做，我们都可以成为有活力的人，都可以兴奋地对孩子们说："孩子们，让我们把所有的东西都挪走吧！"或者与孩子们一起做游戏，对他们进行表扬和鼓励，或者说："水桶有些脏了，我们把水桶刷干净怎么样？"或者说："我们到花园里去摘一些花点缀教室怎么样？"老师的这些行为都会对孩子起到激励作用。

这就是老师在第二阶段应该做的工作。有的孩子在这一阶段总是不停地打扰其他孩子，对这些孩子最有效的做法就是打断他们。当然，我们曾经多次说过，当孩子正在被专注地投入某项工作的时候，我们不应该打扰他们，妨碍他们的正常发展。但对这样的孩子正好相反，我们应该打断他们这种干扰别人的行为，或者通过使用一些惊叹性的语言或其他对他们表示极端关注的方法来吸引他们的注意力，一般来说，这些方法都是非常有效的。比如说："怎么样，约翰？到老师这里来，我有些东西要给你。"如果他不愿意过来，还可以说："花园里的鲜花都盛开了，我们去花园，怎么样？"然后教师可以把他带出教室去玩，或者交给其他教师来管理，使其他孩子不再受到他的干扰。

**第三阶段的工作。**在这一阶段里，孩子开始对一些事情感兴趣了，尤其是那些与他们生活经验有关的东西。经验表明，在孩子尚没有能力完全接受之前，向他们提供一些与文化有关的东西不会起到太大的作用。我们必须在孩子能够集中精力之后，才向他们提供这些东西。当然，这些还与孩子的实际生活经验有关。如果孩子对某件东西表现出兴趣，我们一定不要打扰他们，因为这种兴趣的出现，表明他的内在能力开始发展。孩子接触这些东西会使他们学会许多新的行为方式。但是，孩子这种能力的进步是非常脆弱的，外界的一点点干扰都可能会对其造成不良影响。这就好比是一个美丽的肥皂泡，轻轻一碰就会破灭。

因此这一时期教师必须非常小心谨慎，注意不要以任何方式打扰孩子。在这一阶段，教师出于关心孩子会无意识地犯一些错误，这时候注意力集中的孩子很可能被打扰。比如，当孩子专注于某项工作时，教师从他们身后走过，可能会夸赞一句"好"，仅此一句就会打断孩子的注意力，因为此阶段的孩子很容易受到外界环境的影响。一般情况下，孩子对某件事物的兴趣会持续两周左右，如果教师发现孩子做某事很困难，好心地走过来帮助孩子，那么这个孩子很可能就会走开，将这件事情丢下来不管了。孩子的兴趣不仅在于动手，而且还在于克服他在动手过程中遇到的困难。如果老师想要帮助他们克服困难，那么他们就失去了主动探究的兴趣。我们说教师应该要小心，因为表扬、帮助甚至一个眼神都可能打扰孩子。也许这听起来有些荒唐，但即使对于我们成年人来说，如果有人在旁边盯着我们做事情，我们也会受到影响。一个优秀的教师应该遵循这样的原则：一旦孩子能够集中注意力，我们就应把他们视为不存在一样。当然我们也要关注孩子在做什么，但不要对他们进行干扰。这样，孩子在进行选择的时候会表现得比较从容，他们可以遵照自己的愿望有目的地选择一些事情。但是这可能又会产生另一个问题：许多孩子争抢同一件东西。我的意见是，如果没有特殊情况，不要对孩子进行干扰，让他们自己解决这一问题。教师的责任就是，在孩子们完全熟悉了一种东西之后，及时给他们提供一些新的东西。

当然这并不容易把握，教师只有通过实践才会知道如何才能不打扰孩子。我们应该把它提到心理高度，从心理角度讲，帮助也可能引起傲慢。因此，教师对孩子的帮助不能源于一时冲动，应该注意运用自己的理智，把握分寸，最好是在无形中给予孩子帮助。因为一旦这种帮助被孩子发现，孩子就不会认为这是一种帮助，而是认为这是一种自然而然的东西了。

教师和孩子的关系体现在精神领域的同时，也要求教师要像一个仆人一样细心地伺候他的主人。教师要把桌子打扫干净，把玩教具放在固定的地方，为孩子准备饭菜，把这些事情都准备好以后，教师就可以退到幕后了。教师必须从孩子心理发展的角度来考虑问题，如果孩子没有需要，教师就不要去打扰他，但如果孩子有所要求，教师就应该立即行动并给予满足。如果孩子需要夸奖，教师就应该说："啊，太好了！"虽然教师根本不感觉这个东西很好。同样，如果孩子正在集中注意力做某件事情，我们就一定不要打扰他们，如果他们需要我们的肯定，我们就应当慷慨地给予他们。总的来说，教师应该为孩子的心理发展服务。在教育领域，这可以说是一件新鲜事。这与为孩子洗洗涮涮、缝缝补补完全不同。孩子得到发展以后，这些事情他们都可以自己做，他们身体上的独立性完全可以通过自我发展而获得。同样，他们在自由选择中、工作中获得了思想上和意志上的独立。孩子是在不断地获得独立性的过程中得到发展的，这是我们对待孩子应该遵循的宗旨。我们必须帮助孩子独立行事、判断和思考。这是一门为孩子心灵服务的艺术，只有在为孩子服务的实践过程中我们才能将这门艺术学习得日臻完善。

如果教师能够正确地满足孩子的需要，孩子身上的各种优秀品质就会像泉水一样喷涌而出。对于成人来说，孩子心灵所迸发出的火花是一件令人非常高兴的事，正如一个在沙漠中穿行的人口渴得快要绝望的时候突然发现了一片绿洲，听到了叮咚的水声。人类的优秀品质通常埋藏在孩子的心里，如果教师能够将它们开发出来，教师就会有一种回报感、满足感。具有了这些优秀品质的孩子工作起来也会不知疲倦，因为他们具有高涨的热情，他们会去努力克服一个又一个困难，实实在在地帮助弱者，因为他们知道怎样尊重他人，呵护人类美好的心灵。

但是，所有这些都是逐渐发展形成的。最初，教师可能会说："这个孩子发展得不错，甚至超过了我的期望。"当然，仅仅知道一个孩子的名字、其父母的职业并不重要，重要的是教师要了解他们在日常生活中的表现。通过这些，教师才能对孩子有更深入的了解，不仅了解孩子的外部特征，也了解他们内心深处的秘密。当然，孩子把美好的天性展现在教师面前时，教师才会对真正的爱有更深的理解，孩子的这种天性具有触动人、感动人的力量，在发展自己的同时，也改变着教师。一旦我们对这些现象有所了解，它就会立即成为我们的主要话题。我们可能会忘记孩子的名字，但他们所表现出来的精神和爱是我们永远都不会忘记的。

爱有两个层次。我们通常所说的对孩子的爱就是照顾他们、爱抚他们。孩子们激发了我们的爱，我们又将这种爱播撒到他们身上。我们与孩子形成了一种精神上的联系。

但我所说的爱与这种爱完全不同。这一层次的爱不是私人的爱、物质上的爱。我们为孩子服务的实质是一种精神服务，在此过程中必须给予孩子充分的自由。爱的层次是由孩子决定的，而不是教师。因此教师也感觉自己在不断地提升，直至完全融入了孩子的世界。在此之前，教师往往认为自己的工作是非常崇高的。但当节假日来临时，情况就不一样了。教师像所有为别人工作的人一样，希望缩短工时、提高工资。老师的权威性和成为学生效仿的对象会给教师带来满足感，要是能够成为校长或者监督员，那就更令人开心了。但是如果达到更高的水平就会懂得，真正的幸福并不在于此。我们知道有很多人都辞去了高薪职业，献身于幼儿教育事业，人们把这些人称为"婴儿教师"。我认识两位巴黎的医学博士，他们主动放弃了现有的职位，投身于幼教工作，对孩子的发育现象进行研究，他们认为自己在此过程中获得了更多的成就感。那么对于这些教师来说，成功的标志是什么呢？那就是他们可以自豪地说："孩子们可以认真工作了。"

以前，教师可不是这么看的。他们总是认为教会孩子是他们的功劳，是自己提高了孩子的水平。但随着对孩子心理发展的认识，教师的观念也发生了变化，他们可能会这样表述自己的贡献："我帮助孩子完成了大自然赋予他们的工作。"这确实是一件令人满意的事情。在孩子 6 岁时，教师开始认识到，他们为人类做了一件伟大的工作。他们与孩子交谈，了解他们的生活，关心他们的未来。这些教师看着孩子们度过了这个性格形成时期，获得了完成工作的能力，这时他们可以坦然地说："我伴随在孩子发展的进程中，为这些孩子的心理发展做出过自己的贡献。"这些教师没有在孩子们身上行使自己的权威，他们认识到自己工作的价值，并促进孩子心理的正常发展。很多人都认为，孩子的健康发展应该归功于教师的自我牺牲，他们说："教师们是多么谦虚呀！他们甚至在教育孩子的过程中都不使用自己的权威力量。"但实际情况是，教师在这一过程中并未做出牺牲，也没有受到压制，他们得到的是一种满足，体验的是不同形式的生命价值，伴随孩子成长过程中体现出来的价值。

另外，我们所遵循的教育原则也完全不同。以"公正"为例，对于学校、社会和民主国家来说，所谓公正就是无论贫富，所有人在法律面前人人平等。公正被公众认为是与法律、监狱、诉讼紧密相连的，法院被称为"正义之所"。如果有人说"我是一个诚实的公民"，那就是说他与警察局、法院等法律机关不沾边。教育中的公正却不是这个意思，教师在对孩子表示关心时应该特别注意，公正并不意味着要对所有的孩子表示关心。很显然，教育中这种公正只是一种很低水平的，这好比我们为了让人们长得一样高，就把高个子的头砍掉一样，在精神领域也是如此。

从高质量的教育方面来讲，公正是一种属于精神领域的东西，能够保证每个孩子得到最大限度的发展。我们这里所说的公正就是要帮助所有需要帮助的人，促使其精神境界得到全面发展。对处于各个年龄段的孩子的精神发展提供帮助，使他们获得形成这种精神境界的能力，而这也是社会组织形成的基础。这种公正也是人类的精神财富，我们不能把它丢弃，因为如果人类的精神能够达到完胜的程度，人类就会变得更加富有。人真正的创造力是源于精神和智慧，因此当这些发展到一定水平时，没有什么不能解决的问题。

孩子在没有他人帮助的情况下能够形成一个井然有序的群体，孩子能以和平的方式解决他们的问题。但成年人的生活中离不开监狱、警察、士兵和枪支。孩子的发展规律告诉我们，自由与纪律像是一枚硬币的正反两面，一面是自由，一面是纪律。在传统学校里，当整个班级纪律变得涣散时，老师会认为这是自己错误行为的结果，于是他们会找出自己所犯的错误，并进行纠正，同时他会为自己没有教育好孩子而感到惭愧。而在新式教育中，教师在服务于孩子的同时也服务于生活，她在帮助孩子发展的同时也提升了自己的精神境界。人类生活的规律就是不断向上发展的，而孩子就是为生活添砖加瓦的人。

在结束之前，请允许我重复曾经说过的几句话，以便使大家能够记住刚才我们谈论的问题："上帝呀，帮助我们了解孩子的秘密吧！这样我们才能根据自然规律为孩子的发展做好准备！"

## 简单明了的授课方式

试想一下，假如所有的班级开始实行自由制度，如果孩子感到无聊，他可以随时离开自己的座位而完全不受任何约束；孩子只想按照自己的观点畅所欲言，不理会教师在讲什么，这样的课堂必然会乱成一锅粥，没有任何的纪律性。那么，有没有一种科学的教学方法，既能让孩子自由地展现他们的天性，又能让孩子们安静地坐下来听老师讲课呢？或者说，教师应该怎样给孩子授课才比较有效率呢？

在"儿童之家"里，所有的授课都是以个别方式进行的，因此，"简单"就成为授课的首要特征。我们给教师的建议是，让你说的每句话都有意义，如果我们说的废话越少，我们上的课就越精彩。因此教师在准备上课的时候要特别注意考虑和衡量自己所说的每句话是否有价值。"儿童之家"授课的第二个特征就是"明了"。教师在讲课时要掌握分寸，不要讲那些不合事实的内容，不要说那些模棱两可的话。因此，教师在选择字词的时候，一定要尽可能地简单易懂，符合事实。教师上课必须客观，这是"儿童之家"授课的第三个特征。老师在讲课的时候，尽可能地将自身的个性收敛起来，不能太过主观。老师应当明白：孩子的注意力是很容易发生转移的，因此在授课的时候，一定要保证孩子的注意力保持在他该注意的客观对象上。在"儿童之家"中判断一堂课成功的标准是，孩子们要对课程表示认同，并能够全身心地投入到教师的讲课中。所以我们的教师在授课的时候，第一位要考虑的是能否吸引孩子的注意力，并专注于教师所传递的课程内容。在这样的过程中，孩子才能正确地领悟其中的道理。

"儿童之家"对教师们也提出了一系列的要求，例如，教师自身要具有科学家的探究精神，把每一次授课都当成是一次实验。因此，教师们要以观察者的身份出现在孩子周围，发现他们感兴趣的内容，查看他们对玩教具的操作，以及对授课内容的掌握情况。教师会以这些为依据，来组织和安排新的课程内容。

"儿童之家"尊重每一个孩子自由的灵魂，他们会让孩子按照自己的方式进行活动。例如在孩子使用玩教具的过程中，教师不会将自己的习惯强加在每个孩子身上，而是让孩子自己斟酌到底哪种操作方法比较适宜，慢慢地，孩子就会对所操作的内容有更深入的理解并且不断朝着自己认定的方向努力。

做到了以上这些方面，我们也不能想当然地认为孩子能很好地进入到一种自由的学习状态，因为在实际的授课过程中，各种问题和突发事件不断，想要预想到每一种突发状况是不可能的。面对这些问题，我们应该如何解决呢？比如说，有的教师一开始上课就问孩子："昨天晚上，你们有没有观察夜空中的星星？你们有没有注意到今天老师穿的是什么颜色的连衣裙，是不是很像大海的颜色？"看似这位教师很有想象力，想要引导孩子自主发现他要讲些什么，但孩子的反应却是一片茫然。其实这位教师刚开始的提问比较能够吸引孩子的注意力，但是他没有给孩子回答的机会，就又是一连串的发问，给孩子造成了困扰，不知道教师到底想问的是什么，不得要领。我们认为，吸引孩子的注意力也要把握好分寸，不要教师自己说得起劲，喋喋不休，而没有关注孩子的反应。适当的提问会引发孩子的兴趣，而且也会使孩子很快地融入授课的主题，这才是最有效的授课方法。

再举个例子，有一位教师，本来准备的讲课内容是教孩子区分正方形和三角形，但是他是这么教给孩子的：他先让每个孩子都用手触摸正方形和三角形，并告诉他们说，这是一条线，这又是一条线，又是一条线，还是一条线，一共四条线。你数一下，告诉我一共是几条线？还有角，你数一下，角也是四个，这就是正方形。本来很简单的概念让这位教师复杂化了，这不是教孩子去认识正方形和三角形，而是在教孩子认识边、线和数的概念。很显然教师已经偏离了他所要讲课的内容，自己的概念都没有很明确，在教给孩子的时候只能更加混乱。其实，正确的做法应该是将这两个模型分别镶嵌进与它们对应的几何形模板中，让孩子通过触摸去感受。单纯通过抽象的分析是很难让孩子建立起关于几何形体的概念的。

我们认为，在给孩子分析一个概念的时候，务必要围绕重点，不要跑题，即使内容涵盖范围很广，也应该严格区分本质上的区别，做到心中有数。有的时候孩子概念不清，就是教师引导方法不当所致。所以要让孩子很好地理解某个概念，教师必须挖掘它最本质的层面，并用适当的方法教给孩子，这样孩子才能对这一概念的理解有根有据。

孩子的心灵就像是努力吸水的海绵，他们迫切渴望知识的力量能使他们强大起来。所以教师在传授给孩子知识的时候，应该努力挖掘孩子自身的潜能，正确地引导孩子发展，让孩子最大限度地获取知识的同时又最大限度地发展了自身的能力。当然，这只有科学的授课方式才能做到，才能将知识的种子真正播撒到孩子的心灵。这也给教师提出了更高的要求，需要教师不断完善自身，学会融会贯通，不断创新，如此一来，孩子才有可能伸出努力呼吸新鲜空气的触角。我们坚信，所有的孩子都应该接受这样的教育，他们会兴高采烈地投入到这样的学习中来。

## 出人意料的写字才能

有一天，有三位母亲找到我，请求我教他们的孩子识字和写字。这些妇女都没有文化，她们以自己和其他家长的名义提出这个要求，并一再恳求我答应。当时我反对这样做，认为这个要求超出了我原先的设想，但是为了不让这些家长太失望，我答应试试看。

接着发生了一些令人惊讶的事情。为了教给这些四五岁的孩子一些字母，我请一位老师用硬纸板或者砂纸做成这些字母，这样孩子就可以用手指在上面顺着字形写，并且感知它们的形状。我把这些字母放在纸板上，并把形状相似的字母归到一起，使得孩子在触摸这些字母时，它们的小手就会顺着字形进行相似的描摹动作。这位教师也很喜欢这样的安排，也就没有做更多的事来帮助这些孩子。

令我不解的是，这些孩子是如此激动，他们把这些字母像旗帜一样高举着，并列队绕圈行走，欢快地高呼着。这是为什么呢？还有一天，我看到一个小男孩一个人在路上走着，口中还不断重复着："要拼'Sofia'这个单词，你必须有一个's'，一个'o'，一个'f'，一个'i'和一个'a'。"然后他不断重复说着由这些字母拼成的这个词。他实际上是在研究和分析头脑中的这个词，并且寻找组成这个词的语音。依靠这种希望能有所发现的兴趣，他认识到，这些语音中的每一个都对应着一个字母。

事实上，很多拼音就是语音和符号之间的对应，语音基本上是讲出来的东西，相应的书写出来的东西仅仅是把语音转变成可见的符号。书面语言和口头语言的平行发展标志着书写的进步。最初，书面语言从它相应的口头语言中提炼出来，就像滴水汇成大河一样，最终汇成一条性质不同的书面语言和口头语言的溪流。而书写能促进这两方面的发展，它使手掌握了与说话同样重要的技能，并且创造出精确地反映口头语言的书面语言。

因此作为文字发展的自然结果，书写的出现是合乎逻辑的。但要能正确地书写，手必须具备描摹的能力。一般来说，这些字母符号是很容易描摹的，因为它们除了代表特定的语音之外别无他意。但是，在孩子学习书写之前，我却没有意识到这一切。

这是在第一所儿童之家里所发生的最伟大的事情，第一个学会写字的孩子用充满惊喜的表情大声喊叫着："我会写字了,我会写字了!"其他孩子兴奋地围上去看着他用粉笔写在地板上的那些字。"我也会,我也会!"这些孩子们也叫嚷着去寻找写字的地方。有的孩子挤在黑板的周围,有的孩子趴在地板上,他们都极其兴奋地开始写字。

他们的活动就像一股急流再也不可阻挡。他们在家里到处都写,写在门上、墙上,甚至面包上。这些只有四岁左右的孩子,向我们展示出来的写字的才能是我们完全没有料到的。有位教师告诉我,有个小男孩是从昨天下午3点开始写字的,到今天还没有停下来。

我完全愣住了,仿佛目睹了一个奇迹。在这之前,我们曾经收到过一些插图精美的书籍,他们当时只是很冷淡地接收下来。这些书中有精美的图片,但这些东西只会使他们分心,使他们不能全神贯注于书写这项全新的和吸引人的工作,因为他们想做的是写字而不是看图片。也许这些孩子过去从未看到过书,因此当我们试图唤起他们对书籍的兴趣时,他们根本无法理解我们所说的阅读的含义。于是,我们就撇开这些书,等待一个更有利的时机。孩子不大喜欢阅读别人所写的东西,很可能是他们还不能读出这些字。当我大声地念出他们所写的字时,大多数孩子转过脸来愣愣地看着我,似乎在问:"你怎么知道的?"

只过了6个月,他们开始理解阅读的含义。之所以会取得这样的进步,最主要的是把读和写结合起来了。当我在一张白纸上描字的时候,他们注视着我的手并逐渐认识到,我正在跟说话一样表达着我的思想。认识到这一点后,他们拿起我写过字的那张纸,走到角落里试图阅读它们。起初他们只是默读这些字,并未发出声音来,随后他们努力思索的小脸上露出一丝笑容来,并且高兴地蹦跳起来,仿佛隐藏在他们体内紧压的弹簧突然放松了。这种情景告诉我,他们已经读懂了我所写的那些字了。我所写的每一个句子都包含着以前我用口头语言表达过的词组,如"打开窗户,到我跟前来"等,这就是他们阅读的开始。他们最终进展到能够阅读复杂的长句子。但是这些孩子似乎只是把书面语言理解成表达自己思想的另一种方式,可直接代替口头语言进行人与人之间的交往。

当参观者来访时，许多孩子改变了以前用口头致词表达欢迎的方式，他们大多数会保持着安静，他们会站起来，在黑板上写上"请坐"、"谢谢你们的来访"等。有一天，我们正在谈论西西里岛所发生的巨大灾难，地震导致了成千上万的人死亡。一个大约5岁的孩子站起来并在黑板上写下："我感到遗憾……"我们注视着他，估计他是想对这件事情表达哀悼。而他继续写道："我感到遗憾我是一个小孩……"看到这些我感到有些奇怪，但这小家伙接着写下去："如果我是大人，我会去帮助他们。"至此，我才明白这个孩子是想表达他内心的情感，他是如此地善良，让我们非常感动和欣慰。

还有一件更令我们惊讶的事情。为了让孩子对学习罗马字母做一些新的尝试，我们准备了一些材料。于是这些孩子开始阅读在学校中所能发现的印刷体的字母，但是日历上的字母是很难辨认的，因为他们是用特殊的字体印刷的。这些孩子的父母还告诉我们，他们现在都不愿意跟孩子一起走路，因为孩子总是停下来阅读商店招牌上的文字。这些孩子显然是对这些不同字体的字母感兴趣，而不光是为了阅读这些字。他们希望在知道字母的含义的情况下，去学习另一种书写方式。这就像成人辨认刻在石板上的史前文字一样，他们努力辨认出这些符号的含义。

如果我们匆忙地对孩子解释这些印刷符号，就有可能扼杀掉孩子探究的兴趣。同时过早地强求他们通过阅读书本来识字也会产生一种消极影响，因为追求这些并不很重要的东西会削弱他们心灵的能量。于是，在很长一段时间里，这些书一直收藏在柜子里，直到后来孩子主动去接触这些书。那是一个有趣的开始，一天，一位孩子很高兴地走到学校里来，手中捏着一张揉皱的纸，他悄悄地对一位同伴说："你猜，这张纸上有什么？""什么也没有，这只是一张破纸。""不，这张纸里藏着一个故事。""上面有一个故事？"这吸引了一群好奇的孩子。这个孩子拿着这张从书中散落下来的纸，开始读起来，读了一个故事。

于是，他们理解了书本的重要性，书本成为他们迫切需要的东西，然而，当他们发现书中哪个故事很有趣的时候，许多孩子就会把那几页撕下来带走。这些可怜的书呀！当孩子发现它们的价值时竟然进行了这样的破坏。

我们必须阻止这些由于喜爱阅读而变得有破坏性的行为，否则情况会变得更糟。因此我们首先要教给他们的就是学会正确地阅读书本和尊重爱护书本，然后再教给他们正确的拼音和书写，促进他们这两方面的发展。

## 放养的孩子更健康

法国科学家伊塔在其著名的教育论文《野孩子阿维龙的初步发育》中，详细叙述了一种庞大的、富有戏剧性的教育。这种教育试图克服一个智力发育不完善的孩子的生理缺陷，同时把一个人从原始自然状态中摆脱出来。

野孩子阿维龙是一个从小就被丢弃在森林里，在大自然中长大的孩子。他赤身裸体、孤独地在荒野中幸存了许多年，直到被猎人无意中发现，才被带回来，进入巴黎的文明生活。他遍体鳞伤，显示出一个在大自然中顽强生存的悲惨状态。这个孩子已经丧失了说话的能力，而且被诊断为弱智，永远都不可能再接受智力教育了。

伊塔作为一名聋哑医生，对这个孩子使用了治疗听力缺陷的方法，对其进行教育。起初，他认为这个野孩子所表现出来的低能特征并非因其生理原因，而是缺乏教育。伊塔是爱尔维修的追随者，他相信教育的威力，因此他决定分两方面对这个野孩子进行了教育。首先，他极力引导这个孩子从自然生活走向社会生活。其次，他试图对其进行智力教育。伊塔没有采用任何强制的手段，而是让社会生活以自身的魅力逐渐吸引这个孩子，让他在社会生活中获取了欢乐。

从伊塔的教育中我们得到的启示是，人类不仅属于社会生活，而且也是属于自然的。特别是孩子，他必须从自然界获取必要的力量以促进其身心的发展。我们与自然有着亲密的联系，它对我们的身体发展有着显著的影响。

我们也应该把自然纳入到教育工作，这好比我们不要强制性地突然把孩子从母亲的怀里送到学校。"儿童之家"是这样解决这个问题的，它设置在孩子父母居住的楼里，这样母亲能听到她孩子的声音，而妈妈的回答声音，孩子也能听到。

目前，自然教育是以孩子保健的形式来进行的，让孩子们在户外或公园里成长，或者让他们半裸着在海边晒上几个小时的太阳。因为让孩子健壮成长的最好方法就是让他们沐浴在大自然之中。

孩子的现代教育中，我们应该摆脱否定孩子心灵表现和否定孩子精神需要的偏见。我们不应该简单地把孩子看成是只需要对其进行爱护、亲吻，并让他们自然生长的生物体。在很多人看来，一个好的母亲或一个现代的好教师，在今天所给予孩子的教育就是给那些正在花园里乱跑的孩子不要攀折花木、不要践踏草地之类的忠告，他们认为孩子通过活动腿脚和呼吸新鲜空气就能满足身体发育的需要。但是，按照自然规律，孩子必须沉浸在大自然中，感受到大自然的力量。这对孩子的精神方面非常有好处，孩子在天地间呼吸，触摸大自然，他的心灵与天地万物交融，在大自然的造化中吸收养分。达到这一目的的方法就是让孩子从事农业劳动，引导他们培育动植物，并从中思考自然，理解自然。

自然教育的方法，归纳起来主要有以下五个方面。

**引导孩子观察生命现象。** 孩子们与动植物的关系类似于观察他们的老师和他们的关系。随着观察兴趣的逐渐增长，关心生物的热情也随之增长，这些孩子们也就合乎常理地去感激妈妈和老师对他们的爱护。

**引导孩子们通过自主教育而具有预见能力。** 当孩子们懂得播种的植物要依靠他们辛勤地浇水和施肥，才能长得好而不会干枯，饲养的动物也需要他们精心地喂养和呵护，才不会遭受饥饿，他们就会像一个开始感到对生命负有责任的人一样，变得有警觉性。此外，一个与妈妈和老师全然不同的、呼唤他尽职尽责的声音时而响起，告诫他们，千万不要忘记自己承担的责任。这些声音会在他们照管那些动植物的时候不断提示他们，久而久之，在他们之间就会产生一种微妙的联系，引导他们无需在教师的干涉下完成限定的行动，进而引导他们进行自主教育。

孩子们所得的回报也存在于他们和自然界之间。经过他们长时间耐心地给孵蛋的鸽子喂食之后，在一个美好的晴天，终于看见孵出的小鸽子了！昨天老母鸡还一动不动地呆在窝里，今天在它身边就出现了一群唧唧喳喳的小鸡了！兔笼子里原来只有一对大兔子，孩子经常喂它们菜叶和青草，终于有一天看见了一只可爱的小兔子！

我在米兰的"儿童之家"建立了一个动物饲养小基地，喂养了一些小动物，其中有一对美丽的美国小白鸡，它们住在一个小巧玲珑的像中国宝塔模样的鸡舍里。在鸡舍前还用篱笆围出一小片空地，供它们游戏。鸡舍的小门每晚由孩子们轮流上锁。孩子每天早上高高兴兴地跑去开锁，给小白鸡喂水、喂草，白天他们精心地照料着小鸡，晚上确信小鸡什么都不缺的时候才锁门。教师们告诉我，在所有的教育练习中，这个是最受欢迎的，而且好像也是最重要的。许多时候，当孩子们安静地完成自己的工作以后，就会不约而同地跑到外面看一看自己饲养的动物，看看它们是否需要什么。经常会出现这样的事情，一个孩子跑出教室很长时间了，教师到处寻找他，最后才发现他在喷水池旁看着被太阳照射得闪闪发光的鱼儿入了迷。

一天，我收到一封来自米兰的教师的信，她带着极大的热情告诉我一个好消息：小鸽子孵出来了。对于孩子们来说，这简直是一个盛大的节日。他们觉得自己在一定程度上就好像是这些小东西的父母，他们为此感到自豪，这完全是出于他们内心真实的情感。栽培植物也给孩子们带来了不少的欢乐。在罗马的"儿童之家"起初是没有可供栽培的土壤的，在培拉先生的努力下，和孩子一起沿着平台布置了很多的花盆，靠墙根种植了许多攀缘植物，孩子们从来不会忘记用小喷壶去给这些植物浇水。有一天，我发现他们在地上围坐成一圈，原来他们在观看昨天夜里开放的一朵鲜艳的红玫瑰。他们安静而平和，真正沉浸在思索之中。

**引导孩子们学习具有耐心的美德和有信心的品格。**这是一种信仰和人生哲学的形式。当孩子们播下一粒种子，等待种子结出果实需要经历一个漫长的过程，首先他看到的是不成形的幼芽，然后是它慢慢地生长变化，有些植物发芽早一些，有些则晚一点。看到这些，孩子最终会获得一种心理上的平衡，就像农民知道按时耕种一样，孩子幼小的心灵中也萌生出一种智慧。

**培养孩子们对大自然的感情。**大自然用它创造的神奇力量，慷慨地回报人们的劳动，帮助人们获得丰硕的果实。

在劳动中，孩子们的心灵和在他们照顾下得到发展的生物之间也会产生一种一致性，因为孩子们天然地热爱生命的各种表现形式。莱特夫人告诉我们，小孩子们会非常容易对蚯蚓和一些小昆虫感兴趣，然而如果我们成长时远离大自然，同时又没有接触过某些动物，我们就会感到害怕。孩子的这种兴趣正好会发展成为对一切活着的生物的信任之情，这是一种爱的形式，是同宇宙融为一体的一种形式。

但是，最能培养对大自然感情的还是栽培植物，因为植物在其自然发展中给予的远比索取的多，它不断地展示着自己的美好和丰富性。孩子们种植了蝴蝶兰或者紫罗兰、玫瑰花或者风信子，播下种子或埋下根茎，或种了果树，然后按时给它们浇水，最后，那盛开的花朵、成熟的果实就是大自然馈赠给他们最慷慨的礼物，而且是对少量付出的高额回报。这好像是大自然用它的礼物回报耕耘者的辛勤劳动，以及回报他们的渴望之情和热爱之情。

当孩子不得不采集他们的劳动成果时，情况就完全不同了，果实全部用于消费，最后变得越来越少。这在他们的心理上产生了一个意识，就是人必须付出劳动，才能得到果实。

**使孩子沿着人类发展的自然道路前进。**简言之，这种教育使得个体发育和人类整体的发展协调起来。人类通过农业生产，从自然状态进入人工状态。当人类发现土地生产的秘密时，他就获得了文明化的回报。注定要成为文明人的孩子也必须要经历这条道路。

如此理解自然教育的作用，它就容易付诸实践了。即使缺少供体育练习用的宽阔操场和庭院，我们也可以开辟出几平方米用于栽培或给小动物们做窝，这些就很方便对孩子进行自然教育。而且即使是窗台上的一盆花，如果需要，也可以用于教育。

在罗马的第一所"儿童之家"里，我们拥有一个宽大的院子作为种植园地。在那里孩子除了可以自由地进行户外活动外，还可以尝试种植。我们在一块长方形土地的一边种上树，另一边分给每个小孩一块用于栽培的植物，中间有一条小沟将其隔开。当较小的孩子们在院子里跑来跑去或在树荫下乘凉的时候，拥有土地的孩子们（4岁以上）则正在播种、除草、浇水，以便让种子快快地长大。有这么一件有趣的事情：孩子们的小块土地是分布在住宅楼墙边上的，由于居民们习惯把各种脏东西从窗户上扔下来，以至于我们的花园会被弄得很脏。后来，虽然我们并没有提出任何劝告，但是人们出于尊重孩子劳动成果的感情，再也不从窗户扔东西下来了，投向孩子们心爱的土地上的只是妈妈们关爱的目光和亲切的微笑。

## 体格训练

我认为，人们对体操的普遍看法是很不正确的。在公立学校，我们习惯上把体操当成是一种集体性的肌肉锻炼，其目的是让孩子学会一套规定的动作。这种体操的指导精神是强迫性的，它以强制性运动来代替本能运动。我不知道这种强制性运动的心理学依据是什么，与此类似的运动也被运用于医疗体操，其目的是让麻痹的肌肉恢复正常运动状态。但是，我实在难以理解，让一群正常的孩子来仿效这些运动会有什么作用。

我们认为，能对孩子生理运动的发展起到促进作用的体操和肌肉运动才是适合孩子的。体操要能促进孩子的呼吸，促进孩子的机体平衡，使他们走起路来更加稳健。体操能促进他们语言功能的开发，使他们的语言系统发展得更快、更完善。

当孩子显示出发育迟缓或异常时，我们就应该鼓励他们去做有助于基本生活技能的运动，如穿脱衣服、扣衣扣、系鞋带、拿物品等。通过一系列的体操练习，我们可以保护孩子的生长发育。假如存在一个年龄阶段，在这一时期必须采用体育锻炼来保护孩子，那么毫无疑问是3~6岁这一年龄段。这一阶段特别需要保健体操，主要就是走路。

通过对孩子的观察，我们找到了一种帮助他们活动的简单方法。老师组织孩子练习齐步走，领着他们在庭院里转圈。院子的花园都围有结实的栅栏，每隔一段距离在地上打一个桩，然后在木桩上平行地拉上几根粗铁丝；在栅栏的下部有小的架子，孩子们走累了就可以坐下来休息。此外，我还总搬出一些小的凳子平靠着墙放着。在游戏中，总会有些两到三岁的孩子落在队伍的后面，显然他们有点累了，但是他们既不坐在地上，也不坐在小凳子上，而是跑向小栅栏，用手抓住上面的铁丝，把脚放在下面的铁丝上，在上面走来走去。他们乐呵呵地看着仍在绕圈的小伙伴，眼睛里透露出爬铁丝的快乐。的确，这些孩子以非常实际的方式告诉我解决一个难题的办法。他们沿着铁丝走动，他们的下肢在得到运动的同时又不用承受整个身体的重量。要是能够在孩子活动的地方设置这种器械，就能很好地满足他们身体发育的需要。因此，我建议，在孩子活动室里设置这种小围栏，在一排排立柱之间横穿上平行的木棍，这些孩子在上面活动的同时也可以高兴地看到同一屋子其他孩子玩耍的情况。

体育馆里的其他器械也可以按照同样的理念来设计，就是根据孩子的活动需求提供一些相应的器械，例如摇篮椅等。很多运动对孩子的发展都有很大的帮助，一是帮助孩子掌握平衡，二是调节孩子自身的肌肉运动，还可增加肺活量。除此之外，还能增强手的抓握能力。体育器械所提供的这些不同的锻炼，也可以与我们日常生活中的走、扔物体、上下楼梯、跪、站、跳等动作相对应。

下面介绍三种孩子能够开展的体操形式。

**自由体操。**自由体操就是那种在没有任何器械辅助的情况下，一个人所做的锻炼。这种体操分为两类：指令体操和自由游戏。在指令体操中，我建议用齐步走，目的是为了锻炼孩子的平衡。在行进时，最好随着脚步节奏哼一些节奏明快的曲子，有助于增加孩子的肺活量。在自由游戏中，我们给孩子提供皮球、铁环、沙包和风筝。此外，孩子还可以结伴玩捉迷藏之类的游戏。

**教育体操。**教育体操包括两个系列的练习。第一类是学校工作的一部分，如耕地、栽种植物、饲养动物等，这些活动要求多种动作之间的协调，如让孩子搬运物品到指定的地方，并实际使用这些物品，就为孩子提供了一个极为有益的锻炼机会。再如播撒类似于玉米、燕麦一类的小物体以及开关鸡舍的门都是极好的锻炼，这比单纯的室外体操活动更有价值，也更有意义。

第二类是一些增强手指协调性的练习，这类的练习也为孩子的实际生活，如穿脱衣物、解纽扣等做好了准备。这类教育的基本教具很简单，由一些木头框架组成，每个木头框架上标有两块布，也可以是皮革，系上或空出一些小纽扣或扣眼、挂钩和钩眼、带子和带眼、拉链等。在"儿童之家"，我们采用了10种这样的框架，每一种框架代表一种不同的穿脱衣方法：有的类似于孩子的外衣，有的类似于孩子的内衣，有的类似于孩子的鞋子，有的类似于围裙等。通过使用这些玩具，孩子们就可以通过实践分析出穿脱衣服时必须做的动作。经过反复的练习以后，他们就可以自己独立完成这些动作。这样，我们就不用强制孩子去学习这些，他们在工作中就学会了自己穿脱衣服。

一旦他们学会了这些动作，就希望把自己学到的能力应用于实践中，并且希望可以不再依靠别人的帮助就能独立完成一些事情。这种能力使他们变得自信和活跃，而没有接受过这些实践教育的孩子则发展得较慢。

**呼吸体操。**这类体操的目的是调节呼吸运动，也就是教孩子呼吸的方法。它有助于孩子养成良好的说话习惯。我们用的这套体操是从萨拉教授的专著《口吃的训练》中选取并改编的一些简单的训练方法，包括许多有关呼吸运动与肌肉训练相协调的方法，如：

双手叉腰，嘴巴张开，舌头伸直。

深深呼吸，迅速提肩，隔膜放低。

慢慢呼气，放低双肩，复原姿势。

教师可以选择或设计一些简单的呼吸体操，如教给孩子正确地使用嘴唇、舌头和牙齿来进行练习。这些练习主要是教孩子学习唇齿之间的运动，练习某些基本的发音，增强口腔的肌肉。这种体操练习的是语言器官，为孩子的语言形成做好了准备。在进行这项练习时，开始是让整个班的孩子一起做练习，然后单独做检查。我们要求孩子用力大声发出单词的每个音节。当每个孩子都尽可能用力地做完这些后，我们又让他们单独地重复说这个单词。如果他发音正确，就表示通过，相反则让他们多重复几遍。在此过程中，我们的教师会记录下孩子的年龄和发音时肌肉运动的缺陷，然后对他做出更清晰的示范。教师在这个过程中要尽可能寻找到能够帮助这些孩子肌肉正常运动、清晰发音的方式。

## 感觉训练

所谓感觉训练，从名字上讲就是针对各种感觉器官进行的训练。感觉训练可以完善感觉器官神经发育，还可以为孩子智力的发展奠定基础。感觉训练可以通过训练孩子的注意、比较和判断的能力，使孩子的感受性更加敏锐。在我看来，感官是我们和环境之间的接触点，感觉训练是为了培养孩子的精确心理。除此之外，通过感觉训练，还可以在早期发现影响孩子发展的某些感官缺陷，并及时采取措施进行矫正和改善。

孩子时期是一个人成长最迅速的时候，也是孩子各个器官比较敏锐的时候，如果在这一时期对孩子进行充分的感官训练，那么将起到事半功倍的效果。如果在这时期缺乏相应的感觉训练，那么长大以后想要弥补就非常困难。

因此，在孩子时期对孩子进行各种感觉训练就显得非常重要。

我在"儿童之家"进行的感觉训练主要集中在触觉、热觉、压觉、嗅觉、味觉、视觉、听觉等方面。

**触觉训练**。孩子是通过触觉来感受周围的事物的。通过触觉，孩子可以分辨物体的冷热，物体表面是粗糙还是光滑。进行触觉训练时有一项特殊的技巧是，当孩子触摸的时候，要让他闭上眼睛，告诉并鼓励他可以通过触觉进行更好的分辨，这样就可以引导孩子在没有视觉帮助下，区分不同的触觉。孩子很快就会学会，并且表现出对这种练习的热情。在这种初步的练习后，下一步通常是引导孩子，让他闭上眼睛，然后触摸你的手掌心，或者是你衣服的布料，最好是丝绸或者天鹅绒质地的。通过这种方式，孩子的触觉就可以得到锻炼，他们会乐于接触任何柔软的表面，同时对于砂纸表面之间的触觉差异也会非常敏感。

我们为孩子的触觉训练准备了这些材料：一块长方形木板，平均分成两个长方形。在第一块木板的半边铺上光滑的纸，另一个半边上面铺上粗糙的纸；第二块木板上面间隔铺上光滑的纸和粗糙的纸。通过触摸这两块木板，孩子对光滑与粗糙进行辨别。

**热觉训练**。做热觉训练时，我用了一套小金属碗，是用轻金属制成的，每个碗都有盖，且都带有一个温度计。我在碗里装了不同温度的水，从外面摸碗面就可以摸到水的温度。然后让孩子把手放在这些碗的外面，让他们分别感受冷水、温水及热水的温度。这一训练是孩子比较感兴趣的练习。当然这种练习还可以用脚做。

**压觉训练**。我们教师是利用由紫藤、胡桃和松树三种不同材质的木材制成大小为 8 厘米 ×6 厘米 ×0.5 厘米，重量为 24 克、18 克、12 克（依次相差 6 克）的三种木板。这些木板表面要非常光滑，为了让孩子通过颜色知道不同的重量，我们要保留木板的天然颜色。有了木板以后，孩子通过观察木板的颜色，就可以知道这些木板的重量是不一样的，这就提供了一种练习的方法。让孩子取其中的两块分别托在手掌中，以测出两块木板的重量。孩子的手上下活动的过程应当越来越轻微，最终到无法察觉。我们的目的是让孩子通过不同的重量，而不是颜色进行区分，因此最好让孩子闭上眼睛。孩子学会以后会自觉地这样做，他们会对猜木板很感兴趣。这个活动还总能吸引周围孩子的注意，他们围聚在这个手中拿着木板的孩子周围，轮流猜重量。有时候，孩子们会自发地闭上眼睛，增加活动的乐趣。

**嗅觉与味觉练习。**由于孩子的嗅觉发育得比较晚，所以这一感觉训练最为困难。"儿童之家"的教师在训练孩子嗅觉上是这样做的，我们把新采摘的紫罗兰和茉莉花让孩子闻，然后蒙上他的眼睛，对他说："你来闻闻看，这是什么花？"这时一位小朋友拿着一束茉莉花放到他的鼻子底下让他闻，并让他说出花的名字。在孩子可以区分花的种类以后，为了让孩子区别花香气味的浓淡，我们只用了比较少的花，有时甚至只是一朵花。其实这种嗅觉的训练，还可以在午餐的时候进行，让孩子学习识别不同事物的味道。

我们的教师通过让孩子用舌头品尝酸、甜、苦、辣、咸等各种味道的溶液，来训练孩子的味觉。4岁的孩子很乐意参与这样一种游戏，此外游戏还能教孩子们如何漱口。他们很喜欢辨别不同的味道并学会在每次试验后倒一杯温水仔细漱口。从这方面来说，味觉的这个训练也是一种卫生练习。

**视觉训练。**为了能让孩子鉴别物体的形状、颜色、大小、高低、长短及不同的几何形体，就要对他们进行视觉训练了。视觉训练包括区别事物大小的视觉训练、区别事物长短的视觉训练以及区别事物厚薄的视觉训练。

在"儿童之家"的教室里，摆放着很多训练孩子视觉的教具，其中一个就是"镶块"。这套教具由三套木块组成，每个长55厘米，宽8厘米，高6厘米。每套包括10个小的组成部分，这10个部分都位于木块上相应的孔内。这些小的组成部分呈圆柱体形状，在每个圆柱体的顶端中央都有一些木制或者黄铜制成的像按钮那样的小东西，以便拿在手中，就像化学实验当中所使用的砝码那样。第一套圆柱体的高度相同，但粗细不同；第二套圆柱体高度不同，粗细相同；第三套各个圆柱体的粗细和高度都不同。游戏时，让孩子把小圆柱从板孔中拔出来，弄乱，然后再插回到原来的位置。孩子用这些镶块进行练习，从而学会根据厚度、高度和大小区别物体。

**听觉训练。**为了使孩子能够辨别和比较声音的差别，培养初步的美感，就要对孩子进行听觉训练。在"儿童之家",我像往常一样维持着班级的秩序,在一个安静的环境下,继续我的工作。当教室里更加安静的时候,我就说:"嘘,嘘!"有时候高声短促,有时候低声悠长,不断变化声调,渐渐地孩子们被我吸引住了,这时我接着说:"再安静一些!"然后,我又发出"嘘,嘘"声,并低声不断重复说:"再安静些!"最后我以最低的声音说:"现在我能听见钟表的走动声了!我能听见风吹书本沙沙的声音了!"对于这种训练,孩子们很投入,整个教室是如此的安静,以至于其他的教师认为这间教室里没有人。接着,我又说:"让我们把眼睛闭上!"经过这种反复的练习,孩子们听觉的敏锐度大幅度提高。

以上各种的感觉训练,使孩子成为了最优秀的观察者,不仅能够完成当下的工作,而且能够为未来的生活做好准备。

当我们要求现在的学者去实现他们著作中的某些目标的时候,尽管他们能够理解书中所说的内容,但是却发现在执行过程中困难重重,这是因为我们遗漏了教育当中最重要的一个因素,那就是感觉。举个例子来说,我们要求厨师只买新鲜的鱼,它能够理解这一概念,并且在买东西的时候也遵循这一要求。但是,如果这名厨师没有受过训练,无法通过视觉或是气味来判断鱼的新鲜程度,那他就无法知道如何按照我们的要求行事。同时,我们知道,在通常情况下,感觉教育对于成人来说非常困难。如果我们希望通过训练使这种感觉教育完善,那就有必要在感觉形成阶段进行感觉教育。感觉的训练应当在婴儿时期系统地开始,并且应该持续于整个教育阶段之中,而这一教育阶段的最终目的是为了使个体能够适应社会生活。

## 常用的教学用具

人类认识外部世界普遍遵循的规律是:通过感官去感知外部世界,在此基础上，通过对事物进行分类，产生出相应的概念，形成自己的观察与判断能力。孩子在成长的过程中，也是通过不断地感知外部世界，增强感官的敏锐度，协调和完善自身的机体功能，从而获得了持续的发展。这种规律体现在教学中，我们可以用教学用具来承担这项任务，从而开发孩子智慧，帮助孩子成长。

为了方便地向孩子传授知识，帮助他们完成心灵的建构和心智的发展，我设计了各式各样的教学用具，在"儿童之家"，孩子可以对教具进行自由地选择和使用。只要是孩子不感兴趣的，我就会把它们扔掉，最后剩下的都是符合不同年龄阶段孩子喜好的教具了。

根据教学用具的不同用途，在"儿童之家"我将其分为日常生活教具、感官教具和数学教具。

日常生活教具是感官教具、数学教具的基础，主要用来训练孩子的感官能力和肌肉活动之间的协调性。对孩子来说，动作的平衡可以促进其职能的发育，具体体现在手眼协调方面，这样为他们将来学习写字、画图打下基础。为此，我们的教师们每天都会给孩子提供教具，使其对手部肌肉进行练习。当孩子手部肌肉发育起来后，孩子自然而然地就会写字了。此外，日常生活教具还可以促进孩子良好人格的形成。培养他们独立、专心、协调、秩序等习惯以及社交能力。例如，教室里只有一套教具了，当时小男孩正在玩，这时小女孩也想玩。她是选择等待，还是和小男孩进行交流，说服小男孩和他一起玩呢？这样的实践训练会锻炼孩子的协调和对立思考的能力。日常生活教具如果在这个部分没有发挥相应的作用，那么在往后的感官教具、数学教具部分也不能做得很好，就无法达到最大的开发效果了。

感官教具的范围非常大，包括视、听、嗅、味、温、触、压、辨认立体以及色彩等各方面的感官训练，将颜色、气味等抽象的感觉带入具体的实物，可以启发孩子认知的敏锐性，为进一步的教育打下基础。例如，"嗅觉瓶"这个教具，教师通过让孩子辨别气味的浓淡以及各种气味的不同感觉，让孩子在亲自体验中学会辨认。

感官教具很大程度上能帮助孩子发展各种感官，还可以发展孩子的自发性,培养孩子对环境的敏锐的观察力,促进孩子主动思考,同时也能够使孩子养成从观察到实验的科学的习惯。例如,"儿童之家"的教师在用感官教具训练孩子的观察能力的同时,让孩子在众多相似物和对比物中进行辨别,来引导孩子进一步学会判断,进而在心智上形成推断,最终能独立地做出思考和决定。

以典型的视觉感觉教具圆柱组加以说明,在教学中教师设计了圆柱及与其匹配的洞,通过让孩子把每一个圆柱体放回适当的洞里,锻炼孩子的观察力,培养他们能辨别相同性(都是圆柱体)、相异性(高度或直径不同)、次序性(由大到小或由左到右),这些做法能引导孩子通过了解和思考来判断事物。所以感官教具的使用,重点是在训练孩子的工作过程,而不是他的工作结果。希望这一点能够引起母亲和教师的重视,否则就犯了"本末倒置"的错误。

最后要说的是数学教具了。人类的学习是个由简单到复杂、由具体到抽象的过程。而数学对抽象思维能力的要求较高,在面对数学这个纯抽象概念的知识时,最恰当的办法就是用具体、简单的实物训练在孩子头脑中形成一一对应的概念,孩子才会觉得数学容易学。孩子在亲自动手中,先进行对实物的多与少、大与小的了解,然后再过渡到实物与抽象符号之间的关系。例如,"儿童之家"的教师为了教孩子了解0、1、2、3、4这5个概念,就设计出"纺锤棒箱",分别在5个空格的上方,标出0、1、2、3、4,然后再依据每个数目的多少,放入相同的棒子。这样孩子可以很明白地看到各个数字之间的比较,结合其数量与数字,知道了什么是0、1、2、3、4。所以,我采用"数棒"为学习数概念的第一步骤,然后循序渐进地指导孩子了解数的意义与数学字形,最后才进入加减乘除的四则运算的学习。数学教具中包括了数学上的许多基本概念,能为孩子奠定良好的数学基础。

有些父母认为,既然教具在孩子教育中起着非常关键的作用,那么我们应当不加限制地为孩子提供大量的教具,这样才能促进孩子的学习。其实,教具提供得太多或者太少都可能对孩子的发展产生负面影响,教具太多会导致孩子分心、注意力不集中、举棋不定,教具太少会造成孩子学习上的停顿。

教具作为启发孩子思考的媒介物，在设计上一定要注意能够引起孩子的注意，另外由于教具具有教育意义，因此不要选用五颜六色的教具，要以朴实、纯净的色调为主。同时设计上还要符合孩子的内在需要，在教具的大小、尺寸、重量等方面，要从孩子的能力来考虑。在使用上要注意，要根据教学的进程来安排教具的单独或联合使用，遵循一定的步骤和顺序，而且不管是在设计上还是在使用上，都是由简单到复杂，这样才可以培养孩子了解步骤、重视秩序的观念，并间接地培养其内在纪律性。

## 教具小结

### 日常生活教具

串线板、衣饰架及衣饰、扫地组、植物生长过程组、二指抓、地毯架、交通路标及平面图、倒水量杯组等。

#### 用途

- 培养孩子掌握基本生活技能，养成良好的生活习惯。
- 培养孩子独立性、自主性、专注力、手眼协调能力、自信心。
- 引导孩子学习礼貌用语，培养孩子大小肌肉的灵活性。
- 培养孩子初步的自控能力，培养孩子交往、合作意识。
- 培养孩子健康的情绪、情感。
- 培养孩子初步的责任感，促进孩子个性、社会性的发展。
- 培养孩子社会适应能力，学会做事，学会生活。

### 感官教具

插座圆柱体、彩色圆柱、棕色梯、长棒、粉红塔、构成三角形、特制几何框、温量板。

#### 用途

- 训练孩子各种感官，如视觉、听觉、触觉、嗅觉。
- 训练孩子辨别力及手眼协调能力。

- 训练孩子观察、分类能力，培养注意力。
- 建立几何图形意识，自由拼图；培养孩子审美能力。
- 培养孩子学习兴趣及求知欲望。

### 数学教具
数棒、塞根板、分数小人、十进位法及银行游戏、黑白串珠棒、100 串珠链、加减法板、二倍数。

### 用途
- 培养孩子初步的数量概念，进行加、减、乘、除运算。
- 培养孩子逻辑思维能力，理解能力，判断能力。
- 学习空间、时间概念，学习守恒。

# 附录1：蒙台梭利生平

### 成长阶段（1870~1896）

1870　意大利独立。8月31日，玛丽亚·蒙台梭利出生于意大利安科纳省的希亚拉瓦莱镇。

1875　玛丽亚·蒙台梭利5岁，举家迁居罗马。

1876　玛丽亚·蒙台梭利进入公立小学一年级就读。

1883~1886　就读于米开朗基罗技术学校（高中）。

1886~1890　就读于达文奇工业技术学院，最喜欢的学科为数学。

1890~1892　以杰出成绩就读于罗马大学。

1892~1896　进入罗马大学医学院就读。1896年毕业，成为意大利第一位女性医学博士。

### 准备阶段（1896~1906）

1896　担任罗马大学附属医院（San Giovani Hospital）的助理医师。在柏林举行的国际妇女会议上，以意大利代表身份出席。

1897　义务担任罗马大学精神医学科临床教学助理医生。

1898　在都灵举行的教育会议上发表演讲，并于罗马出版此演讲文《社会的不幸与科学上的新发现》。儿子马里欧·蒙台梭利诞生。

1899　在意大利开始为期两周的巡回演讲，演讲主题为《新女性》《现代慈善事业：儿童与和平》，获杰出医疗服务奖。

1900　担任罗马国立启智学校校长。

1901　辞卸校长一职，重回罗马大学修读哲学。

1902　受邀于拿坡里教育学术会议上演讲。

1904~1908　任罗马大学教育学院自然科学与医学课程教授。

### 创始阶段（1907~1909）

1907　在罗马圣罗伦斯区设立第一所儿童之家。不久，第二所儿童之家成立。

1908　第三所儿童之家——米兰儿童之家成立。

1909　出版重要著作《蒙台梭利早期教育法》意文版。（意文版名称为《应用于儿童之家的幼儿教育之科学的教育方法》）。首次教师资格培训课程在罗马开课。

### 拓展阶段（1910~1952）

1910　与墨西哥的修道院为地震受灾儿童成立学校。蒙台梭利协会于罗马成立。

1911　意大利与瑞士的公立学校经政府当局认可正式采用蒙氏教学法。巴黎成立蒙台梭利示范学校，英国也成立学校与蒙台梭利协会合作。

美国第一所蒙台梭利学校设立，为安妮乔治所创办。

辞去医师工作与大学教职而全力投入其教学方法的推广。

1912　美国麦克劳杂志以"在美国出发"为题长篇介绍蒙台梭利。《蒙台梭利早期教育法》英译本出版。

1913　第一届国际培训课程在罗马开课。应麦克劳杂志之邀到美国演讲，在卡内基大厅发表专题演讲。受邀至发明家爱迪生家中做客。

1914　荷兰儿童之家成立。著作《蒙台梭利儿童教育手册》出版。克伯屈出版《检视蒙台梭利系统》严厉抨击蒙台梭利教育。

1915　于洛杉矶与圣地亚哥开设培训课程。

第三届国际培训课程在美国旧金山开课。

由美国教育协会赞助于旧金山的巴拿马太平洋世界博览会上演讲。

西班牙巴塞罗那第一所蒙台梭利学校成立。

1916　在巴塞罗那开设培训课程。

1917　《高级蒙台梭利教学法》（共二册）出版。访问荷兰，荷兰蒙台梭利协会成立。最后一次访问美国。

1919　首次在英国举办培训课程，为期两月。之后，每隔一年前往伦敦开课一次。

1922　受意大利政府任命为学校督导。

维也纳儿童之家成立。

1923　获英国达拉谟大学颁赠荣誉博士学位。

1924　于荷兰阿姆斯特丹开设四个月的培训课程。墨索里尼走访各国调查蒙台梭利学校，蒙氏与其相遇。

1925　获意大利政府支持，蒙台梭利教育法于意大利复生。

1926　前往南美洲阿根廷演讲。阿姆斯特丹成立蒙台梭利中学。在瑞士日内瓦的国家联盟演讲《教育与和平》。

1929　发表《宗教教育》专文。罗马成立师资培训学院。

国际蒙台梭利协会在柏林成立，第一届国际蒙台梭利会议于丹麦举行，会议主题为"新教育"。

1930　在罗马开始为期六个月的培训课程。

1933　墨索里尼领导的法西斯党统治意大利，下令关闭所有蒙台梭利学校，致使蒙氏离开意大利，移居西班牙。

国际培训课程于巴塞罗那开课。

1936　西班牙内战，蒙氏转往荷兰。《童年的秘密》出版。

模范学校与培训中心于荷兰的拉兰成立。

国际蒙台梭利协会总部由柏林迁至阿姆斯特丹。

1939　在印度开设培训课程。《大地的儿童》《青春期及青春期之后教育的改革》《大学的功能》等出版。

与甘地、泰戈尔会见。

1939~1946　在印度有千名以上教师接受培训。蒙氏对婴幼儿发展产生浓厚兴趣。

1944　以"生命的前三年"为题进行演讲。于锡兰举办培训班。

1946　出版《新世界的教育》一书。

1947　应意大利政府之邀回罗马重组蒙台梭利协会。

返回印度策划蒙台梭利大学，但因政治混乱而中止。

伦敦蒙台梭利中心成立。

1948　《吸收性心智》《了解你的小孩》《发现儿童》等著作出版。

1949　首次在巴基斯坦开课任教。于巴黎获颁荣誉社团会员奖章。

1949~1951　连续三年被提名为诺贝尔和平奖候选人。

1950　到北欧的挪威、瑞典演讲。获阿姆斯特丹大学颁赠荣誉哲学博士。被委任在意大利佛罗伦萨召开的联合国教科文组织会议上演讲。

1951　第九次也是蒙氏最后一次亲自主持的国际蒙台梭利会议在伦敦举行。在奥地利的因斯布鲁克市开设培训课程。

1952　5月6日病逝于荷兰，享年82岁。安葬于海牙附近的天主教公墓。墓志铭为："玛丽亚·蒙台梭利，1870.8.31~1952.5.6，我愿与亲爱的、全能的孩子们联合起来一起为人类和世界的和平而努力。"

### 重要著作

《教育人类学》（Pedagogical Anthropology）

《蒙台梭利早期教育法》（The Montessori Method）

《蒙台梭利儿童教育手册》（Dr. Montessori's Own Handbook）

《高级蒙台梭利教学法》（The Advanced Montessori Method）

《童年的秘密》（The Secret of Childhood）

《新世界的教育》（Education for a New World）

《发现儿童》（The Discovery of Child）

《吸收性心智》（The Absorbent Mind）

《教育的重建》（Reconstruction in Education）

《家庭中的儿童》（The Child in Family）

## 附录2：蒙台梭利主要教具介绍

| | 感官教具 | |
|---|---|---|
| 001 | | **插座圆柱体**<br>由4组圆柱体组成。培养儿童辨别大小、高低、粗细、深浅的触觉及视觉能力，依圆柱体顺序对应培养逻辑思考敏锐观察能力；把握圆柄可作握笔练习和写字前准备。 |
| 002 | | **彩色圆柱**<br>由4盒、每盒10个圆柱组成。培养视觉上识别大小、对应概念，发展手眼动作的协调及手臂肌肉的控制力，培养敏锐的观察和注意力。 |
| 003 | | **长棒**<br>由10根方长棒组成。透过触觉、视觉的辨别，在知觉上对长度的差别有正确的了解，发展手、眼与肌肉的协调性；是数学教育（量、基本运算、十进位、分制系统）的直接准备教具。 |
| 004 | | **棕色梯**<br>由10块长方体组成。通过触觉、视觉的辨别在知觉上对等次的差异有充分的认识，发展眼、手、肌肉的动作协调；了解递进、递减的关系；学习长方体的概念；培养逻辑思考（顺序性）和专注观察能力。 |

| | | |
|---|---|---|
| 005 | | **粉红塔**<br>由10块立方体组成。通过视觉正确获得对三维空间差别变化的知觉；了解递进、递减的关系；培养立方体的概念、手眼协调和肌肉运动的控制力；积高时敏锐的观察力；数学教育（理解十进位法）的间接准备；逻辑思考（顺序性）的能力。 |
| 006 | | **嗅觉筒**<br>由两个木托、每个木托各6个木制圆筒组成。通过嗅觉筒的配对操作，训练嗅觉器官辨别各种气味的能力，积累利用嗅觉器官感知事物的经验。 |
| 007 | | **音筒**<br>由两个木箱中各有6个木制圆筒组成。圆筒内装有石子、沙子、壳类、米粒、米糠等不同材料，摇动时发出强弱不同的声音。培养辨别声音强弱的听觉能力，发展腕部的肌肉运动。 |
| 008 | | **味觉瓶**<br>由8个滴瓶组成。品尝各式味道，培养辨别基本味觉的能力。 |
| 009 | | **温量板**<br>由金属、石材、木质、地毯片各2块组成，培养对温度的感觉，辨别温度的差异。 |
| 010 | | **铁制几何嵌板**<br>金属几何嵌板是书写能力的直接预备，练习金属嵌板不仅强化三指抓的能力，加强腕肌的协调力，而且通过描绘的练习，更可增强笔触力道的熟练度，而重叠描绘不同的几何图形板使图形变化无穷。 |

| | | |
|---|---|---|
| 011 | | **构成三角形**<br>由 5 盒不同的三角形块组成。通过视觉认识三角形，通过对多边形的组合与分解，了解三角形与多边形的几何关系和相等概念。 |
| 012 | | **几何立体组**<br>包括长方体、正方体、球体、椭球体、卵形体、三角柱、圆柱、圆椎、三角椎、四角椎，另有 11 枚与上述几何体的一个侧面相等的投影板组成。培养儿童对实体的感觉，认识各种几何体，了解其特征；进入几何学的准备，刺激肌肉的感觉。 |
| 013 | | **重量板**<br>进口实木 6 组 12 个。培养辨别轻重的感觉和判断力。 |
| 014 | | **触觉板**<br>由 13 块表面粗糙和光滑程度不同的木板组成。培养粗糙与光滑的触觉感和分析、比较的思维能力。 |
| 015 | | **几何图形嵌板柜**<br>由几何嵌板操作屉 1 个、6 层几何嵌板橱 1 个、几何嵌板 36 块、几何图形卡片 99 张组成。通过肌肉和触觉的联合，帮助视觉认识平面几何图形；发展手眼协调、注意力和观察力；平面几何学的预备。 |
| 016 | | **二项式**<br>由木制立方体和长方体共 8 块组成。培养视觉对立体空间的认识和数学思考能力，可作为计算体积 $(a+b)^3$ 的代数教具使用。<br>$(a+b)^3 = a^3 + 3a^2b + 3ab^2 + b^3$ |

| | | |
|---|---|---|
| 017 | | **三项式**<br>由木制立方体和长方体共 27 块组成。培养视觉对三次元的辨别能力，发展数学的思考能力，可作为三项式 $(a+b+c)^3$ 的代数教具使用。<br>$(a+b+c)^3 = a^3 + 3a^2b + 3a^2c + b^3 + 3ab^2 + 3b^2c + c^3 + 3ac^2 + 3bc^2 + 6abc$ |
| 018 | | **色板**<br>由大、中、小 3 盒各种颜色的小色板组成。培养分辨颜色的视觉能力以及对色彩的美感，可作为颜色对比及组合的预备。 |
| 019 | | **手眼协调掷圈**<br>由 5 个可组装的锣口木柱和 5 个麻绳套圈组成。锻炼手眼协调能力。 |
| 020 | | **圆圆板**<br>由 100 个彩色圆组成。可做颜色的排序、对应。 |
| 021 | | **几何体支柱**<br>由 1 个插板盒、3 个圆柱、3 个三棱柱、3 个四方柱组成。培养儿童对实体的感觉，认识几何体特征，可作颜色分类、高—低比较、排序。 |
| 022 | | **立体四子棋**<br>由 16 组 64 颗棋子组成。分成两组，锻炼观察与逻辑分析能力。 |
| 023 | | **圆柱体阶梯**<br>由 1 个插板，25 个高低、颜色不同的圆柱组成。可作颜色分类、高—低比较、排序。 |

| | 数学教育教具 ||
|---|---|---|
| 024 | | **塞根板**<br>由4块板、18块数字片组成。对于11到19的数能正确地做名称练习；能把握连续数的排列，体会连续数的顺序关系；了解10位数与个位数的关系；学习量与代表数量的符号（数字）的一致性。 |
| 025 | | **1-100连续数板**<br>由1-100数字排列板（有10行×10列方格）、100枚数字片、一个订正板组成。儿童将活动数字卡片排列在一定的方格板上，认识1-100的排列并认识数的连续性。 |
| 026 | | **加、减法板**<br>由30 cm×42 cm的板上画横18格纵12格的方格组成。加数最大为9的加法练习，熟练后可导入加法心算；用于呈现被减数最大为18的减法运算练习，熟练后可导入减法心算。 |
| 027 | | **数棒**<br>由从短到长10根红、蓝相间的木棒和从1到10的10块数字片组成。数棒是代表连续"量"的教具。认识、了解数量及数词，记忆1到10，十进位法的预备，导入数的概念。 |
| 028 | | **邮票游戏**<br>由邮票盒（内有代表个、十、百、千的邮票和位数小人）、小盒子（进位或退位时交换邮票用）、大小数字卡片组成。幼儿通过银行游戏认识十进位法以后，即可进入邮票游戏的操作，熟悉数位的转换关系，并进行大数量的四则运算，培养数学思考能力。 |
| 029 | | **二倍数**<br>由7个木块组成。培养2倍的概念，认识简单的倍数关系，导入平方概念。 |

附录2：蒙台梭利主要教具介绍 | 263

| 编号 | 图片 | 名称与说明 |
|---|---|---|
| 030 |  | **分数小人**<br>由1个木座、小人4组10块组成。知道1个整体（=1）如何分成若干部分，作为进入分数的预备。 |
| 031 |  | **乘除法板**<br>进行得数最大为100的乘法题目，熟练后可导入乘法心算。<br>练习被除数最大为81以内除法题目，从感官上认识平均分配的概念，熟练后可导入除法心算。 |
| 032 |  | **立方体**<br>由1000颗边长为1厘米的立方块组成，学习立方的概念。 |
| 033 |  | **十进位法及银行游戏**<br>由10颗单珠、10根珠棒、10个100珠板、9个1000珠阵、4套136张数字卡片组成。了解十进位法的排列与形成，学习交换的规则，可做大数目四则运算。 |
| 034 |  | **数字与筹码**<br>由55个圆片、10张1到10数字卡片组成。了解数与量的关系，认识奇数与偶数。 |
| 035 |  | **100串珠链**<br>培养儿童练习1-100以内连续数，并熟悉十进法，培养分析综合能力和独立思维能力。 |
| 036 |  | **体积组**<br>认识整体与部分的关系，建立不同几何立体的体积可以换算的概念，发展儿童对空间的概念。 |

| | | |
|---|---|---|
| 037 | | **三倍数**<br>用立方体或长方体等实物来显示三倍数之间的关系。 |
| 038 | | **灰色串珠棒**<br>熟悉十以内数量、数字与名称，为学习减法运算做准备。 |
| 039 | | **黑色串珠棒**<br>加深了解十以内的数量的概念，体会等量交换的概念，可用于进行加减法运算练习。 |
| 040 | | **彩色串珠棒**<br>熟悉十以内数量、数字与名称，为学习平方、立方做间接准备。 |
| 041 | | **平方珠链**<br>由 10 串珠链（55 个珠棒）组成。加强以 1 为单位的数的连续概念；学习平方的概念；乘算的预备。 |
| 042 | | **立方珠链及柜架**<br>由 1 个框架、55 串珠链（385 根珠棒）组成。学习立方的概念和学乘法的预备。 |

| | | |
|---|---|---|
| 043 | | **接龙、减龙游戏**<br>练习加减混合运算，增加儿童对数学的兴趣，培养孩子的逻辑思考能力。 |
| 044 | | **1000 串珠链**<br>由 100 根（每根 10 颗珠）珠棒串成一条组成。加强对数的认识；熟悉连续数及其顺序；与 100 串珠板、1000 的立方体珠块比较，培养差别的印象，加强十进位法的知识，培养专注力与独立性。 |
| 045 | | **砂数学板**<br>由 0 到 9 数字长板 1 块、0 到 9 数字单板 10 块组成。培养认识 0 到 9 的数字，练习书写数字，是写前的预备。 |
| 046 | | **黄色串珠棒**<br>认识数与量等量交换的概念，为进行银行游戏做准备。 |
| 047 | | **纺锤棒箱**<br>由 2 个整理箱、45 根纺锤棒、10 块数字片组成。指导 0 的概念，加强数与量集合的概念。 |
| 048 | | **数字拼板**<br>熟悉数字，理解数与量的关系，培养数学学习兴趣。 |
| 049 | | **加减乘除巨阵盘**<br>由 10 档彩色算珠组成，每档 10 个算珠，学习加减乘除。 |

| 050 | | **不规则拼盘**<br>由不规则几何图形嵌板组成，认识几何图形与锻炼观察能力。 |
|---|---|---|
| 051 | | **数数棒组**<br>学习 0–10 的概念、10 以内的加减法。 |
| 052 | | **算数尺**<br>由刻度为 1 公分的连接尺组成，学习加减运算方法。 |
| 053 | | **彩色小数棒**<br>学习 0–10 的概念、10 以内的加减法。 |
| 054 | | **几何图形板**<br>认识几何图形，为学习几何知识打基础。 |
| 055 | | **1 公分方块组**<br>由标有 1 公分刻度的尺子组成，可进行加减法的运算。 |
| 056 | | **称盘组**<br>由天平、称盘与彩色木珠组成，学习数量与平衡的关系。 |
| 057 | | **算术天平组**<br>由天平、木棍与彩色串珠组成，学习数量、加减与平衡的关系。 |

附录2：蒙台梭利主要教具介绍 | 267

| | | |
|---|---|---|
| 058 | | **十进位组**<br>由 1 公分方块与 10 块连接条，以及 10 平方连接块组成，学习十进位制的关系。 |
| 059 | | **圆形分数板**<br>由软性彩色 23 片圆形分数板、1 个双面钉板组成。认识分数，了解部分与整体的关系，增进组合概念。利用钉板背面，配二长短、颜色不同的橡皮筋，可发挥幼儿的想像力与创造力。 |
| 060 | | **几何体阶梯**<br>进口实木 5 组，可作颜色分类，三种几何图形，感官学习、高—低比较、排序。 |
| 061 | | **四方拼盘**<br>由三角形、正方形、平行四边形木块组成，学习几何图形与关系。 |
| 062 | | **组合几何体盘**<br>由正五边形、正方形、正三角形、长方形与圆形的面积分解组合，学习分数、面积的关系。 |
| 063 | | **分解几何盘**<br>由 1 个木座、9 组多种几何图形组成。是进入分数的预备。 |
| 064 | | **数数看**<br>由 1-5 彩色算珠架组成。可进行分类、集合、分解、量的学习。 |

| | | 语言教育教具 | |
|---|---|---|---|
| 065 | | 双字母砂字板 | 熟悉汉语拼音的组成及发音,练习书写。 |
| 066 | | 活动字母箱 | 熟悉字母,练习单词的拼写。 |
| 067 | | 印刷字母卡 | 由大小写印刷字母各5套、布袋2个组成(图片仅供参考)。认识英文字母大小写的印刷体。 |
| 068 | | 拼音结构练习 | 练习汉语拼音的正确组合,掌握拼音拼读规则。 |
| 069 | | 砂纸字母板 | 由大小写砂纸字母板各26块组成。通过触摸认识英文字母,为书写做预备。 |
| | | 文化科学教育教具 | |
| 070 | | 中国地图嵌板 | 由1套嵌板组成。了解中国的位置,认识各省、直辖市、自治区和省会城市的位置;培养空间思维。 |
| 071 | | 亚洲地图嵌板 | 认识亚洲各个国家的位置、名称及风土人情,初步认识地理的空间概念。 |

| | | |
|---|---|---|
| 072 | | **世界洲际地图嵌板**<br>由1套嵌板组成。建立地图概念，从地图上认识世界上七大洲和四大洋的位置，培养空间思维。 |
| 073 | | **活动时钟**<br>直观认识时钟的构成，了解时间概念，为看生活中的表打基础。 |
| 074 | | **太阳九大行星嵌板**<br>由1套嵌板组成，认识太阳系，了解九大行星位置，培养空间思维。 |
| 075 | | **树叶嵌板柜**<br>由14块树叶嵌板,4层木橱1个组成。学习识别各种树叶、植物。 |
| 076 | | **植物卡片**<br>学习识别各种植物。 |
| 077 | | **动物卡片**<br>学习识别各种动物。 |
| 078 | | **鸟嵌板**<br>培养手眼协作及独立性提高观察分析能力和专注力，了解动物的鸟的各个部分的基本构造。 |
| 079 | | **蚂蚁嵌板**<br>培养手眼协作及独立性提高观察分析能力和专注力，了解动物的蚂蚁的各个部分的基本构造。 |
| 080 | | **大树叶嵌板**<br>培养手眼协作及独立性提高观察分析能力和专注力，了解植物的叶的各个部分的基本构造。 |

| | | |
|---|---|---|
| 081 | | **鱼嵌板**<br>培养手眼协作及独立性提高观察分析能力和专注力，了解动物的鱼的各个部分的基本构造。 |
| 082 | | **乌龟嵌板**<br>培养手眼协作及独立性提高观察分析能力和专注力，了解动物的乌龟的各个部分的基本构造。 |
| 083 | | **花嵌板**<br>培养手眼协作及独立性提高观察分析能力和专注力，了解植物的花的各个部分的基本构造。 |
| 084 | | **马嵌板**<br>培养手眼协作及独立性提高观察分析能力和专注力，了解动物的马的各个部分的基本构造。 |
| 085 | | **树嵌板**<br>培养手眼协作及独立性提高观察分析能力和专注力，了解植物的树的各个部分的基本构造。 |
| | **日常生活教育教具** | |
| 086 | | **二指抓**<br>由1个插座板、9个小人组成。锻练两指抓物的能力，提高手眼协调能力。 |
| 087 | | **工作地毯**<br>由3块地毯组成。供铺垫操作蒙台梭利教具使用。 |
| 088 | | **衣饰及衣饰架**<br>由1个架、12个框、12件衣饰组成。学会各种绳带、纽扣的系法，锻练手指灵活性，培养适应日常生活的自理能力。 |